基于云计算的乡村振兴研究

杨小竹◎著

RESEARCH ON RURAL REVITALIZATION BASED ON CLOUD COMPUTING

ZHEJIANG UNIVERSITY PRESS
浙江大学出版社
·杭州·

图书在版编目（CIP）数据

　　基于云计算的乡村振兴研究 / 杨小竹著. —杭州：
浙江大学出版社，2023.2
　　ISBN 978-7-308-22924-1

　　Ⅰ.①基… Ⅱ.①杨… Ⅲ.①云计算－应用－农村－
社会主义建设－研究－中国 Ⅳ.①F320.3-39

　　中国版本图书馆 CIP 数据核字（2022）第 149077 号

基于云计算的乡村振兴研究

杨小竹　著

责任编辑	李海燕
责任校对	董雯兰
责任印制	范洪法
封面设计	雷建军
出版发行	浙江大学出版社
	（杭州市天目山路 148 号　邮政编码 310007）
	（网址：http://www.zjupress.com）
排　　版	杭州好友排版工作室
印　　刷	杭州钱江彩色印务有限公司
开　　本	710mm×1000mm　1/16
印　　张	15
字　　数	262 千
版 印 次	2023 年 2 月第 1 版　2023 年 2 月第 1 次印刷
书　　号	ISBN 978-7-308-22924-1
定　　价	52.00 元

前　言

　　2017 年 10 月,党的十九大报告首次提出乡村振兴战略,全国各地掀起乡村振兴的浪潮。2018 年 2 月,国家出台了《国家乡村振兴战略规划(2018—2022 年)》初稿。同年 5 月,中共中央政治局会议审议通过了该规划的定稿,从国家层面确定了乡村振兴战略是解决好"三农"问题的基本战略,并在全国全面实施乡村振兴。2020 年 6 月,农业农村部、国家发展和改革委员会会同规划实施协调推进机制 27 个成员单位编写的《乡村振兴战略规划实施报告(2018—2019 年)》出版,总结了乡村振兴战略实施两年以来取得的积极进展,报告了乡村振兴的初步成果。

　　从乡村振兴的成果中,我们看到在已经建立了乡村振兴战略工作领导小组的 31 个省(区、市)里,出台了各大地方规划和方案,制定了一部分城乡融合发展体系等等,但依然看到了因为技术和人才、意识与局限等因素,网络技术尤其是云技术在乡村振兴中应用不够充分。最常见的是村主任、乡长(镇长)做电商带货直播,或者在淘宝与京东开店等云上销售形式,但这些形式起到的作用比较单一,所获诟病也不少。本书从 2020 年暴发的新冠疫情期间"宅家"经济出发,研究一个完整的、生态的基于云计算的乡村振兴策略,打造一个与实体乡村振兴策略体系相对应的虚拟乡村振兴策略云体系,着重发挥虚拟网络时空的优势,形成类似于虚拟乡村生活的云上空间。

　　基于云计算的乡村振兴策略是对应人们"宅家"现象而制定的乡村振兴策略。2020 年疫情的大流行,让"宅家"经济突显,2020 年初全民宅家情况持续了好几个月,在大规模的"封城"结束之后,甚至有专家预言,新冠病毒或者其他新的大流行病,会持续两年以上的时间。这一预言从 2021 年起正在逐步应验,各种变异毒株出现,小规模封锁不断地实施。封锁和宅家就意味着人员流动的减少,人们待在家里,不能亲身前往乡村旅行,对农业经济的影响是非常巨大的。很多乡镇本身就地处偏远,需要人们长途跋涉,主动宅家或者被动宅家,都直接导致了很多实体旅游活动不能成行。在这种情况下,基于云计算的乡村振兴策略能成功解决这些问题,以使得在虚拟网络空间里能继续施行乡村振兴计划,振兴农村经济。

但基于云计算的乡村振兴策略并不仅仅是疫情蔓延期间的临时战略,它本身是基于云计算技术的虚拟乡村社区和虚拟家园体系打造策略,是在新媒体与新技术发展下新的乡村振兴策略,是可以持续促进农业经济发展的策略,同时也是一种非常新的振兴经济理念。本书从以下几个方面进行了基于云计算的乡村振兴策略的探讨。

第一章,云平台应用下的乡村振兴策略。主要探讨云平台能否被不懂云技术的普通人使用,以及云技术、云平台在乡村振兴领域应用的可能性,探讨基于云计算的乡村振兴策略从技术层面来看是不是存在问题。

第二章,基于云计算的乡村振兴策略总体架构。主要探讨基于云计算的乡村振兴策略实施总思路、总路径、实施步骤等,回答基于云计算的乡村振兴策略的意义、优势,强调基于云计算的乡村振兴是脱贫、扶贫和防止返贫的有效战略。

第三章,基于云计算的农产品品牌塑造及流量变现策略。阐述以云技术打造农产品品牌塑造策略的必要性,打造的方式方法和途径,同时解决农产品品牌云流量的变现策略。这是云时代农产品提升收益的新思路:流量即收益。

第四章,基于云计算的乡村振兴整合营销传播策略。阐述基于云计算的乡村振兴对内对外的营销传播策略是目前现代品牌营销传播策略——整合营销传播策略,云技术下的整合营销传播策略真正让乡村信息每时每刻都可以传播给消费者,是实现乡村振兴人工智能传播和精准传播的必备策略。

第五章,基于云计算的乡村振兴教育策略。阐述乡村人才振兴的基础是教育的振兴,在城乡教育资源差异显著的情况下,如何用云技术缩小城乡教育差距,让农村的孩子在乡村也能享受到城里优质的教育资源。

第六章,基于云计算的乡村文化振兴策略。乡村文化是乡村振兴软实力的体现,要致力于打造村民们的精神家园。本章主要阐述文化云振兴的意义,并思考建立云文化综合体和文化生态圈的策略。

第七章,基于云计算的节庆与基于云计算的农旅融合策略。本章着重解决乡村一、二、三产业融合的难题,与农事节庆活动结合,探讨打造强势基于云计算的节庆品牌的策略,并解决新时代农旅融合发展的问题。

目　录

第一章　云平台应用下的乡村振兴策略

2019 年 3 月,小米集团创始人雷军谈到小米的 DNA 时说:"手机云服务就像空气和水一样,融入每个功能。"①云服务,在技术发展之下,成为廉价又易于获得的全产业创新发展工具。

云平台是非常强大的技术应用,但能否被普通人掌握使用,能否被快捷、便捷地应用到现实生活中来,是基于云计算的乡村振兴策略能否成功实施的关键点之一。科技如果只能掌握在高级技术人员的手上,那肯定不能成为一种普遍应用的策略。而技术应用的便捷性和简易化,对于农村、农业和农民更为重要。

第一节　云计算、云、云服务与云平台

一、云计算与云概念

云这个词,近年来频繁地出现在人们的眼前。但到底什么是云,有些人会迷茫。实际上从互联网的角度出发去解释,互联网从最开始的网络互联、资源共享和数据存储功能,变成了可以提供某种服务乃至虚拟空间的大平台。而云这个概念是基于云计算这一基础概念的。

云计算目前还没有统一的定义,最早的提出者是 2006 年谷歌当时的 CEO 埃里克·施密特(Eric Schmidt),他在搜索引擎大会上第一次使用了"云计算"(cloud computing)这个词语。② 目前比较统一的看法是,云计算是传统的计算机技术与互联网技术融合的产物,它能实现将互联网上的所有节点整合成一个超级强大的计算机,具备数据计算、数据存储、建立虚拟化的空间、负

---

① 凤凰网视频.雷军讲小米 DNA[EB/OL]. https://v.ifeng.com/c/7lEOcEQBEx3,2019-03-21.
② 张静.中国云计算市场现状及展望[J].中国公共安全(综合版),2012(17).

载均衡等各种功能,还可以实现基础设施服务、平台即服务、软件即服务等业务模式,它也被某些人称为第四次 IT 产业革命。

云计算在亚马逊得到了很好的推广应用。2006 年,亚马逊推出了云计算,这是一整套基础设施和应用程序服务,几乎能在云中运行一切应用程序,包括企业应用程序和大数据项目,也包括社交、游戏以及移动应用程序,这是最早的完整的云计算系统,也是早期的云平台模型。

二、云的分类和云计算的特征

1. 云的分类

云计算进一步发展后,各行各业都在试图利用这一技术。经过了几年的摸索,各个企业对云的应用主要分成了 3 个类别:公有云、私有云和混合云。

(1)公有云

公有云是由第三方提供的服务,它的价格相对低廉,一般通过互联网提供给消费者,有时候甚至是免费的。其营利的方式是在增值业务和广告业务上,消费者使用公有云不需要支付费用或者只需要支付非常少的费用。公有云的安装和维护也不需要消费者自己负责,公有云平台提供安装和维护服务。但公有云的缺点是安全性不够,公有云可能在多个国家存在服务器,网络安全问题比较突出。阿里云、亚马逊 AWS 等都属于这一类,业内习惯把这些企业称为云计算厂商。

(2)私有云

私有云是与公有云相对的,它是为某一个客户或者某几个客户单独构建的云,搭建的位置是在企业的防火墙之内,存放在企业的内部网络中,云中的所有数据都被防火墙保护着。其最大的优点是服务质量与网络安全性都很好。私有云是只能由定制它的客户访问的云平台,不仅安全性高,而且还是为客户量身定做的,能满足客户特殊的需求。私有云的缺点是成本很高,定制的私有云安装成本、维护成本和升级成本都很高,如果涉及服务器的更换,那成本就更加昂贵了,并且从远程访问私有云难度也很大。常见的私有云有政府机构云、大型企业内部云、学校教育系统内部云等。

(3)混合云

混合云是前两种云的结合,它能弥补公有云安全性不足的缺点,又能在成本上低于私有云,同时又兼具了公有云和私有云的优点,成为众多使用云计算企业的选择。混合云的运用方式是将企业的信息分成两块,将一些可以开放给公众的信息和服务放在公有云上，一些要保密的信息放在私有云上，既缩减私有云的体量以降低成本，又能保障企业核心信息的安全性。混合云能在用户使用的高峰期用公共云提升自己的服务能力，比如火车购票网站，平常用私有云提供服务，但到了春运等高峰期，会临时租用公有云来扩容自己对外服务的能力，人们经常把这一行为称为私有云利用公有云进行避险，这也是混合云的优势之一。①

三、云服务与云平台

1. 云即服务

云计算推动了云的出现，关于云这个词是谁提出来的没有定论，似乎是对云计算的一种简称，又似乎是对云计算的一种系统升级。传统的计算机应用越来越复杂，不断地购买新设备以支撑庞大的计算能力和存储需求，不仅意味着成本的增加，也意味着没有资本就没法入场。在这样的前提下，基于互联网技术的云计算可以在一定程度上摆脱对硬件和软件的依赖，只要有互联网，就可以调动互联网上的所有硬件和软件资源，形成一个资源池，而操作者不需要知道硬件在哪里，只要简单地操作就可以获得云服务。

云即服务的概念随之出现，主要体现在以下 3 个方面。

（1）软件即服务

提供软件给客户，客户可以通过网络向软件提供商定购服务，不一定要购买软件，可以只购买一段时间内或者一定数量的软件服务，软件提供商不仅仅是售卖软件，而且提供软件服务。软件即服务的关键内涵是消费者只要会操作软件就可以，维护以及升级都由软件服务商负责，这就大大减轻了消费者的技术压力和维护压力，大多数时候他们只需要付钱就可以了。

（2）平台即服务

这是软件即服务的提升。制作一个平台让消费者使用，而不是单个或者多个软件，是一种更高级的软件即服务。在计算机领域，平台是指计算机硬件或者软件的操作环境，比如教育云平台、游戏平台、音乐平台等。平台即服务称为 PaaS，消费者同样只要花钱购买平台的使用时间和使用数量就可以，所有的维护、升级和新功能开发都交由平台提供商进行。一般情况下，平台服务的购买

---

① 埃尔，等. 云计算概念、技术与架构[M]. 龚奕利，贺莲，胡创，译. 北京：机械工业出版社，2014：41-44.

费用会更高一点,但能使用的资源数量会远远多于软件服务这一类别。

（3）管理即服务

云计算下的服务商向消费者提供管理服务,管理服务也是一种软件,它在较早期就出现了,消费者购买管理服务主要用于计算机和网络的日常管理、服务监测、网络安全、垃圾邮件处理、网络诈骗处理等。

2. 云即平台

云平台的概念也没有统一的界定,有些人将云平台简单定义为云计算平台,有些人理解为网络平台。但在本书中,我们综合了几个观点将云平台概念界定为:云平台是综合了云存储、云计算和云服务的综合应用平台。在这个平台上,能搭建各种类型的虚拟社区空间,而消费者(企业)可以根据自己的商品类型,搭建不同类型、不同属性的虚拟空间。

（1）云平台的特征

云平台的特征之一是超强的运算能力。云计算都具有超大规模,从理论上讲,全球任意一台联网的计算机都可以是云计算的载体,就算是私有云这种企业内部搭建的云平台,也至少有数百台服务器。云平台的特征之二是按需服务。用户可以根据需求自行购买需要的云服务数量和云服务时长,使用云平台的起步门槛非常低。云平台的特征之三是高度的通用性。用户购买了云平台之后,想建成什么类型的平台都可以,比如游戏平台、社区平台、教育平台、视频直播类平台等。云平台的特征之四是极高的可拓展性。当用户所购买的数量和时长不够的时候,能随时加购进行动态扩展,当用户规模突然暴涨,云平台也能迅速地为其扩容。云平台特征还有很多,比如自由性高、服务功能多等。

（2）云平台的分类

云平台的分类主要有两种标准。第一种标准是以需要进行扩展和配置来分,分成以数据存储为主的存储型云平台、以数据处理为主的计算型云平台、计算和数据存储处理兼顾的综合云平台三类,这一分类标准是以云计算为核心的。第二种标准是以云平台的服务类型来分,分成 IaaS（基础设施服务类）云平台、PaaS（平台服务类）云平台、SaaS（软件服务类）云平台三类。

其他的分类标准还有很多,比如按云平台是否商用可以分为公益类云平台和商业化云平台两类。云平台以商业化运用为主,比如国内常见的有阿里云、新浪云、短书等;公益类的云平台也不少,比如政府主办下的云平台,一般以政府事务以及公益事业为主,还有教育体系下的云平台,也有一部分是公益性而非商业化的。对于云平台的发展,未来还有无数种可能,人类的想象有多宽广,云平台就能给予多丰富的可能。

第二节　云平台的普适性应用

从云计算、云、云服务和云平台的基本概念中,我们可以看到云平台是具有普适性应用的可能的,我们从云平台应用的范围、操作的难度、应用的优势以及注意的事项几个方面来阐述云平台的普适性应用。

一、云平台技术普及难度逐年降低

为什么云和云平台的概念这几年被更为频繁地提起,为什么云振兴、云旅游之类的名词频频出现,归根到底是因为云技术的普适性应用。云技术能普适性应用的主要原因来自以下几点。

1. 互联网普及,全网皆网民

2015 年,国务院总理李克强在第十二届全国人民代表大会第三次会议上做的政府工作报告中提出制定"互联网＋"的行动计划,在这一国家战略层面的"互联网＋"行动计划中,互联网进一步全民化普及是实现这一战略的重要一步。从 2019 年起,我国用了多种举措带动网民规模的增长,比如"双 G 双提"(固定宽带和移动宽带双双进入千兆时代),极大地提升了网速;各类信息惠民举措实施,网上进行政务服务与民生领域信息化应用,人民群众办事在线即可完成。截至 2020 年 12 月,中国在线政务服务用户规模达到 8.43 亿,占网民整体的 85.3％,①促进网民规模的进一步提升。

根据 CNNIC 的第 47 次《中国互联网发展状况统计报告》,截至 2020 年 12 月,我国网民规模达到了 9.89 亿,比 2020 年 3 月增长了 8540 万,中国的互联网普及率达到 70.4％,较 2020 年 3 月提升了 5.9 个百分点如图 1-1 所示。②

与此同时,我国网民的人均每周上网时间也在增加,截至 2020 年 3 月,每

---

① 中央网信办. 第 47 次《中国互联网络发展状态统计报告》[EB/OL]. http://www.cac.gov.cn/2021-02/03/c_1613923423079314.htm,2021-02-03.

② 中央网信办. 第 47 次《中国互联网络发展状态统计报告》[EB/OL]. http://www.cac.gov.cn/2021-02/03/c_1613923423079314.htm,2021-02-03.

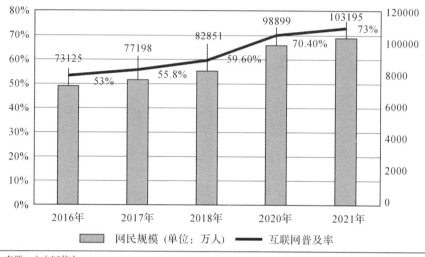

来源：中央网信办　　　　　　　　　　　　　　　　　　　2022.02

图 1-1　网民规模和互联网普及率

周人均上网时长为30.8个小时,比2018年底增加了3.2个小时,而2020年的新冠疫情期间,人们宅家时间更长,上网时长也随之增加。另外,因为疫情暂时不方便出门购物,有很多不会用互联网的人也学会了使用互联网。①

2. 5G推动了手机替代电脑上网的可能,云平台普适性应用条件成熟

5G技术的推广应用,让手机上网全面替代电脑上网成为可能,人们只要有一台智能手机就可以成为网民。根据中央网信办第49次互联网发展报告,截至2021年12月,中国5G手机出货量占全部手机出货量的比例日益提升,5G应用的硬件条件日渐成熟。

(1)5G手机出货量显著提升,中国手机持有量全球第一

从图1-2可以看出来,2021年下半年,5G手机占比已经达到78.3%,是手机市场占比份额最高的类型。与此对应的是非智能手机份额进一步下降,大家对智能手机尤其是5G手机的需求在上升。

在2021年7月工信部官网公布的数据中,中国手机用户达到了16亿户,其中手机上网用户达到138160万户,意味着每一个人至少使用1部以上的手

---

①　中央网信办.第49次《中国互联网络发展状态统计报告》[EB/OL]. http://www.cnnic.net.cn/n4/2022/0401/c88-1131.html,2022-02-05.

机,其中能上网的手机数据接近1人1部,如表1-1所示。

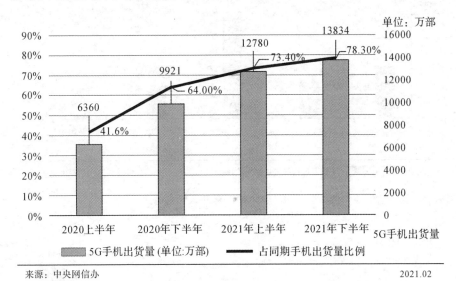

单位:万部

来源:中央网信办 　　　　　　　　　　　　　　　　　　　2021.02

图 1-2　5G 手机出货量及占比

表 1-1　2021 年 6 月中国电话用户总体情况　　　单位:万户

电话类型	固定电话数	移动电话用户
全国合计	18164.8	161392.4

(2)4G 普及,5G 开始推广,手机上网优势更趋明显,网民数量进一步增加

在 CNNIC2021 年 2 月的统计报告中,截至 2020 年 12 月,我国手机网民规模达到 9.86 亿,较 2020 年 3 月增长 8885 万,中国网民使用手机上网的比例达 99.7％,几乎所有网民皆手机网民。4G 和 5G 技术让中国的移动互联网接入流量暴涨,近 10 亿网民构成了全球最大的数字社会。截至 2020 年 12 月,我国网民总体规模已占全球网民的五分之一左右,未成年人、银发老人群体陆续触网,构成了多元庞大的数字社会,见图 1-3 和图 1-4。[①]

3. 云平台的普适性应用的技术已经成熟

从前面的几点分析,可以看到上网的条件、网民的数量、用手机上网的条

———

　① 中央网信办.第 47 次《中国互联网络发展状态统计报告》[EB/OL]. http://www.cac.gov. cn/2021-02/03/c_1613923423079314.htm,2021-02-03.

7

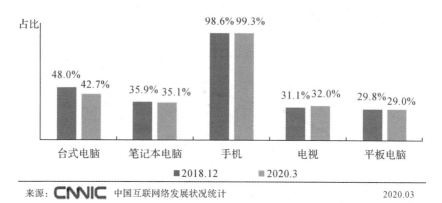

图 1-3　2018 年与 2020 年接入设备对比数据

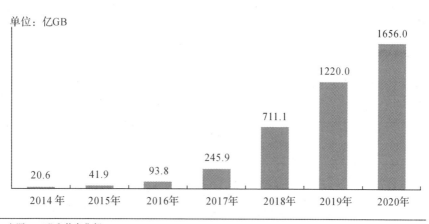

图 1-4　2014—2020 年移动互联网接入流量

件以及智能手机的数量都达到了云平台可以普适应用的条件。接下来要考虑的就是云平台本身是否能为普通人所掌握使用,是否一定要受过专业训练的人才可以使用这一技术。这是云平台是否能普遍应用在日常生活中的关键所在。

(1)对于应用方而言,云平台技术对硬件的要求很低

云计算就是可以利用任意一台连进互联网的电脑进行运算、存储以及运行程序,对于硬件的要求降到了非常低的程度,只要有一台能连入互联网的设

备(可以是手机、电脑、平板或者其他设备)就可以使用云计算技术。而云平台是在云计算的基础之上更为强大的云与云服务技术,其中公有云平台对于使用云平台的这一方来说,只要付钱就能使用云平台技术,根本不需要自己准备任何硬件;而私有云虽然说需要自己购买服务器,但有专门的云平台公司会提供全套服务,使用方只需要提供场地和资金就可以。不管是哪一种云平台,使用这一技术关键是要有资金,区别是对保密性、安全性和稳定性的要求不一样,付出的成本代价会不一样,但从硬件购买到平台搭建以及后续的维护,都是不需要自己进行的。在 2020 年的 Gartner 报告中,阿里云自研的神龙架构,创新打破了虚拟化技术与 CPU、内存、网卡等硬件的天然鸿沟,可发挥出比传统物理机更强的性能。

(2)云平台软件商用操作难度并不大

现在提供云平台商业服务的公司非常多,有大型云服务公司的阿里云、新浪云、亚马逊的 AWS 等,知名的综合型的互联网公司几乎都在对外提供云平台服务,还有一些专业的云平台服务公司提供特殊的云平台服务。企业要搭建云平台,有能力自行设计的可以只租用云平台,然后自己在上面搭建想要的云空间;没有能力自己设计云空间的,可以找专门的公司设计搭建自己想要的云空间。云平台的商业化已经较为发达,不管是云空间的搭建还是后续的维护,难度都不大。当一个企业的云空间搭建完成之后,日常的运行不需要专业的计算机技术人员进行,普通人通过一定的培训就可以掌握,就像电脑的组装和电脑系统的安装需要专业人员,但电脑的使用却是普通人就可以掌握一样,云平台的建立、云空间的搭建、系统的维护和修理由专业的云平台公司负责,而日常的云平台的运行和云空间的管理,普通人就可以操作完成。

二、云平台的应用范围涵盖了大部分的领域

云平台技术具有显著的工具性特征,虽然是计算机与互联网领域的技术,但其应用范围却涵盖了大部分的领域,不管是政府的政务事项还是企业的商业云空间,都可以在云平台自由搭建对应的虚拟空间,甚至还可以完美地实现云上(线上)与云下(线下)的结合。

1. 云平台技术是一个适用领域无限大的技术

工具原指人们劳动时用到的器具,后来就成为人们为达到某一目标而使用的器具、手段。云平台技术具有显著的工具特征,任何个人或者组织都可以运用云平台达到自己的目的。计算机和互联网本身就具有显著的工具特征,

它们应用的范围非常大,任何可以使用计算机和接入互联网的领域在理论上都可以使用云平台技术,而人们运用这些工具的主要障碍是硬件条件、软件条件和自身的知识技术水平。

2019年国务院发布的《中国云计算产业发展白皮书》提出:"上云是常态,不上云是例外。"①到2023年,中国政府和大型企业上云率将超过六成,如图1-5所示。

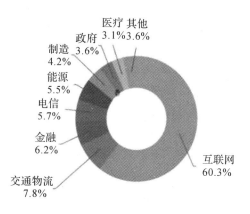

来源:国务院发展研究中心国际技术经济研究所《中国云计算产业发展白皮书》 2019.10

图1-5　2018年中国云计算产业应用行业结构②

2. 云平台技术包容性强

云平台的特征之一是包容性强,云平台可以容纳各个不同类型和不同领域的东西搭建在它的上面,同一个云平台可以承载数种完全不同性质和类别的载体。目前所知的云平台能包容的领域覆盖了生活中的各个方面,娱乐游戏类、专业技术类、政务服务类、生活休闲类等,几乎都能找到对应的云平台应用类别。在未来,随着云技术的发展,还有无限的包容拓展空间。

① 国务院发展研究中心国际技术经济研究所.《中国云计算产业发展白皮书》正式发布〔EB/OL〕. http://www. drciite. org/Home/Detail/4？ type＝10＆nid＝4831,2019-10-13.

② 国务院发展研究中心国际技术经济研究所.《中国云计算产业发展白皮书》正式发布〔EB/OL〕. http://www. drciite. org/Home/Detail/4？ type＝10＆nid＝4831,2019-10-13.

3. 云平台功能具有多样性特征

云平台的功能具有多样性的特征，既可以进行数据的计算和运用，也可以进行数据的存储和提取，还可以进行网络运行和运营、网络监测与监控等，兼具了计算机与互联网的多重功能。而云平台下的云产品更多样，云虚拟主机的出现实现了云平台上建立虚拟空间的可能，云虚拟主机是云平台一个重要的功能，能直接在网络上建立虚拟的主机，极大地突破了设备不足的障碍。另外云平台可以和 VR、AR 结合，实现云 VR、云 AR，现在的云游敦煌之类，很多就属于云 VR 这一类别。

三、云应用是大势所趋

2018 年到 2019 年，中国的第三方云管理服务市场规模达到了 5.6 亿美元，同比增长 82.6％。① 中国的公有云、私有云、多云和混合云并行快速发展又催生扩大了云服务的市场。IDC 预计，到 2023 年，中国市场的云管理规模会达到 32.1 亿美元，可见云应用是大势所趋。

1. 中国的云技术已达到国际先进水平

IDC 发布的《中国公有云服务市场增长领跑市场》报告显示，2020 年，全球公有云整体市场规模达到了 3124.2 亿美元，同比增长 24.1％。而自 2016年以来，中国已经跃居全球仅次于美国的第二大公有云市场。2020 年，中国公有云服务整体市场规模达到 193.8 亿美元，同比增长 49.7％，远高于全球增长速度，是全球各区域中增速最高的国家，图 1-6 清晰地显示了这一点。

自 2018 年起，全球十大公有云 IaaS 服务商中，中国厂商占了四席，分别为阿里巴巴、腾讯、中国电信、金山云四家服务商。而到了 2020 年，在国际知名咨询机构 Gartner 发布的云厂商评估报告中，阿里云在计算大类里，以92.3％高得分率拿下全球第一，并且刷新了该项目的历史最佳成绩。此外，在存储和 IaaS 基础能力大类中，阿里云也位列全球第二，这些数据在表 1-2 和图 1-7 中都可以看到。

---

① IDC. 中国第三方云管理服务市场份额报告 2019［EB/OL］. https://new. qq. com/rain/a/20200731A0WH1U00,2020-07-31.

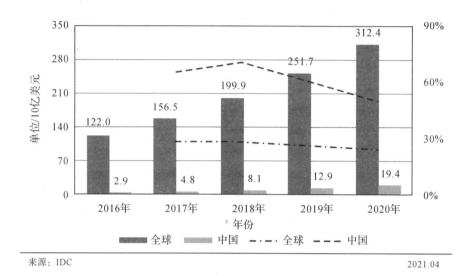

来源：IDC   2021.04

图 1-6　2020 年全球和中国公有云服务市场规模①

表 1-2　2020 年全球云厂商实力评估②

云厂商	计算	存储	网络	IaaS 基础能力
阿里云	第一	第二	第四	第二
亚马逊	第二	第一	第一	第一
微软	第四	第三	第三	第四
谷歌	第三	第四	第二	第三
甲骨文	第五	第五	第五	第五

数据来源：Gartner solution scorecard   2000

---

① IDC.中国公有云服务市场同比增长 49.7%，领跑全球［EB/OL］. http://www.eepw. cn/article/202104/424756. htm,2021-04-22.
② Gartner.2020 年全球云产品评估报告 亚马逊综合能力排名第一［EB/OL］. http://www. 199it. com/archives/1102456. html,2020-08-17.

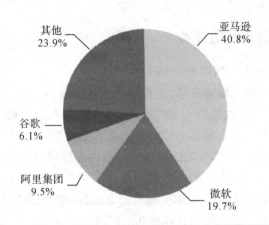

其他
23.9%

亚马逊
40.8%

谷歌
6.1%

阿里集团
9.5%

微软
19.7%

来源：Gartner, Marker Share: IT服务网络2020　　　　　　　　　　2020.07

图 1-7　Gartner：2020 年公有云市场阿里云排名全球第三、亚太第一

2. 新冠疫情促使企业使用云技术

2020 年英国调研机构 GANALYS 发布的 2019 年第四季度中国公共云服务市场报告提出，因为在应对新冠疫情方面的突出表现，中国的云服务商被政府和企业更加看重。比如新冠疫情开始时，阿里巴巴就用阿里云进行了全球防疫物资采购，迅速地做出了物资采购判断，让更多的人看到了云平台的优势。GANALYS 认为政府和企业上云意愿加强，大部分企业正在评估上云路径，在 2020 年采取实际行动。而在服务品牌行业，超过八成的服饰品牌通过阿里云转型新零售，国货因此大涨增收 24％。在 2019 年 12 月 18 日的阿里巴巴 ONE 商业大会上，阿里巴巴副总裁、阿里云智能新零售事业部总经理肖利华透露，八成知名服务企业已同阿里云合作，比如李宁、特步、雅戈尔、太平鸟、百丽、安踏、波司登等头部国货品牌成为先行者。在 2019 年天猫双 11 中，红蜻蜓创造了全渠道单品牌销售额突破 3.8 亿元的纪录，而雅戈尔全网销售额 1.24 亿元，同比增长 88.8％。[1]

---

① 鸣远. 阿里：8 成知名企业已合作阿里云转型新零售［EB/OL］. https://www.dsb.cn/111520.html, 2019-12-18.

四、云平台应用的优势

1. 尽可能地降低现实条件的制约

2019 年末开始的新冠疫情，让众多产业受到重挫，但以线上售卖和在线服务为主的行业以及物流行业却得到了爆发式的发展。人们因为疫情宅在家里后，以现场购买和线下服务为主的行业劣势就非常明显了。云平台能尽可能地降低现实条件、现实环境、天气波动等条件的影响，只要网络通畅，网络相关设备可以正常使用，人们的线上购物就基本不受影响。这是云平台最突出的优势之一，它能让人们在虚拟空间里完成旅游、购物，也能用 VR 和 AR 技术，让人们在家就可以虚拟仿真体验线下购物。

2. 可以全面而详细地展示商品和服务，并进行精准营销

在云平台空间上，商品和服务不仅可以整体而立体地呈现商品，还可以以多种形式将它们呈现给消费者，比如图片形式、文字形式、视频形式、动画形式、游戏形式、VR 形式、AR 形式等。在云平台上商品和服务可以展示已购消费者评价、晒图，还可以让有意向的消费者向已购消费者求助和询问。有意向的消费者在云平台上输入个人数据，就可以虚拟体验使用商品或者服务的效果，类似于现实中的试用装的体验。

云平台上的商品和服务可以被精准地推荐给目标消费者，实现一对一的精准服务；可以根据消费者画像，向潜在消费者推送信息；每一笔营销费用去向可查；每一元钱的营销效果可追溯。

3. 实现线上线下一体化发展

云平台能实现商品和服务从线上到线下无缝连接，不管是实体商品还是非实体的服务类商品，都可以实现在云平台上试用、体验和购买，并通过物流配送到家，或者选用线上预订服务，线下就近门店验收。云平台与普通电商购物的区别在于可容纳的数据更为庞大，能建立完整的虚拟线上体验店供消费者体验，还能引进 AI 人工智能替代客服提供智能化引导，以及未来可待开发的无限可能空间。云平台实现的不仅是商品的售卖，更是一种虚拟商店的建立。

4. 成本优势明显

节省了实体店铺成本、营业员成本等，云平台的租赁费用可以由企业自由选择以控制成本，有些云平台甚至可以免费租用，以帮助企业降低经营成本。在以前，企业如果要在网站上运行一些应用，只能自己去购买服务器，但有了

云平台以后,在 IaaS 云平台上,只需要租用场外服务器就可以解决这一问题,国内的大型互联网公司基本都可以提供这种服务;而在云服务类的平台上,云平台服务公司可以直接在网上提供各种开发和分发应用的方案,能提供虚拟服务器,企业的硬件费用和软件开发费用都降低了。

5. 科技优势明显

对于企业来说,在互联网和移动互联网的浪潮之下,应改变传统的线下售卖方式。在全民皆网民的时代,如果企业不改变思维,在科技应用上处于劣势,很有可能就会面临淘汰,而云平台是一种能让不懂编程的人也可以使用的云计算技术,是非常理想的企业参与网络科技变革的工具。企业只需要付出一定的成本,就可以由专业的公司和团队完成企业云平台的建设及企业云平台日常的运营和维护。从目前来看,只要互联网还在快速发展,云平台就有更大的拓展延伸空间,它能利用网络上的任意一台机器完成自己的计算和存储,能在任意一台机器上建立自己的虚拟主机。未来的云计算、云服务和云平台会发展成什么样,谁也不知道,但很清楚的是,网络越发达,云计算便会越发达,因为其技术优势非常明显。

第三节　基于云计算的乡村振兴的可行性分析

在阿里巴巴近两年的研究中,一直频繁提到"下沉市场"和农村市场,即使不考虑国家将"三农"列为重大战略这一点,从市场的拓展方面思考,农村市场也是很多企业现在以及未来的重点营销领域。而互联网硬件设施在农村中不断铺开,农村与城市的差距在一步一步缩小,也为基于云计算的乡村振兴实施提供了可能。

一、基于云计算的乡村振兴的基础条件已成熟

1. 农村互联网硬件全面铺开,宽带接入数迅速增加

(1)互联网农村地区普及率接近 50%,城乡差距缩小

《"十三五"国家信息化规划》提出的宽带网络覆盖 90% 以上贫困村的目标早在 2018 年底就已经实现。目前中国的大部分村镇都有宽带接入设备,97% 以上的村子都至少有一户可以使用互联网。

截至 2020 年 12 月,我国农村网民规模为 3.09 亿,占网民整体的 31.3%,

较 2020 年 3 月增长 5471 万;农村地区互联网普及率为 55.9%,较 2020 年 3 月提升 9.7%。农村互联网的普及更迅速,城乡地区互联网普及率差异较 2020 年 3 月缩小 6.4%。农村宽带用户总数达 1.35 亿户,增长 14.8%,增速超过城市宽带用户 6.3 个百分点。城乡地区互联网普及率差异缩小 5.9 个百分点。①

而在《2019 年网络扶贫工作要点》的要求下,网络扶贫被提上日程,建设数字乡村活动正在热火朝天地展开,"村村通"和"电信普遍服务试点"两个工程实施保障了数字乡村的实现,农民不再被互联网拒之门外,农村成为互联网经济的新的蓝海,见图 1-8。

来源:CNNIC 中国互联网络发展状况统计调查   2020.12

图 1-8   2016—2020 年中国城乡地区互联网普及率

(2)移动物联网在农村地区快速发展

移动物联网是云平台在移动领域应用的重要基础,是指基于蜂窝移动通信网络的物联网技术和应用。工信部 2020 年第 25 号令《工业和信息化部办公厅关于深入推动移动物联网全面发展的通知》指出,截至 2020 年底要在县级以上城市主城区普遍覆盖,移动物联网连接数达到 12 亿。现代农业示范区是重点覆盖区域,在智慧农业领域建立健全物联网的整体应用,中国行政村的 4G 网络覆盖率超过 95%。②

---

① 中央网信办.第 47 次《中国互联网络发展状态统计报告》[EB/OL]. http://www. cac. gov. cn/2021-02/03/c_1613923423079314. htm,2021-02-03.

② 工业和信息化部网站.工业和信息化部办公厅关于深入推动移动物联网全面发展的通知 [EB/OL]. http://www. cac. gov. cn/2020-05/07/c_1590412176810836. htm? from = groupmessage, 2020-05-07.

2. 农村人均收入增加,农村网民数量上涨

国家统计局 2019 年的统计公告显示,中国的脱贫攻坚成效明显,2019 年末,农村贫困人口 551 万人,比上一年末减少 1109 万人;贫困发生率仅为 0.6%,比上年下降 1.1 个百分点,农村居民人均可支配收入为 11567 元,增长 11.5%,高于全国居民可支配收入的增长率。[①] 如图 1-9 所示。截至 2020 年 3 月,我国农村网民规模为 2.55 亿,占网民整体的 28.2%,较前一年增长 33.8 万。[②]

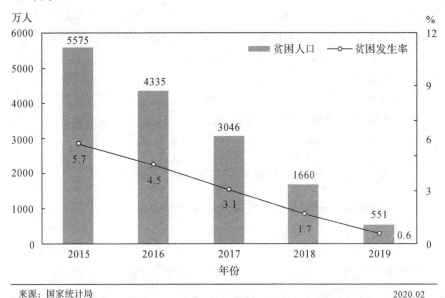

图 1-9 2015—2019 年全国农村贫困人口和贫困发生率

3. 农村物流快递网络能满足云振兴要求

2021 年 7 月 14 日,国务院总理李克强主持召开国务院常务会议,会议指出加快发展农村寄递物流,进一步便利农产品出村进城、消费品下乡进村,是推进乡村振兴、增加农民收入、释放农村内需潜力的重要举措。一要促进农村

---

① 国家统计局. 中华人民共和国 2019 年国民经济和社会发展统计公报[EB/OL]. http://www.stats. gov. cn/tjsj/zxfb/202002/t20200228_1728913. html,2020-02-28.

② 中央网信办. 第 45 次《中国互联网络发展统计报告》[EB/OL]. http://www. cac. gov. cn/2020-04/27/c_1589535470378587. htm,2020-04-27.

电商与农村寄递物流融合发展。依托"互联网＋",加强城市市场、物流企业与农场、农民合作社等的衔接,发展专业化农产品寄递服务和冷链仓储加工设施,助力农产品销售。二要分类推进"快递进村"。三要深入寄递领域"放管服"改革。取消不合理、不必要限制,鼓励发展农村快递末端服务,利用村内现有设施,建设村级寄递物流综合服务站。在政府的支持下,农村的物流快递网络迅速发展。2020年7月,国家邮政局发布的《2019年度邮政普遍服务监管报告》提到在农村的交通和邮政方面,到2019年底,实现全国具备条件的乡镇和行政村100％通硬化路,全国55万多个行政村可以实现足不出村接收邮件包裹。国家为了统筹优化农村投递网络、路线和人员,这几年不断增设投递道段,增设投递车辆,增加乡邮员,投入约9.5亿元;升级改造西部和农村邮政普遍服务基础设施,2019年的总投资额达到3.57亿元;改造邮政网点等,这还不包括商业化的快递公司在农村增设的网点,比如顺丰、圆通、申通等每一年都不断增加农村快递网点并扩大规模。2019年,全国快递网点乡镇覆盖率超过了97％,完整地搭建起了工业品下乡和农产品进城的双向渠道。[①]

二、基于云计算的乡村振兴人才条件已经具备

1. 专业的云平台服务市场发展日趋成熟

(1)商业化的云平台服务公司越来越多

中国信息通信研究院云计算与大数据研究所人工智能部主任孙明俊在2014年召开的"可信云服务大会"上发表了《中国云计算产业发展现状》演讲,她说中国的云计算从2012年起步,起步非常晚,但发展体量非常惊人。她说云计算成为中国互联网企业的基础平台,起步仅一年,增长达到了500％。[②] 2019年10月12日由国务院发展研究中心国际技术经济研究所主办的"中国智能化转型与技术创新高层研讨会暨《中国云计算发展白皮书》发布会"提到了以"5G＋云＋AI"技术,构建开放的云生态,预计到2023年,中国的云产业规模将超过3000亿元,未来中国的云产业还会有更大的突破。目前,能提供云计算、云服务和云平台的公司越来越多,不仅仅是大型的互联网企业阿里

---

① 国家邮政局.2019年度邮政普遍服务监管报告[EB/OL].http://www.gov.cn/xinwen/2020-09/22/content_5545503.htm,2020-09-22.

② 孙明俊.中国云计算产业发展现状[EB/OL].https://cloud.tencent.com/developer/article/1065360,2018-03-19.

云、百度云、腾讯云、京东云和亚马逊云,还有各种各样中小型云服务公司可供基于云计算的乡村振兴选择,如图 1-10 所示。

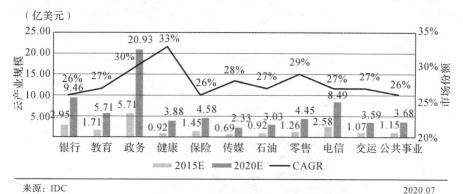

来源:IDC

2020.07

图 1-10　2015—2020 年国内各行业云市场规模

(2)云计算和云服务人才储备充足

2018 年,教育部批准开设了以互联网和工业智能为核心的新工科专业,其中包括了云计算专业。高校在设置云计算专业的同时,与国内大的云厂商进行校企合作,直接输送专业人才。

在图 1-11 中,我们可以看到上海艾瑞市场咨询有限公司在自己的白皮书

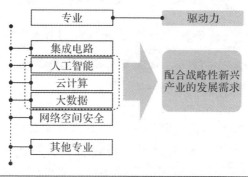

来源:教育部《关于加快建设高水平本科教育全面提高人才培养能力意见》.

2019.11

图 1-11　2019 年中国教育部云计算相关一流专业布局①

_____

① 上海艾瑞市场咨询有限公司. 2019 年中国云计算人才需求洞察白皮书[EB/OL]. https://baijiahao. baidu. com/s? id=1652115392606260217&wfr=spider&for=pc,2019-12-06.

19

中指出,云和云计算相关人才月均薪酬普遍过万,将近3万的人才月薪超过3万元,如图1-12。而互联网整体人才月均薪酬1万元以上的占比不到一半,3万元以上的占比只有1.7%,如图1-13所示。相比之下,云计算人才的薪酬远远超过了一般的互联网和计算机专业人才的薪酬,因此吸引了一大批原来的IT领域高级人才的薪酬转型,云计算领域的人才储备越来越丰富。

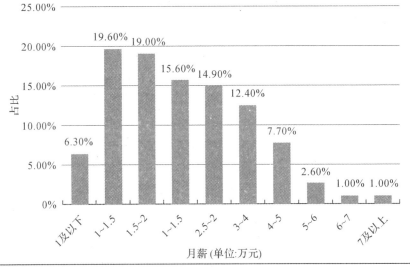

来源: 上海艾瑞市场咨询有限公司 2019.12

图1-12 2019年中国云计算领域人才月薪分布

2. 农民对网络使用能力日益提升

(1)农民工回流,"返乡"红利突显

很多在城市工作生活过的农民,本身已经具备了较强的互联网使用能力,并且也有很强的互联网应用意识,甚至有一部分在城市打工的人使用互联网的能力已达到专业水平。他们回到农村以后,不仅自己会用互联网,还会带动身边的亲戚朋友一起使用互联网。2020年全国乡村产业规划明确提出了到2025年,争取返乡入乡创新创业人员超过1500万人,这是从政府层面鼓励农民工回流,或者鼓励出身农村的大学生、研究生回到农村。图1-14可见近10年农民工总数、外出农民工人数与本地农民工人数的变化,可以看到外出的农民工数量在近两年逐渐减少,本地农民工数量在慢慢增加。

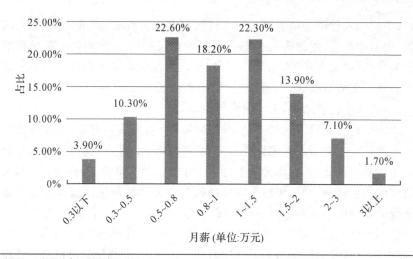

来源：上海艾瑞市场咨询有限公司　　　　　　　　　　　　　　　2019.12

图 1-13　2019 年互联网行业人才需求月均薪酬①

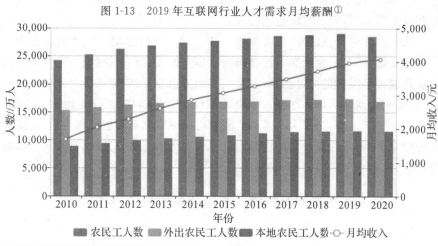

来源：国家农业农村部　　　　　　　　　　　　　　　　　　　2020.10

图 1-14　近 10 年外出农民工、本地农民工数量变化②

（2）政府对农民网络应用技能培训投入增加

2018 年，全国农民手机应用技能培训平台上线运行，农业农村部组织编

---

① 上海艾瑞市场咨询有限公司. 2019 年中国云计算人才需求洞察白皮书［EB/OL］. https://baijiahao. baidu. com/s？ id=1652115392606260217& wfr=spider&for=pc,2019-12-06.

② 农业农村部网站. http://zdscxx. moa. gov. cn:8080/nyb/pc/index. jsp,2021-10-11.

写了《手机助农营销实用手册》，向农村推出文化教育类、资讯传播类、生活服务类、助力生产类、促销类五类易于操作的惠民 App。农业农村部行政审批手机客户端"益农 E 审"App 上线，与农业农村部行政审批综合办公系统等业务办理系统无缝对接。[①]

（3）大学生村官增多，人才向农村流动

大学生村官项目是党的十七大以来的一个重大战略决策，主要目的是培养一大批社会主义新农村建设骨干人才。2014 年 5 月，中央组织部召开全国大学生村官工作座谈会，将大学生村官工作确认为国家开展的选派项目，大学生村官的岗位性质为"村级组织特设岗位"，非公务员身份，但其工作、生活和享受保障待遇由中央和地方财政共同承担。很多高校都开设了"村官学院"，浙江农林大学是设立了"村官学院"的高校。其"村官学院"于 2014 年 4 月成立，是在浙江省委组织部指导下成立的特色学院，是专业化的乡村振兴教育服务平台，对乡村干部（大学生村官）和创业青年、城管干部、司法干部等进行专业和规范的培训，向农村输送高级人才。

除了大学生村官以外，还有很多人才主动向农村流动。人才向农村流动的原因主要有：一是企业和乡村合作项目越来越多，新农村建设中重要一块内容就是农产品出村进城过程中，会有很多加工企业、旅游服务类企业进驻乡村设点，那企业就会选派一部分人才进驻乡村，长期在农村工作生活；二是农村创业机会越来越多，一些人才是自己到乡村中寻找就业和创业机会的，比如开设各种农产品公司、农业旅游休闲园、民宿、电子信息服务公司、物流运输公司等，赚钱的机会越来越多，到农村中的人才也就会越来越多。

三、基于云计算的乡村振兴策略实施时机已到

1. 政策环境

（1）乡村振兴战略和"互联网＋"两大战略的结合

党的十八大以来，党中央确定把解决好"三农"问题作为全党工作重中之重，而在党的十九大上将实施乡村振兴战略作为国家重大决策部署，确定实施乡村振兴战略，每一年都出台一系列振兴农业农村经济的扶持政策：2018 年中央一号文件明确国家乡村振兴实施战略；2019 年中央一号文件持续聚焦乡

---

① 农业农村部市场与信息化司.《中国数字乡村发展报告》(2019)发布[EB/OL]. http://www. moa. gov. cn/xw/bmdt/201911/t20191119_6332027. htm,2019-11-19.

村振兴,坚持农业农村优先发展,做好"三农"工作,提出实施数字乡村战略;2020 年中央一号文件提出优待保障"三农"投入,加大中央和地方财政"三农"投入力度,中央预算投资继续向农业农村倾斜。在党的十九大提出的任务目标中,将乡村振兴战略分成两个阶段,第一阶段是到 2020 年,乡村振兴取得重要进展,制度框架和政策体系基本形成,这一目标已经基本实现,从上到下,从下到上,中国的乡村振兴体系已成形;第二阶段是到 2035 年,乡村振兴取得决定性进展,农业农村现代化基本实现,这一步正在进行中。

"互联网+"战略是在 2015 年上升到国家战略层面的。在第十二届全国人民代表大会第三次会议上,国务院发布的政府工作报告提出:新兴产业和新兴业态是竞争高地。要制定"互联网+"行动计划,推动移动互联网、云计算、大数据、物联网等与现代制造业结合。

而乡村振兴与"互联网+"的结合,在顶层设计中持续几年都有出现:2018年提出"推动农村基础设施提档升级",实施数字乡村战略,做好整体规划设计,加快农村地区宽带网络和 4G 网络覆盖步伐,开发适应"三农"特点的信息技术、产品、应用和服务,弥合城乡数字差距;2019 年明确提出实施数字乡村战略,深入推进"互联网+农业"扩大农业物联网示范应用,实施"互联网+"农产品出村进城工程;2020 年中央一号文件提出加强现代农业设计建设,依托现有资源建设农业农村大数据中心,加快物联网、大数据、区块链、人工智能、5G 等现代信息技术在农业领域的应用,开展国家数字乡村试点。

(2)线上助农政策不断出台

《电子商务法》在 2019 年 1 月 1 日实施,其建立了电子商务的法律框架。这部法律明确了"国家促进农业生产、加工、流通等环节的互联网技术应用,鼓励各类社会资源加强合作,促进农村电子商务发展,发挥电子商务在精准扶贫中的作用"。国务院出台了《关于大力发展电子商务加快培育经济新动力的意见》(国发〔2015〕24 号)和《国务院办公厅关于促进农村电子商务加快发展的指导意见》(国办发〔2015〕78 号)两个专门文件,对发展农村电商做出了总体布局。2018 年 6 月国务院常务会议部署和 2019 年中央一号文件要求,农业农村部牵头实施"互联网+"农产品出村进城工程。[①]

---

① 农业农村部市场与信息化司.《中国数字乡村发展报告》(2019)发布[EB/OL]. http://www.moa.gov.cn/xw/bmdt/201911/t20191119_6332027.htm,2019-11-19.

2. 新型的农村电子商务经济模式成形

2016 年农业部印发《农业电子商务试点方案》，组织了 10 个省份的农产品、农业生产资料和休闲农业电子商务进行试点。在此次试点过程中，成功出现了一批新型的农村电子商务经济模式，比如鲜活农产品"基础＋城市社区"直配模式、"批发市场＋宅配"模式等。后来在盒马、叮咚买菜等商业化的电子生鲜连锁企业中，这些新型的电子商务经济模式更加成熟。

（1）生鲜电商助推基于云计算的乡村振兴策略的实施

生鲜电商是助推云计算背景下的乡村振兴的重要渠道，他们通过线上数据联通农村农产品和终端消费者，用大数据精准定位生鲜供应与需求，让生鲜产品的销售量大幅增加。在图 1-15 中我们可以看到，2019 年中国生鲜电商行业市场交易规模达到 2796.2 亿元，较 2018 年增长 36.7％；而 2020 年受疫情影响，生鲜电商呈现严重的供不应求情况，整个生鲜电商行业急速发展。

图 1-15　2015—2023 年中国生鲜电商行业市场规模预测[1]

---

[1]　艾瑞咨询. 中国生鲜电商行业研究报告[EB/OL]. https://report. iresearch. cn/report_pdf. aspx? id＝3620,2020-07-15.

随之而来的是快速发展壮大的电商企业,原本的头部生鲜电商企业迅猛发展,新的生鲜电商企业不断出现,同时还出现了生鲜专用的物流企业,比如各类冷链物流、安鲜达物流等,能用1小时极速达模式保证生鲜产品新鲜快速到达消费者餐桌,在图1-16中显示了这些内容。

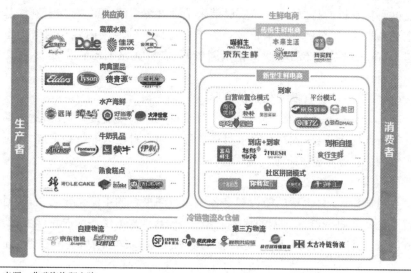

图 1-16 2020 年中国生鲜电商行业产业图谱①

(2)新型农产品线上线下产销模式出现

农产品销售的难点是存储、运输、保鲜、减少损耗等,而新型的农产品线上线下产销模式能在很大程度上解决这些问题。比如每日生鲜模式是"城市分选中心+社区前置仓"模式,水果八成以上直接从产地直采冷链运输到城市前置仓,然后再到消费者手上,最大限度减少中间转手运输和零售。由每日生鲜冷链直送到自己的分选中心,再到前置仓,可保证产品的完好与新鲜,同时还能保证产品的源头可追溯。对于消费者来说,他们信任这些大品牌生鲜商,放

---

① 艾瑞咨询. 中国生鲜电商行业研究报告[EB/OL]. https://report. iresearch. cn/report_pdf. aspx? id=3620,2020-07-15.

心购买他们的产品。对于农民来说,不用自己零售批发,直接由大生鲜商采摘运输和销售,省时省力又能赚到钱。除了这种前置仓模式,还有更多的新的线上线下产销模式出现,比如预订式、自提式、社区直购模式、基地采摘模式等。

3.农村乡村振兴网络文化环境氛围良好

文化振兴是国家乡村振兴战略的一部分,云计算背景下乡村振兴的文化环境不仅仅是乡村振兴特色文化产业发达,还包括了乡村网络文化产业发达。目前电商在农村的持续发力,给农民带来了真真切切的实惠,再加上网络基础设施进乡进村,农村网民越来越多。关于乡村振兴的专题内容在网络上也越来越丰富,表现为农产品电商文化氛围浓厚、农村文化 UP 主增加、乡村文化短视频走红等。

(1)农产品带货直播文化氛围浓厚

县长带头直播销售农产品,央视节目主持人助农直播带货,直播达人助农带货等新闻屡上头条,农产品直播目前已经成为乡村振兴的新兴渠道,通过直播销售的农产品总额一年比一年高。

(2)乡村风光短视频走红

乡村旅游、乡村生活的短视频是各大短视频平台的主流文化之一,同时也造就了一些乡村网红。典型的代表人物是李子柒,她不仅在国内粉丝上亿,在 YouTube 上订户也超过千万,她传播的乡村美景、农村生活、乡村美食,还有乡村文化,带动了一大波人前往乡村旅游、购买农产品等。

(3)乡村美食制作短视频、吃播短视频 UP 主增加

在西瓜视频、B 站、新浪微博等短视频平台上,乡村美食短视频非常受欢迎,有很多以农村主妇为主题的系列美食制作视频点击量都是超千万的。比如陕北霞姐、山村老板娘等,都是粉丝超百万的大博主。还有一些乡村吃播短视频,制作特色乡村美食,但主题并不是制作过程,而是以吃为主要的吸引粉丝的点。乡村美食的吃播方兴未艾,正在流行。

第二章 基于云计算的乡村振兴策略总体架构

第一节 基于云计算的乡村振兴策略实施的意义

互联网能打破传播过程中的信息不对称障碍,让农村的各种服务信息、产品信息、招商信息等快速地传播出去。农村的好产品和好风景信息,通过互联网可以在几秒内传播到世界的各个角落,解决长期困扰农民的农产品走不出去的问题,基于云计算的乡村振兴策略实施是有重要的现实意义的。

一、云系列技术是解决农产品出村进城的有效方法

1. 云系列技术是"互联网+"农业的具体策略之一

在农业农村部的工作部署中,从 2018 年到 2020 年,出台了 4 个关于"互联网+"农产品出村进城的文件,分别为 2018 年 5 月的《农业农村部办公厅关于征集农产品电商出村工程试点参与企业的公告》、2019 年 12 月的《农业农村部国家发展改革委财政部商务部关于实施"互联网+"农产品出村进城工程的指导意见》、2020 年 1 月的《搭上互联网快车、助力农产品营销——〈关于实施"互联网+"农产品出村进城工程的指导意见〉》、2020 年 5 月的《农业农村部办公厅关于开展"互联网+"农产品出村进城工程试点工作的通知》,其中 2020 年上半年就出台了两个关于"互联网+"推动农产品出村进城工程的文件,可以看到国家层面也认可"互联网+"在农产品出村进城中的显著作用。

而云系列技术是"互联网+"农业的具体解决策略之一。"互联网+"是指互联网+各个传统行业,而"互联网+"农业正是互联网+传统农业在互联网发展下呈现的新形态农业,是利用互联网平台,使传统农业进行优化升级和转型,让传统农业出现新的经济增长点。从目前的技术水平来看,"互联网+"必须要用到云系列技术才可能真正实现对传统农业的革新:优化农业生产要素、

更新农业的业务体系、重构农业商业模式都需要庞大复杂的运算能力,单靠一台一家一地的设备,很难完成如此规模的计算,云计算和云服务,是目前完成"互联网＋"农业改革的具体解决策略。[①]

2. 云系列技术有效解决农产品如何出村以及进城问题

云计算可以解决哪些地方需要农产品,如何准确快速地运输农产品到目的地,农产品的出村等问题;云计算能够帮助加强农产品质量安全管理,通过云系列技术,准确掌控农产品从种子、种植到生产、加工等环节的监管;云计算能够帮助建立农产品全产业链标准体系,对农业科研、包装储运、产品追溯、信息采集等标准的制定起到重要作用;云计算能够建设县域优质特色农产品大数据库,真正精准的大数据库就是依靠云计算完成的。

二、基于云计算的乡村振兴策略能打破城乡障碍,让"偏远" 成为"优势"

1. 云技术可以跨越空间障碍

"有网即可":云技术出现的起因就是能够利用世界各个角落任意一台互联网上的设备进行运算,包括偏远山区的互联网,只要这个地区能接入网络,就可以登录云平台,进行乡村振兴的战略实施。可以无视城市与乡村,可以无视高山与大海,可以无视天上与地下,可以无视繁华与偏远,只要有网络,包括移动网络,就可以进行云上操作,这是云技术对乡村振兴的最大帮助之一。

2. 云技术全面拉近城乡差距,打破技术、知识障碍

(1)云技术本身具有开放性

现在在线教育的发展,令不管处于哪个地方的人,只要想学习云技术,都有机会学会。技术的开放性和网络资源的共享性,让更多不同地方的人都可以掌握和学会这种技术。

(2)云技术可以把更多的技术、知识纳入云平台,形成云上课堂

可以用真人教师,也可以用 AI 教师,解决师资不平衡和不足的问题。在基于云计算的乡村振兴策略体系中,云上课堂和云上文化传播是重要组成部分,这也是云技术的优势之一。如果云体系建立,那么偏远山区的人受教育会

---

① 农业农村部.数字农业农村发展规划(2019-2025 年)[EB/OL]. http://www.moa.gov.cn/govpublic/FZJHS/202001/t20200120_6336316.htm,2020-01-25.

更容易,能掌握更多的知识与技术,他们的动手实践活动也可以在云上完成。

三、云技术是精准解决农产品供求关系的技术

1. 云计算与大数据结合精准定位供求关系

农产品的供求关系精准定位有很多种方法,比如用传统的 cookie 技术追踪消费者的浏览数据,用用户画像技术确定消费者需求,用大数据统计分析消费者的购买行为和购买规律等,目前来看大数据技术是确定消费者购买行为、购买需求和购买规律的常见技术,而云计算能让大数据更精准更快速地定位农产品的供求关系。在亚马逊的"Elastic Map Rrduce"技术中,能利用 Cloud Elastic Computes 功能进行大数据的处理,云计算和大数据的结合,能让大数据分析更具扩展性,更快速,反应也更灵敏。"云+大数据"能改进大数据的分析能力,让大数据的分析更完善,还能简化大数据的基础结构,降低大数据分析的成本等。

2. 云平台呈现清晰的供求关系

云平台对农产品供求关系的呈现会更具象、更直接,能让买方和卖方在虚拟世界里直接"面对面"交流,云平台上主要呈现方式有:

(1)虚拟场景呈现买卖市场场景

云平台除却大数据精准推送供和求的关系以外,还可以构造一个虚拟的买卖市场场景,类似于现实的农贸市场,买家和卖家能在市场中"面对面"聊天,甚至可以把农产品的各种属性也清晰地呈现在这个虚拟的农贸市场中。这种供求关系的呈现将会是一种全新的虚拟现实的场景营销模式。

(2)线上线下呈现买卖市场

从几年前开始,打通线上线下全消费场景成为新的经济增长点。与普通的超市线上线下场景消费不同的是,农产品的线上线下场景有自己独特的地方,比如场景从超市卖场转为农村与乡镇。农产品的线上线下全消费场景还可以结合农事节庆、乡村旅游、风俗文化体验等,结合新的人工智能技术和 AR 技术,置入云平台进行线上线下融合,呈现现实与虚拟结合的买卖市场。

四、云振兴是脱贫、扶贫和防止返贫的有效策略

我们先来看一下从 2014 年到 2020 年农民收入与消费情况,如图 2-1 所示,可以看到农民的人均可支配收入是在逐步增加的,但增长率却有一个波动的过程,2018 年增长率最高,2020 年增长率最低,2018 年和 2019 年稳定增

长,可以看出 2020 年的疫情对农民收入是有显著影响的;农村居民消费支出增长率曲线波动更明显,2019 年消费支出的增长率最高,而 2020 年消费支出增长率极速下降,2018 年消费支出增长率低于 2019 年的增长率。这些数据表明的是农民收入虽然增长,但增长有高有低,有一部分农民脱贫了,但后来又返贫,尤其要注意疫情之下农民返贫的情况。

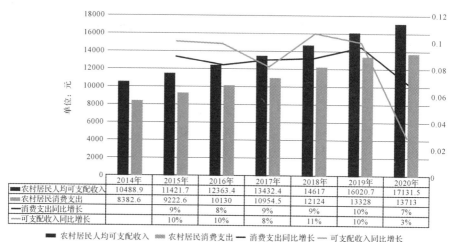

	2014年	2015年	2016年	2017年	2018年	2019年	2020年
■农村居民人均可支配收入	10488.9	11421.7	12363.4	13432.4	14617	16020.7	17131.5
▨农村居民消费支出	8382.6	9222.6	10130	10954.5	12124	13328	13713
—消费支出同比增长		9%	8%	9%	9%	10%	7%
—可支配收入同比增长		10%	10%	8%	11%	10%	3%

■农村居民人均可支配收入　▨农村居民消费支出　—消费支出同比增长　—可支配收入同比增长

来源:农业农村部　　　　　　　　　　　　　　　　　　　　　　2020.12

图 2-1　2014—2020 年度农民收入与消费情况①

2020 年是中国全面建成小康社会目标实现之年,在 2020 年初,中国贫困人口超过 10 万的省份还有 9 个,超过 5 万的地市州有 9 个,全国未脱贫的贫困县还有 52 个,这些贫困县、贫困村、贫困人口主要集中在西部深度贫困地区,并且在已脱贫的 9300 多万建档立卡人口中,有近 200 万存在返贫风险,有超 300 万人存在致贫风险。

从上面的数据和图表中可以看到,现在的贫困县、村主要集中在西部贫困地区,这些地区交通不发达,不是没有优质的农产品,也不是没有优质的乡村旅游资源,而是因为偏远导致脱贫难。云平台能让"偏远地区"成为优势,而基于云计算的物流,可以让偏远地区的农产品用无人机运出来。比如顺丰速递

---

①　数据根据中华人民共和国农业农村部公布的数据整理. http://zdscxx. moa. gov. cn:8080/nyb/pc/index. jsp.

就曾应用云计算技术,精准定位对松茸有需求的城市人群,先让消费者预付款,然后通过顺丰用无人机直接将松茸从深山的产地运送下来,再通过航空快递,不到 24 小时就送到了消费者的餐桌上,这种方式就是云平台独特的优势之一。云平台可以实现云旅游,让消费者在虚拟的云上空间,体验爬上崇山峻岭的感觉,体验足不出户却能云游览任一地风景,比如云游甘肃,云游故宫,云游喜马拉雅等。在 2020 年,中国的 5G 技术已经登顶喜马拉雅最高峰,中国登山队在世界最高峰上,用 5G 技术清晰地呈现了登山的过程以及路上的风景,让全国人民也跟着云游了一趟喜马拉雅。

2021 年初,习近平总书记庄严宣告我们脱贫攻坚战取得了全面胜利,全国贫困县全部摘帽,区域性整体贫困得到了解决,完成了消除绝对贫困的艰巨任务,取得了伟大的脱贫攻坚战的胜利。我们应该致力于乡村振兴,防止农民们脱贫后返贫,巩固脱贫攻坚战的胜利果实。

五、AI 与云技术重塑"农业大脑"

2018 年 6 月 7 日,阿里巴巴旗下云计算平台阿里云在上海云栖大会上宣布推出 ET 农业大脑项目,并且已有数家业内领先的生猪养殖及蔬果种植企业采用了这项尖端的"人工智能＋云平台"方案,这是一个全新的技术革新。ET 农业大脑是基于阿里云自行开发的人工智能技术,是通过应用影像、声音识别及实时环境监测等人工智能技术,监测每头猪的日常活动、生长指标、怀孕状况以及其他健康情况,为生猪养殖产业链带来更多的可能。通过这个大脑,养殖者可以实时监测农场及动物的情况,比如系统会自动为需要燃烧脂肪和长肉的猪规划一系列的活动,不需要人工做规划;ET 大脑能通过声音识别猪舍内小猪是否被大猪压得动不了,及时干预以避免小猪的死亡;这个大脑还能提升母猪的生产力,让每只母猪每年多产 3 只小猪,同时降低初生小猪的非自然死亡率等。

农业大脑在未来还有更多的发展空间。它能渗透农产品从耕地、播种、施肥、杀虫、收割、育种到销售的每一个环节,能全天监控生长情况,并自主做出处理。消费者还能通过软件,实时查看自己订购的农产品的生长情况、种植方式等。这个大脑不仅仅可以监控和监测数据,更重要的是可以自主做出不同情况下的处理行为,是真正的"云技术＋人工智能"在农业领域的运用。

第二节 基于云计算的乡村振兴策略体系的基本架构

一、总思路

1. 以政府主导,企业、农业协会、供销社等为策略主体

基于云计算的乡村振兴策略必定是由政府主导,以习近平新时代中国特色社会主义思想为指导,全面贯彻党的十九大和十九届二中、三中、四中全会精神,坚持农业农村优先发展,以实施乡村振兴战略为总抓手,以一、二、三产业融合发展为路径,开展基于云计算的乡村振兴策略。而基于云计算的乡村振兴策略主体是以农业龙头企业和各类农业合作社。中国农业前期是以小农经济为主,是以农户自己种植养殖发展为主,现在是小农经济和大商业资本结合,有一部分土地通过大商业资本流转集中在一个农场中,形成农场经济,但小农经济依然占据重要位置。与国外大农场经济相比,我们的大农场主比较少,所以要进行现代化的基于云计算的乡村振兴策略,其主体是农业龙头企业和各类农业合作社,他们有能力有资本进行技术的革新、设备的购置和人才的引进等。

在 2020 年发布的《全国乡村产业发展规划(2020—2025 年)》中,明确提出了支持供销、邮政、农民合作社及乡村企业等开展农技推广、土地托管、代耕代种、烘干收储等农业生产性服务,以及市场信息、农资供应、农业废弃资源利用、农机作业及维修、农产品营销等服务。政府会引导电商、物流、商贸、金融、供销、邮政、快递等各类电子商务主体到乡村布局,构建农村购物网络平台。

2. 以云为框,平台联动

2020 年 6 月 17 日,中国首座"云城"正式纳入规划,浙江省委十四届七次全会重点指出了杭州"云城"的规划建设。云上城市和云上农村,已经是可行的战略,并且浙江省已经付诸行动。我们的基于云计算的乡村振兴策略的思路是按区域建成一座座云上农村,以云为框,将一片区域纳入云平台,进行整体的规划发展。云上农村的建设,能以"坚持大统筹、克服小平衡、避免碎片化"[①]的原则,在整片区域内,确定区域农业特色,打造强势农产品品牌,建设

---

① 杭州发布.杭州云城概念规划正式发布[Z/OL]. https://mp. weixin. qq. com/s/nfmKXpHg AduU6fKraRJtYA,2020-10-15.

特色农业乡村风情小镇,统筹资源、资金、人才等的规划,避免重复建设和无序发展。

3.星星之火,以点及面

基于云计算的乡村振兴策略的实施需要各种资源的调配与联合,要马上全面开展云上振兴是不太现实的,政府支持有限,资金也有限,技术人才与设备的到位能力也有限,所以基于云计算的乡村振兴策略的实施和开展,应该以点及面、稳步推进。一般情况下,会优先选择有较强网络基础的村镇率先开展云振兴,通过一段时间建设,树立一批模范云村,从而带动周边村镇的发展,形成区域云村,再从区域云村,与另一区域云村联合,形成大片云上村镇,最终联结成网状云上乡村。

二、基于云计算的乡村振兴策略经营主体架构

(一)农业产业化龙头企业培育

基于云计算的乡村振兴策略是一个复杂庞大的工程,企业作为经营主体对基于云计算的乡村振兴策略的实施更有利。企业可以引进现代化的经营管理理念,有目标、有步骤、有财力、有人力去实施基于云计算的乡村振兴策略。现代化的企业经营理念之下,更有利于抓住市场热点、抓住消费者心理。企业在期盼盈利的预期下,会更主动地按照市场经济的规律展开经营行为,让基于云计算的乡村振兴策略不是停留在策略层面与口号层面,而变成市场化的可持续发展策略。

1.对现有的龙头企业进行产业化重组

农业龙头企业分成国家级、省级、市级和规模龙头企业,不是随便一家经营农产品的公司就可以称为中国农业龙头企业。农业龙头企业是指以农产品加工或流通为主,通过各种联结机制与农户相连,带动农户进入市场,使农产品生产、加工、销售有机结合、相互促进,在规模和经营指导上达到规定标准并经政府认证的企业。评定龙头企业等级的国家标准主要有:企业组织形式、企业经营的产品增加值、企业规模、交易规模、企业效益、企业信用、企业带动能力、企业产品竞争力几个方面,这几个方面也恰恰是基于云计算的乡村振兴策略中企业经营主体必须衡量和考虑的地方。

(1)部分龙头企业经营不善,难以跟上时代发展

国家对农业企业的认证是非常谨慎的,比如国家级重点龙头企业是由农业农村部、国家发改委、财政部、商务部、中国人民银行、国家税务总局、中国证

监会、全国供销合作总社这 8 个部门共同认定的,而省级、市级龙头企业的认定也是层层把关层层考核的,但依然存在诸多问题,能形成强大市场竞争力的企业并不是很多,主要的问题有如下几方面。

一是龙头企业的基地建设较为滞后,种植、养殖类的龙头企业问题尤为明显。基地建设是企业生存的根本,但目前有较多的基地建设还停留在 10 多年前,在科技日新月异的今天,这是非常落后的。

二是龙头企业与农户和市场的连接存在一些问题,比如在调动农户的积极性、建立良好的利益分配机制等方面问题较多,而龙头企业在对市场风向的把握、产品的销售能力等方面也是有不少问题的。

(2)产业重组是培育适应时代发展的龙头企业的需要

产业重组是对现在的龙头企业进行改革,主要有三种方式:一是通过并购扩张现有的龙头企业,比如通过向上游企业并购或者向下游企业并购扩张企业产业链,最后形成拥有全产业链的龙头企业。二是通过分立或资产剥离出售龙头企业不同资产重组龙头企业,比如将优势资产分立独立出来,单独发展,将不良资产剥离出售,给企业减负等。三是通过要约收购、职工持股计划等重组龙头企业股权,让更好的经营者入场,让职工更有归属感等。

2. 积极培育大型的农业企业集团

强强联合,培育大型农业集团,增加企业的竞争力,才能在基于云计算的乡村振兴策略中发挥更好的作用,而大型农业集团的主要培育方式有以下几种。

(1)以区域优势特色农业产业为切入点,进行产业重组和产业整合

区域优势特色农业是指区域内独特的农业资源,可以指区域内特有的名特优产品,也可以指区域内特有的旅游资源,还可以是区域内特色农业文化等所有可以被商业化的有竞争力的特色农业资源。大型的农业集团可以区域特色农业资源为切入点,合并多个企业,包括现有的龙头企业,形成大规模的农业集团。农业集团可以通过产业重组和产业融合形成,产业重组主要是进行企业间的兼并与收购,一般由一个强势的龙头企业兼并其他经营特色农业资源的农业企业,类似于大鱼吃小鱼,慢慢壮大成大型农业集团;产业融合则是指在时间上先后产生、结构上处于不同层次的农业、工业、服务业、信息业等在同一个产业、产业链、产业网中相互渗透、相互包含、融合发展的产业形态和经济增长方式,是用无形渗透有形、高端统御低端、先进提升落后、纵向带动横向,使低端产业成为高端产业的组成部分,实现产业升级的知识运营增长方

式、发展模式与企业经营模式。① 一般情况下,以第一产业农业为基础,由一个强势的农业企业为基础企业,以第二产业工业为中介,即融合工业企业作为中介平台,以第三产业服务业类的公司为核心,运用新的技术进行产品推广与销售,最后以第四产业信息业为配套,这里就涉及云计算技术配套大型农业集团的运转,最终形成大型的农业集团。

(2)打破区域限制,培育全产业链的超大型现代农业集团

以全面、综合、跨区域为特色的超大型现代农业集团,从源头到餐桌,全产业链覆盖,构建上下游环节一体化、综合配套集群化的现代农业产业链。这种农业集团的特色是大而全,但又不仅仅是大而全,是所有产品生产过程可监控,所有产品可追溯,严格控制产品质量的特色。从最开始的农业种植到销售,全程控制在集团手中,质量可控程度非常高。这种超大型现代农业集团,能建起几十个现代农业产业基地,可以在不同地区、不同经纬度建立生产基地,打破区域限制,最大限度开发农作物种质资源效益,能实现产品的常年稳定供应而且还能在国际上有较强的竞争实力。

3. 成立新型的高科技类农业龙头企业

技术进入农业领域必会发挥超强的生产力,这一理念越来越被更多的人接受,所以新型高科技类的农业龙头企业培育被提上日程。目前已建了一些高科技农业龙头企业,它们在各自的领域发挥重要的作用,主要的类型有如下几种。

(1)研发型高科技农业龙头企业

以各类新技术研发和新产品研发为主的高科技农业龙头企业,比如种业研发、微生物研发、加工品研发、畜产品研发、农药研发、有机肥料研发等为核心的高科技农业龙头企业,它们以能培育新型的种子、新型的农业加工品、新型的肥料与农药、新的微生物等为主,是属于尖端科技研究型农业企业。研发型高科技农业龙头企业,会成立国内国际领先的研究中心或研究院,将大量的资金投入到这些研究中心中去,企业不一定盈利,但因技术领先会成为相应领域的标杆之一。

(2)信息型高科技农业龙头企业

信息型高科技农业龙头企业是从电脑技术飞速发展之后出现的新型农业龙头企业,主要有精细农业类企业、数字农业类企业、智慧农业类企业。

---

① 陈世清. 对称经济学术语表[EB/OL]. http://finance.takungpao.com/mjzl/mjhz/2016-06/3339452.html,2016-06-29.

第一类是精细农业。精细农业出现时间最早,在 21 世纪 80 年代末就出现了,它主要运用现代信息技术提升传统农业的生产管理水平,使农业生产的各个环节精准可控,以优化各种资源的运用,提升生产效率。主要的技术设备装备在生产工具上,比如全自动化的农业机械如收割机、种植机、施肥机、播种机、除草机等,同时会装备各种监视器,监测农作物和动物生产的情况,监测土壤的情况,给每一个动物装上 GPS 定位监测器以随时感知动物的主要数据变化等。

第二类是数字农业类龙头企业。这一名称在 1997 年由美国科学院两位院士正式提出,它是指在地学空间和信息技术支撑下的集约化和信息化的农业技术。数字农业是指将遥感、地理信息系统、全球定位系统、计算机技术、通信和网络技术、自动化技术等高新技术与地理学、农学、生态学、植物生理学、土壤学等基础学科有机结合起来的农业。它能实现在农业生产过程中对农作物、土壤从宏观到微观的实时监测,以实现对农作物生产、发育状况、病虫害、水肥情况以及相应的环境进行定期信息获取,生成动态空间信息系统,对农业生产过程中的现象、过程进行模拟,达到合理利用农业资源、降低生产成本、改善生态环境、提高农作物产品和质量的目的。[①] 有些学者将精细农业和智慧农业都包括在大数字农业领域,将所有的农业信息的大数据运用、农业物联网等都纳入大数字农业。实际上,随着信息技术的进一步发展,数字农业的内涵确实在一步步扩大,扩展到了农业科研、农产品销售、农产品流通、农产品安全等各个方面,但数字农业的技术核心装备是 3S:即 GPS 技术、GIS 技术、RS 技术,这三种技术的中文意思是指全球定位系统、地理信息系统、遥感技术。数字农业类的龙头企业具有实施基于云计算的乡村振兴策略的天然优势,两者可以实现无缝连接。

第三类是智慧农业。智慧农业是农业中的智慧经济,或者智慧经济形态在农业中的具体表现,是属于智慧经济在农业领域的体现,智慧农业被一部分学者称为消除发展中国家贫困的主要途径,曾经被认为是发展中国家经济后来居上的主要途径,应该说智慧农业是被一部分人寄予了很大的希望。智慧农业就是将物联网技术运用到传统农业中去,运用传感器和软件通过移动平台或者电脑平台对农业生产进行控制,使传统农业更具有智慧。智慧农业是将互联网技术、移动互联网技术、云计算技术和物联网技术合为一体的农业形态,能够实现农业可视化远程诊断、远程控制、灾变预警的智能管理,为农业生产提供精准化种植、可视化管理、智慧化决策。

① 孙豹,田儒雅.中国数字农业发展现状与前景初探[J].农业展望,2021(4):1.

这三类信息化的高科技农业龙头企业业务互相重叠的地方较多,并且随着信息技术的发展,这三者之间的区别也越来越不明显,现在国内的类似企业通常不会明显区分自己属于哪一类,而通称为数字农业公司,或者数字型智慧农业公司。这些信息化高科技公司有一部分已经开始应用云计算技术,这对于基于云计算的乡村振兴策略的具体实施是非常有利的。

(3)配送物流类高科技农业企业

物流配送是限制农产品出村进城的最关键问题之一,运送过程中如何保护农产品的鲜度、存活度和完整度是农业物流面临的主要问题,也是一部分偏远的乡村明明拥有宝山宝海稀有资源,却依然贫穷的原因之一。专门进行农业物流配装的高科技公司应运而生。未来中国农产品的物流总额将超过 4 万亿元,这是前瞻产业研究院在其《2021—2026 年中国冷链物流行业市场前瞻与投资战略规划分析报告》中提到的,农产品物流是一个非常庞大的市场。①

配送物流公司有很多种类别,从配送的产品分有:蔬菜配送、奢侈品配送、肉品配送、活物配送等。比如有一家公司叫蔬东坡,专做生鲜配送,它采用的是智慧物流,能在半小时内排线 2000 家店铺,根据订单,用大数据锁定离消费者最近的店铺,按地图排线、按列表排线,以最快的速度保证产品以较好的鲜度和完整度被送到消费者餐桌之上。

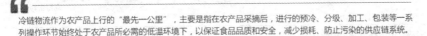

冷链物流作为农产品上行的"最先一公里",主要是指在农产品采摘后,进行的预冷、分级、加工、包装等一系列操作环节始终处于农产品所必需的低温环境下,以保证食品品质和安全,减少损耗、防止污染的供应链系统。

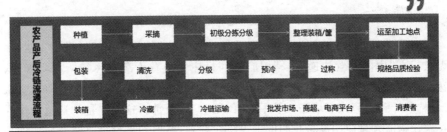

来源:中国物流与采购联合会　　　　　　　　　　　　　　2019.09

图 2-2　农产品产地冷链物流基本情况②

---

① 前瞻产业研究院.2021—2026 年中国冷链物流行业市场前瞻与投资战略规划分析报告[EB/OL]. https://bg. qianzhan. com/report/detail/98316559a6fe4430. html,2021-12-15.

② 中国物流与采购联合会冷链物流专业委员会内容与研究中心.2019 农产品产地冷链研究报告[EB/OL]. http://www.199it.com/archives/941141. html,2019-09-24.

在图2-2中显示了冷链物流技术的基本情况,农产品物流的技术主要是冷链物流技术,包括了速冻保鲜技术、冷库技术、冷藏保温车等,现在的冷链物流技术又有所创新,比如屠宰加工环节实现低温控制技术、包装规模技术、一体化冷链技术、温度监测技术、食品追溯技术、HACCPA 技术、3S 技术、生鲜农产品质量等级技术、上下游企业冷链对接技术、供应链管理技术等。有些企业成立了自营物流体系,比如京东的自营物流体系,它覆盖了 300 多个城市的冷链物流网络,直接把物流点设置在产品的源头,全程由京东控制农产品的采摘到运送过程;而菜鸟则通过阿里平台整合冷链物流资源,向外提供农产品冷链物流服务等,图2-3显示了农产品产地冷链物流发展趋势。

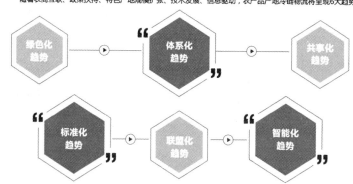

来源:中国物流与采购联合会　　　　　　　　　　　　　　　2019.09

图 2-3　农产品产地冷链物流发展趋势①

2020 年 8 月 14 日,韵达发布的专为 5G＋末端物流场景设计的韵达 X470无人机在“中国民营快递之乡”桐庐县的村庄完成首次载货飞行。在当天,韵达 5G 无人机从韵达桐庐分水镇网点起飞,跨越高山峻岭,运送了桐庐的“雪水云绿”茶叶到桐庐张家坞张大爷手中,仅用时 16 分钟。这仅仅是韵达这家快递在农业物流领域应用高科技的例子,顺丰、京东、菜鸟等平台早已经开始实施高科技农业物流配送服务。2019 年中国 5G 网络的全面铺开,为高科技在农业物流行业的应用插上了翅膀,在 5G 独立组网之下,物流公司可以实现空中管控,有效解除无人机的距离限制,提升无人机运用的分析效率和运送速度。

---

① 中国物流与采购联合会冷链物流专业委员会内容与研究中心.2019 农产品产地冷链研究报告[EB/OL].http://www.199it.com/archives/941141.html,2019-09-24.

4. 鼓励跨行业组成大型农业综合性企业集团

大型农业集团并不应该仅局限在农业领域,而应该存在于所有的行业领域,包括工业、服务业等领域。我们应该鼓励更多的企业跨行业进入农业领域,将先进的管理理念和技术带入农业领域,形成超大的综合型的农业集团。事实上,随着线上生鲜需求的爆发,很多互联网公司已经率先进入了农业领域,他们不仅仅送菜、卖菜,还成立了专门的农业部门或者农业类子公司,成立自己的农业生产养殖基地,成为农业类的公司之一。

农业领域有复杂的生态体系,涉及动物、植物、医学、健康、材料等多个行业,它与这些行业本身存在交叉的部分,所以这些行业的公司跨界整合成一个大型农业集团会更容易一些,比如材料学方面的突破能令人们开发出更精密的农机,推动农业作业的全自动化等。当标准化、自动化程度较高的行业进入农业领域,可以将标准化的操作手册移植到农业领域中,有效地推动农业生产的自动化和标准化。

(1)互联网、物流公司成立农业集团

伴随线上生鲜配送的发展,互联网公司顺应趋势成立农业集团,比如农产品电商类公司等。农业农村部先后在北京、黑龙江、内蒙古等地实施国家农业物联网应用示范工程和区域试验工程,扶持了一批互联网电商公司;另外,物流公司向农业领域拓展,传统的物流公司也成立专门的农业冷链物流公司。

(2)无人机、机器人公司向农业领域延伸

无人机在 20 世纪 80 年代就已在商业领域应用,随着无人机在农业领域日益突出的贡献,农业无人机公司也随之产生。农业无人机主要有六大作用:一是地块与土壤分析,能精确绘制地块与土壤分析三维图,为播种制定详细的规划,在农业生产的起始阶段起到非常重要的作用;二是无人机空中播种,可以将种子和营养素一起注入土壤,将播种成本降低 85% 以上,同时能提升种子对营养素的吸收;三是无人机喷洒作业装载超声波、雷达,这一类型无人机被称为植保无人机,是目前应用数量最多的农业类无人机,能够根据地理自主识别各种障碍物,对农作物实施准确的喷洒作业,对减少农业的污染也是非常有用的,它降低了农药的用量,作业效率是人工喷洒的 5 倍以上;四是搭载实时影像系统的农业无人机,农户在家里就可以 24 小时精确地监控农作物生长情况,并采取及时有效的防治手段;五是搭载高光谱、多光谱、热传感器的灌溉无人机,可以准确地识别地块的干旱程度,提供精准的灌溉作业,这种无人机可以测量农作物散发的热量以分析农作物密度和健康情况,及时提供补种;六是搭载可视红外线以及近红外线发射装备的农业无人机,能够预防病虫害,保障农作物远离病虫害,它们甚至能在早期发现肉眼看不见的病虫害,追踪农作物的健康状况。

　　机器人农业服务公司也是近几年新兴起的公司之一,它的机器人与无人机有一定的交叉,但又不完全相同。农业机器人是区别于工业机器人的一种新型多功能农业机械。机器人在农业领域的大规模应用能真正地改变传统的农业劳动方式,促进现代农业的发展。从功能区分,主要的农业机器人类别有:一是施肥机器人,这种机器人和无人机的作用比较接近;二是除草机器人,这种机器人将人工智能、全球定位系统和灵巧多用途拖拉机综合技术三者结合,可以非常准确地除草;三是采摘机器人,由西班牙科技人员发明的机器人,由人工智能加光学视觉系统和一个机械手组成,能够从果子的大小、形状和颜色判断果子是否成熟,后来英国科技人员发明了采蘑菇机器人,这种机器人技术更尖端,它会搭配一架红外线测距仪测量蘑菇的高度,通过真空吸柄采摘蘑菇;四是分拣果实机器人,这种机器人将不同的果实分成不同的类别,采用光电图像辨别和提升分拣机械组合装置进行果实分拣;五是种植类机器人,比如种植水稻、种植番茄等。图 2-4 和 2-5 都是机器人在农业领域的应用。

来源:熙晟资产运营 　　　　　　　　　　　　　　　　　　2020.09

图 2-4　采摘机器人①

　　① 熙晟资产运营.农业的未来? 支持 AI 的收割机器人又有了新技能[EB/OL]. https://www. sohu. com/a/415572933_120681458,2020-09-01.

| 来源：熙晟资产运营 | 2020.09 |

图 2-5　采摘机器人（图片来源：Root AI）[1]

可惜的是，中国虽是主要的无人机生产国之一，但农业机器人应用发展却相对落后，目前中国在农业领域应用的机器人主要是从国外公司购买或者租赁而来的。国家发布了《农机装备发展行动方案（2016—2025）》等系列文件，明确提到利用农业机器人等有效供给能力，促进我们从农机制造大国向农机制造强国转变，但目前还面临着技术上的难题，从表 2-1 中也能看到世界六大领先的农业机器人公司中没有中国的公司。

表 2-1　国际领先的农业机器人公司[2]

国家	国家专利量	专利权人	机构专利量
美国	43	美国 Technologies Holdings 公司	20
		美国约翰迪尔公司	10
		美国 iRobot 公司	9

① 熙晟资产运营.农业的未来？支持 AI 的收割机器人又有了新技能[EB/OL]. https://www.sohu. com/a/415722933_120681458,2020-09-01.

② 赵静娟,郑怀国,董瑜,杨艳萍.全球农业机器人研发趋势预测及对我国的启示[J].中国农机化学报,2021(4):161.

续表

国家	国家专利量	专利权人	机构专利量
荷兰	30	荷兰利利公司	10
		荷兰 CNH 工业公司	4
瑞典	15	瑞典利拉伐股份有限公司	8
		瑞典胡斯华纳公司	7
加拿大	7	加拿大 Great Lakes 知识产权公司	4
以色列	7	以色列 F. Robotics Acquisitions 公司	7
德国	6	德国博世公司	2
		德国克拉斯农机公司	2

（3）跨行业成立区块链农业集团

区块链是信息技术领域的术语。2019 年 1 月 10 日,国家互联网信息办发布了《区块链信息服务管理规定》,同年 10 月 24 日,习近平总书记提出要把区块链作为核心技术自主创新的重要突破口,加快推动区块链技术和产业创新发展。区块链日益成为公众社会关注的焦点,在农业领域也不例外。但农业公司和农业经营者本身对这种前沿的信息技术的认识度和掌握度是不够的,要让区块链技术应用到农业领域,一般要求助于跨行业的其他公司。区块链对农业来说有非常重要的意义,因为这种信息技术具有去中心化、不可篡改、全程留痕、可以追溯、集体维护、公开透明等特点,它能让消费者明确地知道农产品从种子到种植、产地、施肥、采摘、运输的全过程,而且是不可人工更改数据的,包括生产日期的造假也在区块链技术面前无所遁形。中粮、北大荒等大型农业集团都已经开展区块链在农业领域的应用,尤其是新冠疫情之后,农业食品生鲜线上市场的发展,加快了区块链在农业上的发展速度。区块链技术目前应用最多的领域就是食品溯源,但区块链技术不止于此,它可以在农业供应链、农业金融、农业保险、农业大数据、云平台等方面都大有可为。

国内有很多科技巨头开始进入农业区块链领域,比如联想＋慧聪入局区块链,打造了农业产业链平台。2018 年 1 月,联想旗下的佳沃股份宣布与慧聪集团达成了合作,合作期限为 2 年。慧聪国际提供区块链技术,满足佳沃股份的六大场景需求：品牌防伪、智慧溯源、场景应用、区块链打造、供应链创新和智慧营销，打造基于农业的全产业链。而众安科技在2017年和连承科技、国元农业保险、沃朴物联、火堆公益、安徽寿县茶庵镇人民政府等达成合作，基于区块链进行生态养殖，第一步是推出了步步鸡产品。大禹技术做的是区块链＋智慧农业，做农业智慧气象、物联网等研究。而拜耳公司携手蚂蚁金服，组建农业区块链与价值链，2019年9月25日，拜耳公司与蚂蚁区块链合作，致力于提供可溯源的、数字化技术赋能的农产品监测与服务体系，促进农民增产增收，助力整个农业产业链升级。

可以说，众多科技巨头都或多或少把眼光投放于农业区块链市场，而且为此成立的相关子公司、分公司和合资公司越来越多。区块链不仅仅是区块链，它还向人工智能、云计算、大数据等领域延伸，不仅可以实现食品全产业链的可溯源，还能提供建立消费者社群、虚拟空间等服务。比如优粮优信就是国内首个区块链农业场景应用，是由河南粮食产业投资担保有限公司与北京磁云数字科技有限公司合作完成的产业链深度整合应用场景。

（二）扶持供销合作社的发展

供销合作社早在民主革命时期就已萌芽，新中国成立后中央成立了中央合作事业管理局，就是后来的中华全国合作社，统管全国的供销、消费、信用、生产、渔业和手工业合作社。1995年2月，党中央、国务院根据建立社会主义市场经济体制和深化农村改革的要求，做出了深化供销合作社改革的决定。2009年，《国务院关于加快供销合作社改革发展的若干意见》正式发布，提出最新形势下供销合作社改革发展目标和任务，标志着供销合作社新的改革发展阶段开启。在2011年已初步建成了覆盖全国县、乡、村三级的经营服务网络。2014年，供销合作社综合改革试点列入中央改革办2014年工作要点，并写入了当年的中央一号文件和《政府工作报告》。2016年，中央一号文件提出深入推进供销合作社综合改革，提升为农服务能力，支持供销合作社创办农民合作社，引导农民参与农村产业融合发展、分享产业链收益，供销合作社从成立的初期就承担了国计民生的重要任务，尤其是农业与农村的发展，是供销合作社的工作重点之一。

2020年的《全国乡村产业发展规划（2020—2025年）》文件明确提到了供销合作社的具体任务，在未来5年，供销合作社将围绕振兴乡村产业重点发力，要创响一批乡村特色知名品牌，保护地理标志农产品，开发地域特色突出、功能属性独特的区域公用品牌，引导农业产业化龙头企业、农业合作社等新型经营主体逐步发挥作用,传承乡村文化根脉,创响一批"珍稀牌""工艺牌""文化牌"的乡土品牌。[①]

1. 供销合作社的初步发展目标

供销合作社承担农业综合服务的主体任务,开展农技推广、土地托管、代耕代种、烘干收储等农业生产性服务,以及市场信息、农资供应、农业废弃资源优化利用、农机作业及维修、农产品营销等服务;承担农村电商的经营主体任务,引导电商、物流、商贸、金融、邮政、快递等各类电子商务主体到乡村布局,构建农村购物网络平台,并联合农家店、村邮站、快递网点、农产品购销代办站等农村电商末端网点做好农村电商服务工作。

2. 供销合作社的主要作用

(1)创建绿色优质农产品原料基地,布局加工产能,深度开发特色资源

供销合作社可以带领农户或小型家庭农场一起创建原料基地,并针对市场经济的发展和风向,布局不同的农产品原料的种植与生产,在不同的区域设置不同的加工产能,开发本区域的特色资源,在种植和养殖的基础上,深度挖掘特色资源的其他优势。

(2)合理分配利益,带动农民发展特色产业,持续增收,稳定就业

供销合作社可以在一定程度上统筹农业产业链上的利益分配问题,从源头到销售,保障不同产业链上农民的收入,持续增加农民收入,增加更多的就业岗位,或者创造更多的就业岗位。

(3)进行农产品产地初加工与包装,并建设生鲜农产品的存储仓库

这是作为农村电商经营主体的功能之一,在物流进来之前,能够对农产品进行初步的加工和包装,能有保鲜的仓储设备与设施,保证在一定时限内,农产品的完整度与鲜度,可以进行后续的冷链运输与售卖。

(三)农业产业化联合体逐步形成

农业产业化联合体被一些学者称为农业体制革命的新创举,是继联产承包责任制之后的新的农业利益分配新模式,是被寄望能破解农业产业化各经营主体之间产业、要素、利益联结不紧密的问题,实现规模经济,降低交易成本的途径。

---

① 农业农村部. 全国乡村产业发展规划(2020-2025 年)[EB/OL]. http://www.moa.gov.cn/govpublic/XZQYJ/202007/t20200716_6348795.htm,2020-07-16.

1. 农业产业化联合体的概念

农业产业化联合体关键是联合两个字,具体是指联合了龙头企业、农民合作社、家庭农场等新型经营主体,它能以规模经营为依托,以利益联结为纽带,成立一体化的农业经营组织联盟。联合体的组建,一般是在原有的农业产业化集群基础上进行,由集群内1个农业产业化龙头企业、若干个农民专业合作社或家庭农场共同发起组建,每个集群可以建立1个或多个农业产业化联合体,所以联合体的集群产业特征和区域产业特色非常明显。

2. 国家对农业产业化联合体的激励政策不断出台

2017年农业部等6部门联合印发《关于促进农业产业化联合体发展的指导意见》,要培育发展一批带农作用突出、综合竞争力强、稳定可持续发展的农业产业化联合体;2018年3月,国家农业部、农业综合开发办公室、中国农业银行联合印发了《关于开展农业产业化联合体支持政策创新试点工作的通知》,试点工作共涉及河北、内蒙古、新疆、安徽、河南、海南、宁夏7个省(区),并表示将给予用地与金融等方面重点扶持发展;2018年5月,农业农村部、中国邮政储蓄银行联合印发《关于加强农业产业化领域金融合作助推实施乡村振兴战略的意见》,支持农业产业化联合体培育,围绕农业产业链延伸,支持龙头企业发挥引领作用,联手农民合作社、家庭农场,通过"公司+农民合作社+家庭农场"等形式组建农业产业化联合体,实现种养加、产加销一体化经营。坚持以龙头企业及其上下游的农民合作社、家庭农场、农户为重点服务对象,提供全产业链综合金融服务。2018年时任农业部副部长叶贞琴认为,联合体是农业产业化发展到新阶段的必然产物,它认为当今市场的竞争不是单个主体的竞争,而是整个产业链的竞争。

3. 农业产业化联合体的优势

(1)适合中国农业经济特色,具备新的规模竞争力

中国农业的组织结构复杂多样,小农户特别多,大规模的家庭农场比较少,分散性的产业组织较多,靠各自为政很难形成强大的规模竞争力,而农业产业化联合体可以打破各个小组织结构之间的障碍,以一个或多个大龙头企业为中心,将各个分散的农业小组织结构联结起来,靠产业集群优势聚集在一起,真正形成规模经济,这是联合体在规模体制上的最大优势。

(2)平衡农业产业链上各方利益,共同富裕

农业产业链上各方利益的平衡问题一直是一个难题,经常会出现这样的

情况:收购价是 10 块钱的农产品,消费者需要付出几倍的价格才能买到,中间大量的利润属于经销商,而农产品的生产者实际到手的利润比较微薄,这就是产业链上一个非常明显的不平衡现象。农业产业化联合体可以打破这种利益分配格局,合作社、家庭农场和种植大户以土地入股龙头企业,共享龙头企业规模种植收益、农产品销售利润收益等,可以以股份形式参与整个农业产业链的利润分红。

（3）具备科技创新能力和信息技术应用能力

农业产业化联合体具备极强的融资能力和技术创新能力,有资本购买新的设备,也容易吸纳到人才进行信息技术应用创新,有资本,有人才,有规模,更有可能实施基于云计算的乡村振兴策略。

4. 典型的农业产业化联合体类型

目前全国农业产业化联合体数量有几万个,像较早实行试点的河北省,在 2020 年农业产业化联合体覆盖了八成以上农户,发展速度非常迅猛,这么多数量的农业产业化联合体,主要的类型有以下几种。

（1）链条式联合体

安徽宿州市是全国最早进行农业产业化联合体试点的地区之一,他们在实验的过程中发现单一主体在市场竞争中存在很多困难,普通的农户＋公司的订单模式存在质量不可控制、合同难以履约的问题,于是政府与龙头企业和农户们一起坐下来研究,建立了一个分工协作闭合链条式联合体模式。以淮河种业产业化联合体为例,2011 年,淮河种业有限公司在灰古镇流转 2000 亩土地进行良种繁育,但遇到了规模不足的问题,后来委托周边其他村的家庭农场和合作社进行规模化繁育良种,由淮河种业提供技术支持并垫付原种等农资款,最终高于市场价收购所繁育的良种,由此,由淮河种业有限公司牵头,从种子到农资、从耕作到购销的完整产业链形成了,淮河种业能根据各个生产主体之间不同的需求,调配和加速各生产要素在各主体间的流动,用利益促使各主体聚集在一起,形成了一套利益联结机制,这是早期的链条式产业联合体形式。

（2）循环式产业化联合体

循环式产业化联合体是指将种植业、畜牧业、渔业等与加工业联合起来的一种联合体类型,可以打造多层次循环农业生态系统,依托当地生态资源搭建成熟的单一或者多种复合农业模块的经营方式。比如生猪产业联合体。它可以联合饲料种植企业、养殖业、渔业以及农副产业加工业一起形成一个良性的循环生态联合体。猪的饲料由种植企业提供,养殖企业进行养殖,猪的粪便可以用来发电,屠宰后的废料可以作为鱼虾饲料等,内部规模生产,降低了猪肉的整体成本,提高了利润率。

循环式产业化联合体还有更多的类型,比如立体式复合循环联合体:桑枝条—黑木耳—水稻循环模式,桑枝条生产企业修剪下来的桑枝条,磨成粉用作种植黑木耳的营养基,黑木耳生产结束后,菌渣作有机肥还田,增肥水稻,让水稻增产,这种联合体能让三者共赢,既提高桑枝条和黑木耳等农业废弃资源的利用率,减少因桑枝条腐烂和黑木耳菌渣乱扔造成的环境污染,又可以充分利用冬闲田,提高农田利用率。还有种养共生联合体:比如鱼藕共生模式,在藕田里套养甲鱼、泥鳅、锦鲤等种养混作。

三、基于云计算的乡村振兴人才体系

习近平总书记在山东考察时指出:"乡村振兴,人才是关键。要积极培养本土人才,鼓励外出能人返乡创业,鼓励大学生村官扎根基层,为乡村振兴提供人才保障。"基于云计算的乡村振兴对人才的需求更为突出,因为云技术是新的技术,是最新的科技之一,虽然可以在云平台远程操作,但一定需要能在乡村本土操作这一技术的人才。针对基于云计算的乡村振兴策略实施需要,我们设计了基于云计算的乡村振兴人才培养体系。

(一)建立科技人才下乡体系

1. 政策引导人才下乡

(1)科技特派员

科技特派员制度是1999年福建省南平市党委和政府为探索解决新时期"三农"问题,在科技干部交流制度上的一项创新与实践。国家科技部对南平市的做法给予了充分肯定,然后在全国推广,科技特派员制度自此开始。

什么样的人才能做科技特派员?有一定的科技专业理论、技术、工作经验、指导方法、管理能力,年富力强的专家、教授、研究员、博士等中青年知识分子才可以成为科技特派员,这些人才深入农村第一线,促进"三农"经济的发展。

(2)人才下乡政策

在2018年中央一号文件中已经明确了乡村振兴要发挥科技人才下乡的政策:"全面建立高等院校、科研院所等事业单位专业技术人员到乡村和企业挂职、兼职和离岗创新创业制度,保障其在职称评定、工资福利、社会保障等方面权益。深入实施科研杰出人才计划和杰出青年农业科学家项目。全面实施农技推广服务特聘计划。"

2019年10月21日,习近平总书记在科技特派员制度推行20周年时作出重要指示:科技特派员制度推行20年来,坚持人才下沉、科技下乡、服务"三农",队伍不断壮大,成为党的"三农"政策的宣传队、农业科技的传播者、科技创新创业的领头羊、乡村脱贫致富的带头人,使广大农民有了更多的获得感、幸福感。创新是乡村全面振兴的重要支撑,要坚持把科技特派员制度作为科技创新人才服务乡村振兴的重要工作进一步抓实抓好。

(3)人才下乡政策成果显著

在20多年的科技特派员制度实施过程中,有数以万计的科研技术人员为中国"三农"的发展贡献了自己的青春、能力与技术,现有的很多农业科技的发展,或多或少有科技特派员们的背影。以杭州科技特派员为例,从2005年至2019年,先后选派了8批870余名科技特派员入驻淳安、建德、桐庐等8个区县市乡镇开展工作,其中包括省级特派员38名,市特派员396名,县特派员440多名。数据显示,这15年来,这三类特派员共申报实施科技项目1118个,项目经费8167万元,培训农民30.28万余人次,推广新技术920项,引进新品种1283个,增加农民纯收入1万元以上,创业项目直接参与农户数6060户,增收农户数19469户等。[①]

2.技术人才下乡体系建设

技术人才下乡体系的建立并不能仅仅依靠制度的制约和精神上的鼓励,更恰当的方法是由技术人员带领农民进行创新,在创新过程中收获财富与成就感,形成双赢的结果,这样才能由被动的下乡变成技术人才主动下乡。

(1)完善现有的科技特派员制度,适应基于云计算的乡村振兴策略

现有的科技特派员制度分成日常工作制度、管理制度、考勤制度、年度考核制度、经费管理制度、档案管理制度、福利报酬制度等。比如科技特派员必须下村到户,而且每年要在村、户工作60天以上,如果要外出,要请假汇报等;年度考核的综合评价,可以作为科技特派员聘任、续聘、晋升职务、奖惩等的重要依据。但这种考勤考核制度,是20多年前定下的,主要是保证科技特派员一定要进到乡、县、农户当中去,适应的是20年前的形势。在新技术背景下,新的科技人才下乡制度也需要随之变革,比如可以增加线上考勤的机制,把考

---

① 浙江在线.杭州科技特派员15年成就[EB/OL]. http://hzkj.hkx.org.cn/M/industry_news/show/id/9430.html,2019-12-12.

勤分成线下到岗考勤和线上考勤两部分,当科技特派员坐在电脑前完成云平台的工作时,不需要跑到农户家里才算考勤完成。增加对科技特派员的云技术培训制度,定期定时提升科技特派员云平台的使用水平,以适应飞速发展的计算机信息技术的发展,也能让科技特派员增加对乡村的归属感,让他们感觉到不仅是在付出自己的知识力量,同时也可以获得技术的培训和专业能力的提升。可以增加云技术的师徒制度,将带徒弟纳入年度考核内容,让外来的科技特派员帮忙培养本土的技术人才。

(2)提高云技术人才下乡绩效奖励

提高技术人才下乡绩效奖励是非常重要的。市场经济时代,科技是第一生产力,真正有技术的人才,他去外面公司上班能拿到的工资可能是目前做科技特派员的几倍甚至十几倍。基于云计算的乡村振兴需要的人才,不能只懂得办公软件操作,不是一般的农业科研人员,而是在技术实力上走在了时代前沿的人才,所以要想真正吸引这部分人才进到农村工作,基本工资可以不增加,但创造了一定的绩效以后,绩效奖励部分应该是显著增加的。具体的奖励形式可以是技术人员以技术入股,参与乡村企业的利润分红,也可以是传统的利润提成、绩效年终奖、特别鼓励奖等。

(3)鼓励科技特派员落户农村

下乡人才是客,但如果乡村能留住这些科技特派员,让他们落户农村成为新农村人,那他们就可以转变成为本土人才,真正融入乡村,这也是人才下乡体系建设的一种思路。怎么留住人才?本研究认为可以从几个方面来考虑:一是提供人力物力等各种资源的支持,鼓励技术人员在乡村中创业,给下乡技术人员创业提供土地、政策、劳动力等各项优惠支持,可以申请农村创业税收在一定年限内减免等,吸引更多的技术人才成立创新创业公司,发展农村经济;二是对表现出色的技术人才奖励住房,鼓励优秀的技术人才落户乡村,让他们把家搬到农村来。

(二)培养本土云计算人才

外来的和尚会念经,但本土的人才培养也是不能缺少的,农村教育资源与城市还存在明显的差距,很多农村出身的大学生毕业后宁愿漂在城市也不回农村,这加剧了农村人才的缺乏。如何培养本土的云计算人才,是乡村振兴尤其是基于云计算的乡村振兴策略一定要考虑的一个问题。

1. 设立教育专项基金,定向委培云计算人才

由乡政府、镇政府、村委设立专项的教育基金,对考上了大学并且选了云

计算相关专业的大学生提供学费,并签订定向委培合同,约定学生毕业后回归生源地工作。

(1)与高校合作办班,委托培养人才

国家政策鼓励高校培养乡村振兴人才,越来越多的专科学校、本科院校开设乡村振兴干部培训班,有一定实力的乡政府、镇政府可以与高校合作培养自己想要的专业人才,这一措施已经在实施,并且取得了不错的效果。比如齐鲁师范学院就有专门的计算机科学与技术(云计算方向)校企合作培养本科专业,学校与企业联合招生、共同培养、协同就业。

(2)合同契约培养人才

与高考成绩优秀的农村学生签订合同,契约完成学业后回归生源地工作,学费由教育基金承担,或者由当地的企业承担。这种合同契约培养方式可以适用于任何高校任何专业,由学生及其家长与本地政府、企业签订合同,可选择的高校和专业范围更大,对优秀人才的培养会更有利一点。

(3)与大型互联网公司合作培养人才

国内最顶尖的云计算人才大多聚集在大型的互联网公司,比如阿里云、京东云、网易云等,乡村振兴云计算人才的培养,可以跳出高校思维,向这些大型的互联网公司求合作,而且合作的方式会更多样,既可以用教育基金培养,也可以项目合作方式培养,也可以资源置换方式培养等。比如将乡村振兴中的某些项目交给这些互联网公司完成,同时提出在项目合作期间,由对方为自己培养、培训相关人才的合同条款;也可以用乡村的特色资源来作为对方为自己培养专业人才的条件。

2. 奖励高学历高层次云计算相关人才回归农村

人才体系的建立可以把视野转向全球,出国留学的本土人才如果回归乡村,则给予较高的奖励,奖励的等级可以根据人才的层次和他们取得的已有成就划分,比如对于高学历的硅谷回乡人才,若其在国外互联网公司已取得显著成就,那奖励的等级应该是非常高的,对于刚从国内信息技术相关专业毕业的应届毕业生回乡人才,奖励等级相对低一点,诸如此类。至于奖励的具体内容,可以因地制宜、因时制宜,可以根据乡镇政府、村委本身的实力量力而行。

(三)鼓励外出能人返乡创业

要借血缘、亲缘、地缘纽带,通过搭建感情联络平台,引导扶持优秀外出务工人员回乡创业兴业。要创造尊重返乡创业的社会环境,让返乡创业者有自豪感,给其中的优秀人才提供更多荣誉,让务农成为体面的职业,确保乡村本土人才回得来、留得住。习近平指出:"将来还要引进职业农民,让大学生甚至是海归人才主动回乡务农,使得农业成为有奔头的产业。"①

这里外出的能人一般是指有一定事业成就的能人,不是指高学历高层次的技术人才,在基于云计算的乡村振兴体系中,人才的类别不仅仅局限于云计算人才,还包括了营销人才、管理人才、媒介经营人才等,从基于云计算的乡村振兴的初期发展考虑,结合现有的乡村能人类别,主要鼓励以下几类能人返乡创业。

1. 直播带货网红能人

基于云计算的乡村振兴策略中,变现环节是必不可少的,无论是农产品的销售还是乡村旅游游客的引导,都需要有销售能力的人才。直播是近几年带货的风口行业,在疫情期间,很多农产品滞销,县长、村书记亲自直播带货屡见不鲜,但非专业的主播带货能力还是有所欠缺,而且县长、村书记都有自己的行政工作要完成,不可能长期稳定地进行直播带货,这个时候就需要直播带货的达人,引导、鼓励出身本地的直播带货网红回乡直播,既可以给返乡能人衣锦还乡的荣耀感,还可以给返乡能人优惠的拿货价格,从感情和利益两方面双重鼓励,吸引这些能人回归乡村。

2. 短视频流量大咖

短视频给了很多出身农村的普通人爆红的机会,比如草根网红许华升是快手上搞笑短视频的博主,粉丝高达 1000 多万,目前身价过亿。他出身广西贺州昭平县,成名之后,他回馈家乡,拍过很多家乡的短视频,让他的家乡被更多的人知道。有很多农村出身的网红,靠原汁原味的"土"味短视频走红。五条人乐队不算正宗的网红,但他们在网络上被粉丝疯狂地追捧,从一个普通的乐队成为网红乐队。他们成名之后,央视拍了他们一直生活的小县城海丰。他们的歌曲是带土味的海丰话。五条人乐队为海丰创作了很多的歌曲,比如在《回到海丰》的专场演唱会上,他们在歌曲里回望家乡百态,推广了海丰地区的正字戏、白字戏、西秦戏等国家级非物质文化遗产,海丰从一个不为人知的小县城,一下子成为一个上了热搜的网红城市,有很多人因此慕名前往旅游。

在基于云计算的乡村振兴过程中,从本土走出去的短视频创作达人和各类网红,都是需要极力争取的对象,他们会比一般的网红更愿意到乡村创作和创业。

---

① 陕西共青团.擘画乡村振兴"村官榜样"习近平对大学生村官如是说[Z/OL]. https://www.sxgqt. org. cn/home/News/info? id=327839,2018-06-19.

3. 各个领域意见领袖型能人

意见领袖是指在一定范围内、一定人群中，能够左右多数人态度倾向的人，在市场营销理论中，意见领袖对某类产品或服务的评论会有较强影响力，可以对这类产品或服务的目标受众群体产生巨大的影响。在乡村振兴体系和基于云计算的乡村振兴体系中，不管哪一领域的意见领袖能人都是值得争取的对象，如果这些能人是出自本村、本镇、本县，那就是极力争取返乡创业的对象了。比如流量明星，在粉丝群体里是当之无愧的意见领袖，他有一呼百应的影响力，若他号召粉丝们到他的家乡旅游、购买农产品，那粉丝们便会蜂拥而至。再比如科学家或者专业领域的权威，都是他们所在专业知识领域的意见领袖，邀请他们返乡创业，或者为家乡代言，都可以起到很好的号召作用。艺术家李玉刚出生于吉林公主岭市，他是国家一级演员，被大众熟知是在央视的《星光大道》节目上。他以反串出名，有名的作品是《新贵妃醉酒》等。他为家乡演唱了歌曲《公主岭》，描绘了故乡的美，表达了他对美好家乡的想念。2020年5月20日，李玉刚回到家乡公主岭，演唱自己作词的《岭上公主》，直接宣传了他的家乡。2020年8月，他又现身第七届公主岭市的玉米节，直接引爆了现场，见图2-6。

来源：公主岭融媒　　　　　　　　　　　　　　　　　　　2020.08

图 2-6　李玉刚参加公主岭玉米节现场

（四）建立稳定的远程人才库

若要满足基于云计算的乡村振兴策略需求的人才数量,光靠本土培养和科技特派员是完全不够的,一是云技术的更新速度是以月计、以日计,而不是以年计算,原有的技术人员需要不断地学习才可能跟上技术的更新速度,而乡村本土的技术人员学习的速度和学习的强度难以紧跟技术的发展,远程人才库可以弥补这一不足;二是基于云计算的乡村振兴的云平台搭建本身由专业的云服务公司完成,除了一部分实力雄厚的乡村可以搭建私有云,其他云服务器都是公共服务器,比如租用阿里云的云平台服务,服务器在阿里云公司,搭建、制作云平台的核心人才都是这些专业云服务公司的员工,他们大多数时间只能远程服务维持乡村云平台运行。所以基于云计算的乡村振兴策略必定是需要建立一个远程的人才库,而且这一人才库并不是一直不变的。

1. 创建远程兼职人才数据库

每一个实行基于云计算的乡村振兴策略的村镇都需要建立一个远程兼职的人才数据库,以应对云平台搭建、更新、维护的需要。专业的云服务公司完成云平台搭建以后,乡村云平台管理者们将搭建团队的核心技术人员纳入远程兼职人才数据库,还可以加入其他参与维护与更新的技术人员。当乡村振兴的云平台系统需要重新搭建、定期更新、制作新的平台功能的时候,这些原先就参与搭建的人才就非常重要了,他们会更清楚前一次搭建的基础数据、原服务器性能、平台运行的模式、平台运行的情况,会更清楚哪些数据可以更新,哪些设备可以更新,要如何将新的功能接入到原来的云平台中去。

2. 定期更新技术人才数据库

云计算技术是目前最新的科学技术之一,云计算人才也迅速增加,在未来的几年,会有大量的云计算人才涌现。现有的云计算人才一般是本科毕业后工作了3年到5年,但未来会有更高学历的云计算人才涌现,比如硕士云计算人才与博士云计算人才。技术的日新月异,必定带来人才的更新换代,当云计算市场日趋成熟后,人才的缺口会慢慢地填上,基于云计算的乡村振兴策略中相关人才的更新也必定随之进行,需要淘汰一批技术水平相对落后的远程技术人才,聘用水平更高的高端人才,这一规律虽然残酷,却是基于云计算的乡村振兴策略能保持旺盛技术生命力的源泉之一。

（五）基于云计算的乡村振兴人才培训体系

在现代人才资源管理体系中,所有人才体系的搭建都会有培训内容,基于云计算的乡村振兴策略中的人才体系也需要建立相应的培训机制。

1. 定期的内部培训

在面对人才获取的困境时,企业会选择对人才进行内部培训,自建平台对人才进行技能的提升,但这一点在基于云计算的乡村振兴人才的培训中有点困难,因为云计算相关培训人才稀缺,目前只能在企业内部自建平台上进行初级的简单的培训,而真正高深的技术培训一般要向外求助。

2. 聘请专业的机构培训

国内的互联网大厂都有相应的培训机构,比如阿里云有专门的阿里云大学(见图 2-7),他们对外提供专业的培训,分线上培训和线下培训。线上培训比较简单,只要有电脑有网络就可以进入他们的在线培训课程,所有的实操也都是在线完成,不需要脱产学习。线下的培训也有两种,一种是所有学生聚集培训,集中授课完成;另一种是专业导师前往学生所在地培训,学生不需要脱产上课,但这种培训成本非常高,一周的课程可能需要 10 万元以上资金。京东、亚马逊、网易等各家互联网公司都有云培训部门,京东云也有为企业定制的公有云培训产品。

来源:阿里云官网   2021.12

图 2-7　阿里云培训体系

3. 与高校合作培训

国内开展对外云培训的高校已不少于 20 家,包括哈尔滨工业大学、杭州电子科技大学、重庆大学、深圳大学等。有些高校是与互联网大厂建立联合培训平台,有些高校是自己开设云计算培训班,还有些高校老师自己单独出来讲课,形式会更多样一些,而且培训成本相对专业的机构培训要低一点,对于资金不充裕的乡镇或者龙头企业来说,培训资金压力就小很多。

四、基于云计算的乡村振兴策略的资金体系

基于云计算的乡村振兴策略的资金来源主要有三大类：一类是政府补贴资金；一类是社会资本投资，这一类资金正在慢慢地增多；一类是自有资金，主要来自乡镇、村镇、龙头企业、农民的自有资金。

（一）政府补贴资金

在政府"三农"政策的倾斜下，对农业的资金补贴力度很大，不少项目都是有过亿资金投入，可以申请农业补贴的部门有很多，农业农村局、农办、财政局、农综办、旅游局、科技局、发改委等，这些部门每年都能申报，每个项目一般在 20 万到 60 万元，而中央财政一般都在几百万到 1000 多万元；其他的可申请补贴的部门还有水利局、环保局、老区扶贫办、经贸局等，这几个部门一般项目资金较少，5 万到 20 万元的居多。目前与基于云计算的乡村振兴策略相关的补贴项目主要有如下几项。

1. 国家现代农业产业园

2020 年，国家现代农业产业园只要审批通过，国家便先行补助 10 亿元，目前已经建有几百家国家现代农业产业园，后续几年还会有机会申报。国家现代产业园可以作为基于云计算的乡村振兴策略的经营主体，同时也是云计算下乡村振兴策略中的一部分，这一部分的政府资金完全可以作为国家现代云产业园建设的启动和建设资金。

2. 田园综合体项目

对于国家级田园综合体每年会资助 6000 万～8000 万元，连续资助 3 年，一共补助资金 1.8 亿元到 2.4 亿元，这也可以作为田园综合体中云项目的启动和建设资金。田园综合体项目中一定会涉及互联网相关项目，包括田园综合体云旅游、农产品电商销售以及其他，会有相应资金分配给基于云计算的乡村振兴策略。

3. 农村产业融合发展示范园

国家发改委农村融合发展示范园创建工作中提到 2017 年到 2020 年，全国要创建 300 个产业融合示范园，通过国家审批的会给予 5000 万元补助资金。所谓的农村产业融合发展示范园，是指推进农村一、二、三产业融合发展，充分挖掘地区特色，围绕农业内部融合、产业链延伸、功能拓展、新技术涌现、产城融合、多业态复合等六种类型，有针对性地创建农村融合发展示范园。其

中新技术渗透、产业链延伸、功能拓展等都是可以与基于云计算的乡村振兴直接挂钩的。

4.农产品促销项目资金

这一项目是可以作为农产品云促销与云变现的资金,补助的额度也比较高,一般占总项目投资额的 10%。

5.中心企业信息技术创新基金现代农业领域项目

这一项目可以作为涉及中心企业信息技术创新尤其是云计算项目创新的专项资金,补助的数额是 80 万元。

6.冷链物流和现代物流项目

这是开展基于云计算的乡村振兴策略的必要组成部分,这个补助的额度比较高,达到 200 万到 1000 万元,可以用于购买公有云或者建设私有云服务。

实际上各项涉农资金,或多或少都可以与现代化的信息技术联系在一起,现代化的信息技术或多或少都与云计算联系在一起,这些项目也就多多少少可以成为基于云计算的乡村振兴策略的资金组成部分。政府资金的使用每一年都会接受审计,与其他资金比起来,对于政府投入的涉农资金需要进行更严谨的规划和计算,要经得起各项审计。

(二)社会资本投资

2020 年 4 月 15 日,农业农村部办公厅印发了《社会资本投资农业农村指引》的通知,通知里指出社会资本投资农业农村是巩固农业基础地位、推动农业农村优先发展的重要支撑,是应对新冠疫情影响和打赢脱贫攻坚战、全面建成小康社会的有效举措,也是实施乡村振兴战略的重要力量。在这份指引当中,积极鼓励社会资本投资重点产业和领域,比如现代种养业、现代种业、乡土特色产业、农产品加工流通业、乡村新型服务业、生态循环业、农业科技创新、农业农村人才培养、农业农村基础设施建设、数字乡村建设、农村创新创业、农村人居环境整治等领域。①

1.社会资本投资的重点领域之一是基于云计算的乡村振兴领域

政府支持社会资本参与农业农村基础设施建设,其中包括了农村宽带网络与移动网络的建设,包括了基于云计算的乡村振兴基础设施设备的建设,这

---

① 农业农村部.社会资本投资农业农村指引[EB/OL]. http://www.moa.gov.cn/gk/tzgg_1/tfw/202004/t20200415_6341646.htm,2020-04-15.

是基础投资部分;还有社会资本参与的农业农村人才培养,其中包括了对农业科技人才的培养,政府鼓励社会资本为农业农村人才提供奖励资助、技术支持、管理服务,促进农业农村人才脱颖而出,农业科技人才的培养是基于云计算的乡村振兴的人力资源基础;政府鼓励社会资本参与数字农业、数字乡村建设,推进农业遥感、物联网、5G、人工智能、区块链等应用,提高农业生产、乡村治理、社会服务等信息化水平,参与农业农村信息基础设施投资、基础数据资源体系和重要农产品全产业链大数据中心建设,鼓励社会资本参与"互联网＋"农产品出村进城工程、信息进村入户工程建设,推进优质特色农产品网络销售,促进农产品产销对接;鼓励社会资本投资建设返乡创业园区、农村创新创业园区、农村创新创业孵化实训基地等平台载体,加强各类创新创业平台载体的基础设施、服务体系建设,推动产学研应用,激发农村创新创业活力,鼓励社会资本联合高校、职校、优质教育培训机构等开展面向农业创新创业人员的创业能力、产业技术、经营管理培养,强化乡村振兴人才支撑。

2. 社会资本创新投入方式正是基于云计算的乡村振兴策略发展方向

社会资本创新投入是根据各地农业农村实际发展情况,因地制宜创新投融资模式,通过独资、合资、合用、联营、租赁等途径,采取特许经营、公建民营、民办公助等方式,健全联农带农有效激励机制,这些创新投入方式也正是基于云计算的乡村振兴策略发展的方向,主要有以下几方面。

(1)全产业链的开发模式是形成产业完整的云整体

云计算在乡村振兴中的作用之一就是将分散的乡村振兴策略联结成一个整体,通过具备强大计算能力的云计算,可以形成乡村振兴各方面的联动,降低内部成本,形成规模效应,避免重复建设,互通有无。而社会资本投资的创新投入方式之一就是完善全产业链的开发模式,支持农业产业化龙头企业联合家庭农场、农民合作社等新型经营主体,加快全产业链开发和一体化经营,开展规模化种养,发展加工和流通,开创品牌,注重营销,推进产业链生产、加工、销售各环节有机衔接,推进种养业与农产品加工、流通和服务业等渗透交叉,强化农村一、二、三产业融合发展。要完成以上这些任务,必定需要用到强大的云计算技术。全产业链涉及复杂而庞大的信息计算,而且对计算的精确性要求会越来越高,目前只有云技术能完全满足全产业链的开发需求。

(2)探索基于云计算的区域整体开发模式

政府鼓励社会资本在符合法律法规和相关规划、尊重农民意愿的前提下,因地制宜探索区域整体开发模式,能统筹农业农村基础设施建设与公共服务、高标准农田建设、集中连片水产健康养殖示范建设、产业融合发展等进行整体化投资,为当地农业农村发展提供区域性、系统性解决方案,实现社会资本与农户互惠共赢,而云城正是区域整体开发的解决方案之一。云城本是星战系列电影中的未来城市,云计算技术出现以后,很多关于云城的设计陆续出现,比如 2016 年华为企业云为克拉玛依设计的"丝路云城",克拉玛依是因油而生的一座城市,产业结构单一,GDP 一直低于全国和全疆平均水平,后来克拉玛依进行了转型,依托区域内完善的石油石化信息网络,向云计算产业转型,在2011 年就选择与华为云合作,通过云计算技术与自身石油产业有效结合,建成了智慧社区云、电子政务云、行政审批云、智能交通云等,创造了新疆特色的云服务模式。华为国内首个云计算数据中心就落在克拉玛依,打造"石油之城"与"丝路云城",打造"数字油田"概念,以云城带动整座城的经济发展。

(3)社会资本投资合作主体与基于云计算的乡村振兴经营主体基本一致

社会资本投资引导的主体方向不是独资,而是与农民、农村集体经营组织通过股份合作、租赁等形式合资。与一般的商业投资不一样的是,社会资本投资农业时独资情况比较少,投资农业需要用到土地资源、农产品、农民人力资源、农业旅游资源、农业生产设备设施等,这些生产资料的持有者或者使用者是农民或者农村集体经营组织,所以独资的社会资本并不多,合资的情况更常见。社会资本一般采用"农民＋合作社＋龙头企业""土地流转＋优先雇佣＋社会保障""农民入股＋保底收益＋按股分红"等利益联结方式,而家庭农场、合作社、龙头企业都是基于云计算的乡村振兴策略中的经营主体,这两者基本是一致的,两者的目标都是要与农民建立稳定合作关系,形成稳定利益共同体,做大做强新型农业经营主体,提升小农户生产经营能力和组织化程度,实现多方共赢结果。

第三节　基于云计算的乡村振兴策略的实施步骤

一、以点及面,示范引领

1. 因地制宜,树立典型

中国农业和农村的特点是家庭聚居现象较为明显,家庭农场比较多,规模化农业生产数量有所增加但所占比例依然偏低,不少地区交通欠发达,受教育程度有所提升但还是偏低。农村与农村之间,村镇与村镇之间,差异比较大,集镇、村落、生产方式、地方习俗等很不一样,一刀切全面开展基于云计算的乡村振兴策略不太可行,应该因地制宜,根据不同区域特点落地实施有特色的基于云计算的乡村振兴策略。以点及面,成立基于云计算的乡村振兴示范村镇、示范龙头企业、示范合作社等,形成示范效应。

(1)示范引领作用

重点推动强大的基于云计算的乡村振兴示范村镇与企业,由榜样起到示范作用,以点带面,使更多的家庭农场、合作社与龙头企业加进来,吸引更多的农业生力军加入到基于云计算的乡村振兴策略中。树立成功的基于云计算的乡村振兴示范典型,能够让其他人看到确实有利可图,明确知道可以往哪一个方面努力,确定进行基于云计算的乡村振兴改革以后会获得什么等,榜样的作用是无穷的。

(2)树立规范的云计算下的乡村振兴模板

任何一场新技术的发展都是一种全新的变革,云技术在工业领域、商业领域都是一种新的技术,何况是在乡村领域,没有人知道正确的基于云计算的乡村振兴模式是什么样的模式,大家都在摸着石头过河。当一个成功的基于云计算的乡村振兴模范企业或乡镇出现,它们的模式就是被验证过的可行的模式,让其他后来者有信心沿着这一条路走向成功。当越来越多的成功模式出现,成功的素材累积到一定程度,就能形成规范化的云计算下的乡村振兴的模板,可以被当作标准进行大规模的推广。

(3)导向作用

想要提倡什么,最简单的方法就是树立典型。比如要弘扬中华美德,就宣传道德模范,比如要推动乡村振兴,就宣传乡村振兴典型案例,通过各大媒体对基于云计算的乡村振兴的榜样大力宣扬,可以起到显著的舆论引导作用,在全社会营造大力发展乡村经济,引导社会资本往乡村流动的氛围,引导群众逐步改变传统的小农经济的观念,明确全社会要发展"三农",振兴乡村,高科技是第一生产力这种理念,让云平台成为乡村中人人皆在使用的必备工具。

2. 先在相对发达村镇或龙头企业建立示范点

基于云计算的乡村振兴策略要树立榜样和模范,经济相对发达的村镇或有较强实力的龙头企业是成为榜样的非常理想的选择。这些村镇或企业有实力购置基于云计算的乡村振兴策略的基础设备,有些企业甚至有能力搭建成本较高的私有云。通过适当地引导和支持,先在这些村镇和企业中率先实施基于云计算的乡村振兴策略，可以起到事半功倍的效果，更容易成功，有利于增强大家的信心。从国家龙头企业典型示范案例来看，示范村镇或者企业的选择会与名特优农产品、国家地理标志产品等挂钩，或者与知名旅游景点挂钩。比如基于云计算的香榧振兴可以选择诸暨香榧产业，找到诸暨当地知名的香榧龙头企业作为定点开展云技术应用的首批企业等；还有基于云计算的临安山核桃振兴，可以与临安山核桃协会合作，也可以与临安地区知名的山核桃品牌合作，开展云技术应用。

二、以利为引，共赢发展

靠爱发电难以持续，基于云计算的乡村振兴策略想长久兴旺地发展，一定要让所有参与其中的对象有利可图，能达到共赢。如何协调各方利益，就是基于云计算的乡村振兴策略实施过程中必须解决的关键问题。

1. 组成云整体，降低成本，形成规模利润

云技术能降低农产品全产业链各项成本，并且在降低成本的基础上，还能减少内部消耗，提升规模利润收入。

（1）云上空间节省实体店成本消耗

基于云计算的乡村振兴策略实现的是乡村的云上空间，它位于网络之上、电脑之中的虚拟空间。云上空间不需要高租金的实体店铺，是以大型仓储＋物流实现农产品的销售，以网络虚拟店铺代替终端的实体店铺，成本降到很低，而且当经营主体资金不足时，甚至能完全取消实体的店铺和仓储，直接从产地通过发达的物流送到终端消费者手中，将店铺租金与仓库租金减掉，成本降到最低。

（2）云技术精确计算各项开支，减少浪费

以云计算为核心的技术，其运算能力是十分强大的，通过云技术可以精确得知每一项开支是用到了哪里，有没有浪费，花出去的钱有没有达到预期的目标，如果钱没有用到该用的地方，云系统会自动发出红色预警，可以有效地避免浪费，成功降低成本。

（3）云技术精确找到农产品与农业旅游目标受众，实现精准营销

精准营销指通过信息技术对目标市场的不同消费者进行细致分类，通常会通过消费者画像来定位消费者心理和消费特征。它采取的方法一般是以数据技术精确找到目标消费者，然后运用目标消费者偏好的沟通策略和沟通行为，以取得有效的沟通效果。云技术是实现精准营销的方法之一，它能够帮助

不同的农产品准确地找到目标消费者,甚至还可以实现一对一的针对性营销,还能够提前将农产品信息发给目标受众,在农产品还没成熟之前,就已经把产品预售出去了,当目标受众的数据库积累得足够大,云技术下的精准营销就越来越准确,也越来越有成果。

(4)减少内部损耗,形成规模经济

在规模经济理论中,通过购并活动能实现规模报酬递增,就是通过云技术形成乡村振兴云整体,实现规模购并同等的效果,经营者用更先进的技术和机器设备等生产要素,让基于云计算的乡村振兴内部的生产分工能够更合理和更专业化;可以在内部进行更多的技术培训,开展具有一定规模的生产经营管理,最终节约成本。

2. 以云技术核算各方利益得失,精确计算平衡利润分配

利益得失的平衡是基于云计算的乡村振兴策略能否长久持续发展的重要影响因素之一,在利润得到保障的情况下,如何分配获得的利润是一个需要慎重考虑的问题。农业产业链从源头到终端,产业链长,产品生产时间也很长,产业链上参与的人或组织很多,利润的分配非常的复杂。农民、大农场主、合作社、行业协会、产业联合体、龙头企业等,都应该参与到农业产业链上的利润的分配吗? 这明显是不合理的。需要谨慎地选择农业产业链上各方参与利润分配的主体,只有具有合作基础,且能在农业产业链上发挥作用的,才能进入到产业链的利润分配中。云技术能精确计算资金的流向、农产品的生产和销售过程,还可以进行农产品的全程可溯源,为利润的分配提供依据。另外云计算＋区块链技术可以让农业产业链上各方主体的贡献公开化,让农业产业链上的信息透明化,减少不当利益的获取,实现利润分配更合理化。

本研究考虑的是以协议形式进行利润的分配,利润分配遵循政府指导意见,考虑成本开支与云计算下乡村振兴策略实施成效,再适当地结合农业、农村和农民的特殊情况,以协议的形式明确各方权责,并在盈利的情况下按约定进行利润的分配。

三、先搭建虚拟云平台,再搭建虚拟现实云空间

基于云计算的乡村振兴策略的实施不一定要从现实基础设施搭建开始,可以先以少量的资金在虚拟空间搭建云平台,让大家看到成效,再开始在现实中铺设基于云计算的乡村振兴需要的基础设施设备,有了基础设施设备之后,再形成完整的云整体建设。

1. 以小博大,搭建简化版的虚拟云平台

云计算、云技术、云平台与云空间都是一种很新的概念,要让乡村中的人一下子接受这些新事物并且相信云平台也能进行乡村振兴,也能给农民带来更多的收益,是存在比较大的难度的,最好的办法就是先做一部分成果出来给大家看,没有比真真切切的成果更具有说服力的了。本研究说的以小博大是指先投入少量资金,做一个简化版的虚拟云平台,不需要任何现实的店铺仓库,甚至不需要专门人员维护,只需要简单的操作就能运营,短时间可见成效,可以起到极强的激励作用。

简化版的虚拟云平台也可以称为低成本版的云平台,减去哪些内容与功能,强化哪些内容与功能,这是能否成功实现以小博大的关键问题。一般情况下,应减去耗费比较大的部分,比如 VR 沉浸体验,或者人机对话与人机导购等功能,重点强调平台产品销售、平台优惠打折、快速购票旅游、导航等实用且能快速起效的功能,以吸引人们进行下一步动作。

2. 提升积极性,搭建云平台基础设备设施

在简化版的虚拟云平台取得显著效果以后,通过宣传推广,让更多的人知道基于云计算的乡村振兴策略,也让更多的政府援助资金与社会投资资本自动自发地参与进下一步的基于云计算的乡村振兴策略中来,开始有资金搭建基础设备设施,也有积极性做相关的事情。

(1)搭建云平台基础设施设备

根据摩尔定律,电脑及其相关设备的性能大约 24 个月就会提升一倍,就是说信息技术进步一般以两年左右更新一倍的速度在发展,所以不管我们现在搭建的信息设施设备有多完善,它一定会在几年内被逐步淘汰。在基于云计算的乡村振兴搭建基础设施设备时,不用追求一步到位,可以先从最基础的设施设备开始,然后一步一步增加设备,同时也一步一步淘汰老的设施设备,一边更新,一边增加,一边淘汰,一边购买,这样既能节省成本,又能跟上信息技术发展的脚步。

(2)多种形式搭建基础设施设备

资金有限的情况下,可以选择多种形式搭建基础设施设备,比如宽带网络与 5G 移动网络的搭建。可以积极申请政府支持,向政府申请优先在本村镇建立宽带与移动宽带网络。大型设备可以与别村别镇共用,或者租借大型设备供自己使用等。还可以先使用不需要太多设备的公有云搭建云平台,等资金充足以后,再搭建自己的私有云平台等。

3. 线上线下全面铺开云空间建设

云平台的搭建最终要完成线上线下云空间的搭建。基于云计算的乡村振兴策略不仅仅是对现行乡村振兴战略的云上拓展,也不仅仅是现行乡村振兴各项措施的虚拟投射,而是一种独立于现行乡村振兴战略的云振兴策略,它不仅仅停留在网络虚拟空间中,还会有现实物流、仓储,有实力的话还可以设立体验店,在体验店里能让消费者体验虚拟 VR 空间,能进行云旅游,参加云农事节庆等。

(1)线下物流、仓储的配备

基于云计算的乡村振兴策略最终是要促进农村经济的发展,提高农民的收入,要么把农产品或相关的文创产品卖出去,要么让消费者走进乡村中消费,或者两者都有。云空间售卖产品必定会涉及物流问题与仓储问题,当销量做到足够大时,甚至还需要成立自己独立的物流公司,在城市中心设立自己的大型仓储作为中转发货地等。

(2)建立线下云平台体验店

当虚拟空间的云平台搭建取得一定的社会影响力,而且基于云计算的乡村振兴的经营主体也有一定的资源之后,可以在城市建立对应的云平台体验店,消费者走进这些体验店,不是为了购买农特产品,而是能够进入虚拟空间中,运用 AR、VR 和 AI 技术,在云空间中体验云端旅游村镇,能够进入这个村镇的云上文化大礼堂中体验当地的民俗文化,能够进入当地的云农事节庆,在虚拟空间参与热闹的赶集、庙会、丰收节庆等活动。

第三章　基于云计算的农产品品牌塑造及流量变现策略

农产品的种养与销售直接关系到农民的收入,同时也是农村经济的支柱之一,所以我们把农产品的传播与变现体系放在基于云计算的乡村振兴策略的前期,目的是以最快的速度让人们看到云计算在农产品传播与销售上的优势,以最快的速度提升人们进行基于云计算的乡村振兴策略推进的积极性。

第一节　基于云计算的乡村振兴策略的农产品与品牌塑造

一、基于云计算的乡村振兴策略的农产品范围界定

在本书中农产品的范围包括农业活动中获得的植物、动物及其产品,主要指初级农产品,也包括一部分能在村镇中进行初加工的农产品,但一般不包括深加工农产品。

(一)初级农产品是目前基于云计算的乡村振兴中主要的销售品

初级农产品是指种植业、畜牧业、渔业产品,不包括加工的这类产品,技术含量低,属于目前在农村最常见的销售产品,主要包括瓜果蔬菜、花卉苗木、各类食用菌、茶叶类、牲畜、水产品、林业产品以及其他植物等。这是目前农村往外销售的主要农产品,强调原产地与原汁原味原生态,有些初级农产品会在销售中特意保留刚刚收获时的样子,比如土豆还带着泥巴、杨梅还有叶子与树枝、猪肉还有黑毛等,以证明初级农产品确实很"土",是刚出产的产品。

(二)初加工农产品是基于云计算的乡村振兴未来的重点销售品

农产品初级加工是指对农产品一次性的不涉及农产品内在成分改变的加工,即对收获的各种新产品进行去籽、净化、分类、晒干、剥皮、沤软或包装以提供给初级市场的服务活动,以及其他农新产品的初加工活动。

1. 初加工农产品是农产品出村进城的要求

初加工的农产品,更方便进行物流的配送,把一些没用的东西去掉,保留有用的部分,更有利于包装和保存。比如将刚收获的小麦初加工,去掉壳,磨成粉,装袋运输,运输成本明显降低;再比如林木产品,对伐倒的乔木进行去枝、去梢、去皮、去叶、锯段等简单加工后,大大方便了包装,可以一次性运走更多,也方便终端消费者提走货物;更为明显的是油料植物的初加工,对菜籽、花生、大豆、葵花籽等油料作物,进行清理、热炒、磨坯、榨油、浸出等简单加工处理,制作植物毛油等副产品,产品从固体变成液体,体积也缩小,还不易变质,更有利于长途运输。初加工农产品见示意图3-1。

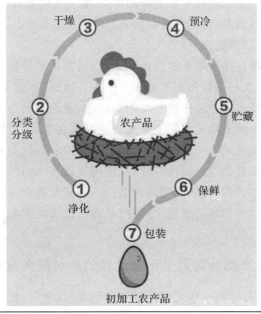

来源:坦然LJ淡定　　　　　　　　　　　　　　　　　　2020.05

图 3-1　初加工农产品[①]

2. 初加工农产品溢价空间更高

初级农产品是未经加工过的农产品,一般呈现的是收获时的状态,仅会经

[①]　坦然 LJ 淡定. 食用农产品与初级农产品和农产品初加工的类别范围及区别[EB/OL].
https://baijiahao. baidu. com/s? id=1665937332111027844&wfr=spider&for=pc,2020-05-06.

过挑拣、干燥、粉碎、分割、保鲜、包装等,这类农产品的价格几乎没有附加的价值,只有产品本身的价值,而初加工农产品可以加上附加的价值,这种附加的价值有很大的价格上涨空间。比如松茸,采摘后分级,产地批发的价格一般在2元到100元之间,价格上涨的空间非常有限,而在终端消费者那里,松茸的价格一般在几百到几万元之间,这个溢价并不仅仅是运输成本、经销成本、宣传营销成本,还包括了一部分初加工的附加价值,如果在产地就能进行初加工,就可以把这部分利润留在农民手中。

(1)简单的初加工就是溢价

初加工农产品的难度并不大,它并不需要改变农产品的内在成分,比如羊毛去杂质、虾变成虾仁、花卉变成美丽的花束、观赏植物变成漂亮的艺术盆栽、猪肉分割分类分等级等,每一次的初加工都可以产生溢价。

(2)附加价值提升溢价空间

附加价值是指在产品原有的价值基础上,通过生产过程中由劳动新创造的价值,比如这个农产品的初加工由知名的匠人完成,并盖上了匠人的印章,知名匠人的劳动使该农产品产生一个附加价值,从而卖出更高的价格。还有农产品初加工的加工手段是采用了最先进的技术加工,可以让消费者得到更新鲜、更好吃、更漂亮的农产品,也能增加附加价值。任何乔木经过艺术家的设计都能提升附加价值,任何食用农产品使用先进技术与设备初加工都可以增加农产品的附加价值,任何知名匠人、艺术家、获奖等都可以增加农产品的附加价值,可以说,在初加工过程中,农产品本身价值之上的附加价值的溢价空间是非常大的。

二、塑造农产品品牌是基于云计算的乡村振兴策略的必经之路

2019年农业农村部一号文件进一步强调要"绿色化、优质化、特色化、品牌化"发展,要大力推进农产品区域公用品牌、企业品牌、农产品品牌建设,打造高品质、有口碑的农业"金字招牌"。2019年6月28日,国务院印发的《关于促进乡村产业振兴的指导意见》明确提出了要实施农业品牌提升行动,建立农业品牌目录制度,加强农产品地理标志管理和农业品牌保护。鼓励地方培育品质优良、特色鲜明的区域公用品牌,引导企业与农户等共创企业品牌,培育一批"土字号""乡字号"产品品牌。在2019年5月10日中国品牌日的系列活动之一"中国农业品牌目录制度建设启动发布会"上,中国农产品市场协会牵头联合中国农村杂志社等多家单位,向全国发布了中国农业品牌目录建设公告。

1. 建立农产品品牌才能在信息爆炸的云空间有清晰的识别度

虚拟网络社会中,信息量会更多更复杂,要在众多产品信息中脱颖而出,品牌是必须建立的。因为只有建立了品牌,这个产品才会被清晰地识别出来。品牌包括了生产者、生产地、产品是什么、有什么作用或者功能等,品牌可以把这个产品与同个品类的其他产品区别开来,可以把这个产品与其他事物区别开来,品牌这个名词出现的最初作用就是用来识别与区分的,是为了证明所有权的,农产品建立了自己的品牌,才可以清楚明确地告诉消费者产品是什么、产品来自哪里、产品的优点是什么等。

(1)农产品品牌本质是为了能被独特地识别

农产品品牌专家、浙江大学胡晓云教授对农产品品牌做了明确的界定:"农产品品牌是指由农业生产经营者,通过栽培农作物、饲养牲畜、形成观光农业、创意农业等生产经营活动而获得的特定的产品(服务)品牌。该品牌是以农产品及其初级加工产品、农业生产、农产品消费过程产生的物质成果、体验性服务为基础,经由一系列相关符号体系的设计和传播,形成特定的消费者群、消费联想、消费意义、品牌个性、通路特征、价格体系、传播体系等因素综合而成的有机整合体。农产品品牌起源于农产品的独特识别与差异化,并经由各相关利益者认知、认同甚至忠诚、信仰,并包括独特的消费者生活世界在内。"[①]

同样的,如果一个农产品想要在众多的信息中被消费者识别、记住并购买,一般是要通过某一类的品牌才可以,品牌的重要性在信息爆炸的时代更明显。这尤其体现在网络的世界中。网络世界本身就是由各种信息组成的虚拟世界,其中信息纷繁复杂,农产品对拥有自己品牌的要求会更为迫切,无品牌的农产品在网络空间寸步难行,连让消费者记住的凭证都没有。

(2)农产品区域公用品牌可以在云平台上界定产地与产品类别

区域公用品牌是指在特定区域内相关组织和机构所共有的,在品牌建立的地域范围、品牌品质管理、品牌使用许可、品牌行销与传播等方面具有共同诉求与行动,以联合提高区域内外消费者评价,使区域产品与区域形象共同发展的品牌。农产品区域公用品牌就是在一定区域内由农业行业协会等组织拥有并运营,由特定行政或地理区域范畴之内的产业相关机构、企业与个人多主体共同创建、共同使用、共同享受品牌带来的利益,由多主体在行业协会组织

---

① 胡晓云.农业品牌及其类型[J].中国农垦,2018(5):52.

等主导下共同品牌建设的品牌。① 这一类品牌由"产地名＋产品名"构成,原则上产地应为县级或地市级,并有明确的生产区域范围。这种农产品区域公用品牌为指定区域内相关机构、企业、农户等所共有,并不单独属于哪一个企业、哪一个机构或哪一个农户。

农产品区域公用品牌可以和地理标志挂钩,各个地理标志产品再结合区域公用品牌,形成明确的产地界定和产品类别,比如安岳柠檬、黄山毛峰茶、霍山黄大茶、永春佛手等,都是产地＋产品,消费者一看就知道是来自哪里的哪种产品,这种产品有何独特之处等。

在庞大的网络世界中,搜索这一地区特色农产品,就会自然出现这一类产品,比如搜索安徽六安市霍山县特产,就一定会出现霍山黄芽这一产品,如果搜的是安徽六安市特色,就会出现霍山黄大茶和霍山黄芽,这就能让消费者搜索这一区域相关信息的时候,同时发现这一地的地理标志区域特色农产品,形成显著的关联效应。

(3)企业品牌是农业龙头企业在云平台上的身份 ID

企业品牌是指以企业名称为品牌名称的品牌,农产品的企业品牌是指农业企业自己注册商标并自己塑造的品牌,它与区域公用品牌的区别是拥有者、生产区域、品牌塑造各类资源等都不一样。企业品牌的拥有者、塑造者都是农业企业,是归这个企业所有,别的企业或别的农户不能使用这个品牌进行宣传、售卖等一系列活动,而且企业品牌的产品不会局限于某一区域农产品,也并不一定局限于某一个品类,它的产品来源可以由企业自行决定,并没有强制规定原材料使用哪里的。

企业品牌是农业企业在云平台上的身份 ID,是独属于这个企业的产品标志,不管是服务类产品还是实物类产品,都需要有一个具体的品牌名字让消费者记住这个企业及其产品。比如我们因为买可口可乐而知道了可口可乐公司,但反过来,如果可口可乐公司没有任何产品是有品牌的,那产品与企业之间就没有明显的联系,消费者在使用这些产品的时候,也不会想起这家企业并且记住它。

所有有一定实力的农业企业,都会至少拥有一个自己的企业品牌,并且塑造它,维护它,建立这个品牌的资产,将这个品牌做强做大,将品牌作为企业的核心竞争力之一。

---

① 胡晓云.中国农业品牌论[M].杭州:浙江大学出版社,2021:88.

2. 农产品品牌是农产品云传播与云销售的信用背书

背书这一词最早来自银行票据业务,是指票据转让时原持有人在票据背面加盖自己的印鉴证明该票据真实有效,如果有问题就找盖印鉴的人。背书不是担保,票据本身就是他自己的,自己是不能给自己担保的,只能证明这个票据确实是他的。后来引申到了社会事务上,一般是指一个单位或个人,以自身的信誉来证明某些事或者某些物是可信可靠的,这就是背书。

一个有品牌的农产品,就是企业在为这个产品做信用和品质的背书,如果产品不可靠或者出了问题,可以找到企业来负责,或者追溯到源头找到问题的原因。尤其是在食用农产品领域,存在农产品容易变质、运输损坏等问题,一般有品牌的农产品都会做出坏品包赔的承诺,或者可以做到卖出去的食用农产品可以溯源,能追溯到种养过程、生产过程、加工、包装、运输等环节。

在商品琳琅满目的云平台上,一个有品牌的农产品和一个没有品牌的农产品,其信用度是不可同日而语的,商品的溢价程度也很不一样,有品牌的农产品因为有企业背书,可以卖出更高的价格,而反之则只能以低价来吸引顾客,以此提升销量。

3. 农产品品牌能在云空间创造超额利润

超额利润又称为经济利润,是指其他条件保持社会平均水平而获得超过市场平均正常利润的那部分利润。[①] 正常利润指的是为使生产者继续从事某种生产经营活动所必需的最低限度利润水平,如果低于这一利润,将会亏本。超额利润是所有正常的生产经营者都追求的目标,超额利润越高,经营效益就越好,反之,如果没有超额利润只有正常利润,那生产者就处于维护企业生产的水平,而没有多余的资金去扩大规模、增加新产品研发或者其他。要获得超额利润的方法就是企业拥有某种市场力,比如有一个强势的品牌就是其中一种市场力。

(1)云空间的竞争力会更激烈,商品信息透明化

在虚拟信息构筑的云空间,商品的信息几乎是透明的,同样的一款产品,不同商家的卖价可以在同一个页面显示出来,信息隔离的障碍被彻底打破。同样的,不同厂家同一类产品的价格也是能呈现在同一个页面之上,价格战都打不起来,因为价格已经是透明的了。要想获得超额利润,只依靠提高商品的

---

① 王海鸿.论超额利润的界定标准、类型与本质[J].当代经济研究,2017(6):5.

售价,在理论上没有销量上涨的空间,那么,农产品企业必须拥有独特的市场力才可以得到正常利润之上的超额利润。有些得天独厚的农产品具有天然的市场力,比如生产环境独特、产品具有唯一性、生产者或者加工者是有独特优势的等等,确实能产生一定的市场竞争力,但这也只限于少部分农产品,真正要在市场立足,还是需要适应市场规则,创造独属于自己的市场力品牌。

品牌就是一种市场力,它的产生正是基于市场经济环境中竞争激烈的情况。营销学之父科特勒给品牌的定义是销售者向购买者长期提供的一组特定的特点、利益和服务,是能给拥有者带来溢价、产生增值的一种无形资产,是具有市场力的资产。塑造自己的品牌,是农业企业拥有市场力的最重要的途径之一。

(2)提高忠诚度和增加回头购买率

品牌不仅仅是产品或者服务,它还会承载消费者对其产品或服务的认可,品牌与其说是一种产品、一个商标,还不如说是一种生产者与消费者关系的综合体,是生产者与消费者相互磨合的产物。强势的农产品品牌必定会有自己固定的粉丝群(忠诚消费者),这些粉丝会形成规律的购买行为,让产品有稳定的销量,同时粉丝群还会形成口碑传播,粉丝们会向身边的亲戚朋友以及他们各自的社交网络传播这个产品的相关信息,而且还是正面的信息,这是大众传播无法达成的目标。不管是区域公用农产品还是农业企业品牌,不管是食用农产品还是农旅类服务产品,想要在云空间中建立自己与消费者之间的关系网,建立品牌都是必不可少的,只有塑造了自己的品牌,才能让消费者产生非常鲜明的记忆点,形成品牌忠诚度,最终成为品牌的粉丝,形成粉丝经济。

(3)以现代品牌营销理论营造竞争蓝海

在激烈的云空间竞争环境下,靠产品本身的差异性来区别竞争对手会越来越难,技术的革新与产品生产的标准化,都在缩小同类产品不同品牌间的差距,现代品牌营销理论可以帮助我们在品牌文化、品牌理念、品牌忠诚度、品牌附加价值等各个要素上区别于其他产品品牌,定位自己的细分市场。

比如南瓜产品,一般作为可食用的蔬菜售卖,但南瓜本身具有多种成分,有许多食用功效。其中南瓜作为一种优质碳水对减脂人士有利,就可以成为减脂人士的主食,而不是作为一种蔬菜售卖。于是出现了贝贝南瓜热卖现象,也出现了板栗南瓜热卖现象,这两种南瓜更适合作为主食,吃了不容易胖。后来越来越多的人种植这两种南瓜,于是又出现了惠和贝贝等有品牌的产品。当产品有了品牌以后,就可以运用现代营销中的各种理论定位自己这类产品的独特作用,至少可以做到区别于其他同类产品,具有营销思维的企业甚至可以自己重新定义一个新的市场,开辟一个新的市场。把南瓜从简单的蔬菜变成减脂健身主食,这才是真正的蓝海之战。

第二节　基于云计算的区域农产品品牌塑造策略

基于云计算的区域农产品品牌塑造策略是基于云计算的乡村振兴在农产品品牌塑造领域的独特策略,以先进的云技术将乡村区域连成一个整体来塑造农产品品牌,是对传统农产品品牌塑造策略的延伸和创新。通过基于云计算的区域农产品品牌塑造,可以形成农产品区域公用云计算品牌和基于云计算的区域公用品牌,对接乡村全域品牌策略,形成完整的农产品品牌云计算驱动系统模型。

一、基于云计算的农产品区域公用品牌和区域公用云计算品牌

根据胡晓云老师在其《中国农业品牌论》中对农产品区域公用品牌的定义,我们可以清晰地知道农产品的区域公用品牌中的区域是指农产品的生产地域范围,公用是指品牌由区域内相关机构、企业、农户所共有,农产品品牌的所有权与使用权可以是分开的,农产品区域品牌的商标专用权、品牌运营权与商标使用权是三权分置的,农产品区域公用品牌经营的核心主体是行业协会等组织协同区域政府、区域内授权企业、合作社、农户等组成的联合体,[①]所以区域公用品牌需要协调的经营主体关系多,需要厘清的商标、品牌间的关系也很多,在具有 AI 智能＋大数据运算＋云计算能力的云平台进行区域农产品公用品牌的塑造上具有优势。我们将基于云计算的区域农产品品牌塑造分成基于云计算的区域公用品牌塑造和区域公用云计算品牌的塑造。

1. 基于云计算的区域公用品牌

基于云计算的区域公用品牌是对区域公用品牌的云上对接,在原有的区域公用品牌体系上,对应地建立一个云上区域公用品牌的体系,与线下的区域公用品牌塑造策略一一对应,是对应线下策略的云上策略,与线下农产品品牌策略呼应。基于云计算的区域公用品牌塑造是云计算时代农产品区域公用品牌适应"互联网＋"战略和数字化农产品品牌战略而进行的云上塑造策略,这一类品牌塑造的重点是将现有的农产品品牌策略搬到云平台上,以线下策略

---

① 胡晓云.中国农业品牌论[M].杭州:浙江大学出版社,2021:97-100.

为主,云上策略为辅,是对线下策略的一种补充和延伸。目前只有一部分农产品区域公用品牌建设了自己的基于云计算的区域空间,但基于云计算的区域公用品牌策略的未来应该是与线下策略齐头并进的,云上购买农产品策略先行,云宣传区域公用农产品策略跟上,建立完整的基于云计算的区域公用品牌空间是基于云计算的区域公用品牌塑造的现阶段终极成果。

2. 区域公用云计算品牌

把云品牌作为区域内农产品公用品牌来打造,所有与本区域内农产品相连的云都关联到这一云品牌中,形成完整的区域公用云计算品牌。这一区域公用云计算品牌有自己注册的商标,有商标使用权和品牌经营权,有自己的品牌体系,是一个完整的农产品品牌,但这个品牌的核心是"云"。所有本区域内农产品的云呈现、区域农产品品牌云文化、农产品关联的云技术、搭载农产品云系统的硬件和软件等,都属于这一区域公用云计算品牌的内容。区域公用云计算品牌是独立于现有的区域公用品牌之外的新的品牌,并不是区域公用品牌的云上系统辅助和补充。云品牌有自己独特的符号系统,有自己的品牌本质特征,可以承载独特的各方利益,还有自己独特的品牌价值系统和信用系统,能作为完整的区域公用品牌独立经营与运作。

二、架构农产品品牌云计算驱动力系统模型

农产品品牌驱动力系统是浙江大学胡晓云老师在她的《中国农业品牌论》一书中提出来的,她将农产品品牌比作一辆战车,认为其要在市场竞争环境中脱颖而出达到理想彼岸,须拥有足够的品牌驱动力。胡晓云老师将农产品品牌的驱动力系统构成要素分成四大部分:消费需求满足驱动力构成、互动沟通驱动力构成、个性表达驱动力构成、价值共生驱动力构成,[①]我们沿着这一驱动力构成理论,将农产品区域公用品牌云计算驱动力系统架构出来。

1. 云技术驱动消费需求满足动力

消费需求满足驱动力的核心是品牌带给消费者的体验满足感,一方面是产品的品质,另一方面是品牌带给消费者的附加价值,包括售前售后服务、品牌溢价能力、品牌的文化圈层等,云技术可以给农产品品牌全方位的消费者需求满足感。

---

① 胡晓云.中国农业品牌论[M].杭州:浙江大学出版社,2021:201-207.

（1）云技术精准呈现区域公用农产品品质溯源数据

区域公用农产品的品质体现在产地保证、产品品质保证两个方面，传统的区域公用农产品溯源只能通过商标标志、说明文书等方式验明产地来源，云技术可以全方位呈现每一个区域公用农产品从源头到餐桌的全过程，不仅有数据，还可以有视频。不仅包括了产品的数据还可以包括各个过程经手人的数据。在新冠疫情后，每一个经手这些农产品的人的身体状况越来越被看重。云技术溯源数据的呈现是以前从未有过的精准细致，可以给消费者带来更多的产品品质信心，带来强烈的品质信任感和满足感。

（2）云技术更准确了解消费者心理，可提供一对一的服务

云技术可以实现对消费者的一对一服务，保证农产品售前、售中和售后贴心的追踪服务，大数据技术可以准确了解目标消费者心理特征和行为特征，可以为消费者量身定做服务套餐。在云场景技术中，当有意向购买产品的消费者，或者曾经购买产品的消费者进入卖场范围几公里内，就可以将数据反馈到销售员手上，让销售员提前做好准备。另外，还可以精准掌握消费者购买产品的规律，按消费者购买产品的频率制订销售方案。云技术可以带给消费者的消费满足体验方式还有很多，在驱动消费者需求满足体验方面具有强大的优势。图3-2是对消费者在各种平台发表的文本进行分析后做出的心理特征总

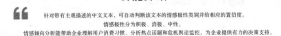

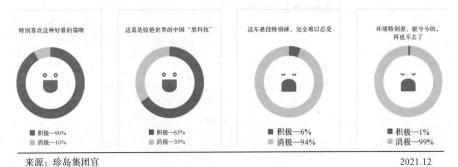

来源：珍岛集团官　　　　　　　　　　　　　　　　　2021.12

图 3-2　情感倾向分析系统①

————————————

① 珍岛集团官网 AI 技术. https://www.marketingforce.com/ai/emotionanalysis.html, 2021-10-15.

结，是云 AI 技术自动判断消费者文本的情感极性类别并给出相应的置信度。情感极性分为积极、消极、中性，AI 技术帮助企业理解用户消费习惯、分析热点话题和监控危机舆情，可以为区域农产品品牌方提供有力的决策支持。

2. 全方位的云沟通驱动力系统

农产品品牌的互动沟通驱动力是指农产品品牌的产品或服务通过物流、信息流、媒体流、人脉互动接触、消费者态度与口碑等，与消费者之间产生的互动沟通程度。[①] 云即沟通，这是云技术公认的技术特征之一，云技术能保证物流云沟通（见图 3-3）、互动营销云沟通、品牌方与顾客实时云沟通、顾客与顾客云沟通、消费者评价云传播等，能集合传统与现在的沟通工具和沟通渠道，形成非常全面的云沟通驱动力系统。消费者可以在农产品运送物流过程中与物流公司保持沟通，可以在运送中途改变送达的时间、地点、接收人等各类信息，保证物流互动沟通。云技术保障农产品品牌方在营销过程中可

来源:顺丰小程序   2021.12

图 3-3　顺丰收件与寄件可在运送中途更改各种信息

---

① 胡晓云.中国农业品牌论[M].杭州:浙江大学出版社,2021:206.

以采取各种手段与消费者保持互动沟通,实时回答消费者提问,视频弹幕互动,App 互动营销等。云沟通能让消费者与消费者之间顺畅沟通,云技术会在保证消费者隐私前提下,使任意一位消费者都可以向其他已购买该商品的消费者咨询提问,被咨询者可自由选择回答或不回答,也可以随时关闭被提问的渠道。

3. 农产品品牌个性的云计算表达系统

区域公用农产品品牌的个性表达是指区域公用农产品品牌通过符号体系及其意义呈现,彰显产品及体验的个性、表达消费者的个性及价值倾向的驱动力,该驱动力经由符号生产而产生,是在产品物理属性基础上的品牌个性与消费者意义、消费者个性差异的象征表达。[①] 品牌像人一样有性格,并且能通过符号传达给消费者,这就是农产品品牌个性的表达。品牌像人一样与消费者沟通和交流,可以产生共鸣,达到像朋友般相处的效果。

（1）云技术匹配适宜的品牌个性符号

塑造农产品品牌个性的难点之一在于找到合适的个性表达符号,包括语言文字符号、图像符号、视频符号等常规的品牌视觉传达符号,也包括农产品品牌与消费者接触过程中的所有符号系统,比如发布会的发言人、品牌代言人等。区域公用农产品品牌方如何找到与目标消费者匹配的个性符号是难点,传统的解决方法是先设计出一套符号系统,然后在正式投放前做消费者调研,根据消费者反馈信息再调整符号表达,这种解决方法有两个局限:第一受限于符号设计者的能力,符号表达是基于设计者主观意志设计出来的,可能所有的符号表达都不符合目标消费者的个性;第二受限于调研样本的数量,传统的市场调研方法不管是随机抽样还是街头采访,都存在样本数量不足的局限性,调研的结果不能代表整体目标消费者的想法。云技术可以解决这一难题,我们可以通过图 3-4 的阿里云多维度标签系统,把消费者标签与商品标签、内容标签进行匹配,可拓展至上万数量级,他们的消费者标签是基于人口统计学的标签,详尽地找出消费者的个性特征,通过强大的云计算能力,找到符合目标消费者的符号表达,如图 3-4 所示。

---

① 胡晓云.中国农业品牌论[M].杭州:浙江大学出版社,2021:209.

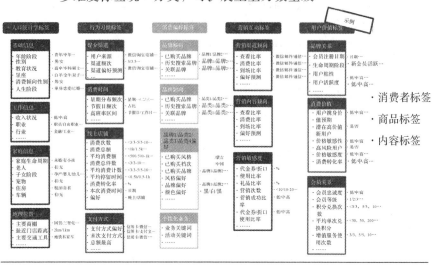

图 3-4　阿里云的多维度标签平台①

（2）云传播搭建多方交流平台

区域公用农产品品牌个性符号成形以后还需要进行传播和表达才能为大众所知，云传播体系就是联结品牌与消费者交流的多方协同平台，而且云传播系统的强大运算能力可以按照用户标签进行精准的信息传递，见图 3-5。

在图 3-5 中我们可以看到云计算自动化营销系统把消费者分成了好多类别，比如新注册会员、超过 60 天没有注册的会员等。对不同类别的用户推送的消息是不一样的，对不同属性的消费者传递不同的个性符号内容，进行千人千面的沟通与个性表达，这是云传播体系的优势能力。

---

① 阿里云官网. https://market. aliyun. com/products/205811301/cmgj00036756. html？Spm＝5176. 19720258. J_8058803260. 111. c9a82c4afFZzgw＃sku＋yuncode3075600001, 2021-12-15.

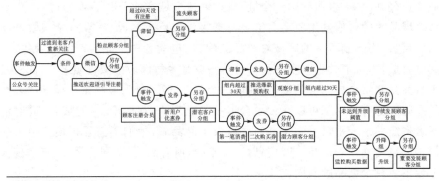

来源：阿里云官网　　　　　　　　　　　　　　　　　　　　2021.12

图 3-5　阿里云的公众号自动化营销系统[①]

4. 农产品的云计算价值共生驱动

农产品品牌的价值共生驱动力是指农产品品牌与消费者相互忠诚、共同成长,构成价值共生关系的驱动力。[②] 胡晓云教授认为价值共生驱动力是农产品品牌最核心、最高形态的驱动力,是农产品的品牌独特资产,是竞争对手很难超越和模仿的驱动力,也是农产品品牌拥有持续竞争力的核心之一。

(1)区域农产品云计算品牌价值共生驱动

区域农产品云品牌价值共生体系的核心是以云技术作为乡村、农产品品牌、消费者之间联结的关键。这种联结可以体现在云乡村、农产品云技术、云平台上消费者三大方面,主要体现在以云技术为核心的区域农产品云品牌与消费者价值共生驱动,农产品品牌用云技术贯穿农产品从源头到餐桌的全过程。一方面农产品生产和收获过程运用农业云技术,另一方面消费者通过云技术溯源农产品生产全过程,还可以实时监测各类农作物和动物的生长过程。云技术增强了消费者的信任感,从而加强了消费者忠诚度,继而使消费者产生持续回购行为。消费者与品牌之间保持平等良好的长久关系,互相产生了类似于人与人一样相处的亲近关系,共同成长,双赢共生。

(2)云平台带动全域农产品品牌共同成长

乡村全域品牌是依据乡村区域资源融合的可能性,形成现实或虚拟的全

① 阿里云官网. https://market. aliyun. com/products/205811301/cmgj00036756. html？ Spm＝5176. 19720258. J_8058803260. 111. c9a82c4afFZzgw♯sku＋yuncode3075600001,2021-12-15.

② 胡晓云. 中国农业品牌论[M]. 杭州：浙江大学出版社,2021：213.

域产业公共品牌,以达到融合全域资源、创造全域产业公共品牌的目的。[①] 乡村全域品牌的价值共生驱动会给乡村振兴带来巨大的改变,乡村全域农产品品牌,包括集体制所有的区域农产品品牌,也包括乡村企业农产品品牌等,一起融合成长,价值共生。乡村云平台本身就是乡村区域虚拟资源之一,同时云平台又是联结全域的有效工具,在同一个云空间下,连通乡村整片区域的农产品品牌。所有品牌都可以在云平台上一起呈现、一起展示、一起成长,同时消费者也能登录云平台看到所有的区域农产品品牌,他们不需要再换渠道去获得本区域内其他农产品品牌信息,一个平台,所有品牌,全网罗尽,真正实现云上云下乡村全域品牌共同成长。

第三节　农产品品牌云流量变现策略

变现是指将非现金的资产变成现金,而流量变现是指将网络流量通过某些手段变成现金收益,并不仅仅是指产品销售变现,也包括了所有的农产品网络流量的变现,而云流量变现是指云平台上所有流量变成现金收益,包括所有由云手段获得的流量变成的现金收益和所有通过云计算提升的流量变成的现金收益。云流量变现,是基于云计算的乡村振兴策略成功的关键,也是可持续发展的重要一步,是非常关键的一步。

一、流量及其变现的重要性

1. 流量即关注度和知名度

网络流量是指网络上传输的数据量,代表了在一定时间内访问的人数与次数,代表了该平台的信息是否有被人们知道的可能,在信息爆炸的虚拟空间里,流量意味着关注度与知名度。

(1)有流量才有关注的可能

关注度是指事件或者人物所受到的关注程度,在经济领域,关注度经常用来作为衡量购买需求或者潜在客户群的重要指标。百度搜索为了突出关注度的重要性,专门设立了一个关注度指数,即体现关键字质量的衡量指标。通过关注度指数,人们可以了解与这些关键字相关的搜索数据,包括关键字访问

---

① 胡晓云.中国农业品牌论[M].杭州:浙江大学出版社,2021:125.

量、标题、网页描述撰写质量、平均排名等多个相关因素,范围一般在 1 至 10 之间,越高代表关键字关注度越高。比如以"章丘大葱"为关键字,通过百度对这 4 个关键字关注度指数的分析,可以得出在一定时间内,"章丘大葱"搜索次数、搜索排名、有多少标题是包含了这 4 个字的等,可以看出在一定时间内,与"章丘大葱"相关的新闻报道数量、广告数量、话题数量、访问数量等数据。

衡量关注度的重要指标是点击量,点击量的核心就是流量,流量不等于被关注,但没有流量一定不会被关注,因为连点击都不存在,那就没有关注产生,这是网络世界的定律。一个产品再好,没有被关注等于零流量,也等于无人知晓;反之,流量越大,被关注到的可能性就越高,留存在产品页面上的人数就可能更多一点。流量的重要性在于消费者后续的所有行为都基于此。虽然不是所有点击的人都会留下来,能留下多少还和页面的形式和内容相关,但流量高才有更大的关注基数。后来在娱乐领域,用流量明星一词表示拥有巨大粉丝数和极高关注度的明星,也从另一侧面说明了流量与关注的密切关系。

(2)流量大小与知名度高低成正比

知名度是指产品或者组织被公众知晓的程度,而农产品品牌的知名度是指消费者认识到或者知晓这个品牌的程度,品牌知名度分成 3 个层次:品牌识别度、品牌回想度、品牌第一提及度,这 3 个层次代表了消费者对产品及其品牌认识的深浅程度,而品牌回想度与品牌第一提及度是在品牌识别度基础之上实现的,不管是回想起品牌的消费者数量还是第一提及本品牌的消费者数量,都是在能识别本品牌的消费者数量之上递减的,所以品牌的识别度是知名度的最关键指标之一。

品牌的识别度是指产品、品牌或者相关的内容被描述或提及的时候,人们反映出的知晓情况,是衡量营销、广告、传播等效果的重要指标。只要识别即算达到了品牌的识别度,不一定要回忆或者明确第一提及度。识别度的直接影响因素就是流量,公众要知晓产品、品牌或者企业,一定要先接触到相关的信息,而接触的过程就是流量产生的过程,所以流量是品牌识别度的第一道关卡,也是第一个信息淘汰筛选关卡。流量越大,品牌识别度一定会越高,知名度就高;反之流量越小,品牌识别度就越低,知名度也会随之降低。基于这样的规律,很多企业投入资金进行广告宣传,不断地把品牌与企业的信息暴露在消费者面前,在网络平台上就是增加流量的投入。

2. 流量变现是云平台农产品品牌可持续发展的关键

农产品品牌在云平台上营销传播,追求品牌知名度、美誉度,最终的目的都是产生收益,这种收益并不仅仅局限在产品的销售上,也可以是任何流量变现收益。流量的变现可以是流量产生与信息流动的任意一个环节上的收益,收益的产生是农产品品牌在网络空间与云平台上持续展开营销传播的关键,有收益才有资本继续开展各项商业性活动,有收益才能提升农民与农村组织继续进行云振兴的积极性。

(1)流量变现改变对销售量的依赖性

在以往的乡村振兴战略中,增加农民收入、振兴农村经济的关键指标是"走出去"和"走进来",前者是农产品出村进城,是物质产品的销售;后者是把游客引进来,把"风景"与"村落文化"等"卖"给游客,同样也是销售,只是这种销售是非物质产品的销售。不管哪一种,销量一直是增加农村、农民收入的最重要的途径,但流量变现就摆脱了一定要通过产品的"买卖"才产生收益的局限,而是形成了有流量就可以有收益的概念,比如有较大流量的网红主播可以凭流量赚钱,又比如村官进入云平台,也一样可以成为流量网红等。任意一个流量环节都能带来收益,任何与消费者接触的点都有可能变现,这种变现模式摆脱了主要依靠产品销量来赚钱的情况。

(2)流量变现可以多层次提升农产品品牌的收益

流量变现的方式与途径多种多样,不仅仅局限在农产品成品销售上。所有与农产品生产销售有关的网络流量都可以变成收益。农产品种植环境、种子的选取、养殖动物的整个过程,植物与动物的成熟过程,甚至还包括了云旅游与农产品吃播等,全都是可产生收益的流量增长点。比如农作物从种植到成熟的 VLOG 记录、实时直播、延时拍摄等,都可以呈现在网络上,一方面能增强消费者对农作物的了解,另一方面也是一种对农产品的溯源。不管是消费者来观看农作物的种植与生长,还是通过镜头实时监控农作物生产过程,都是有卖点的,全都可以成为流量变现的点,而且这些流量增长点,不会增加农作物生产的成本,只需通过简单地设置一个可直播的或者可记录的摄像头就可以实现。

流量的变现多样性、多层次性、多方向性、多面性,实现了农产品从生产到销售全过程皆有收益,实现了农产品的全产业链都可以产生收益,大大提升了农民种植农产品的收入,甚至还可以制造下沉市场的网红打卡点、网红主播、网红达人等各种具有可持续流量变现的流量IP,并进一步衍生出流量下的IP文创收益等。

二、云流量的类别与变现指标

（一）常规的流量分类及其变现

1. 云平台点击量、浏览量与访问量

这3个数据都是衡量云平台流量的基础指标，点击量是指用户点击网站次数的数据，云平台的点击量就是指用户点击云平台的次数，同一个用户的多次点击是可以累计的。浏览量是指用户在网站页面上查看的数量，云平台的浏览量就是用户在云平台上查看的数量，比如点击云平台一次，然后浏览云平台上各类图片视频等都会形成浏览量的增加。云平台访问量是指用户每一次对云平台的访问记录数，多次访问就算多个访问量，云平台的访问量越大，流量大的可能性越高。

2. 云平台独立访问数量

独立访问数量也就是指独立（IP）访客数量，一般情况下，会用两个数值来统计访问网站的访客数量："访问次数"和"独立访客数"。独立访客数是与点击量、浏览量和访问量完全不同的概念，同一个IP访问云平台多次，都只计作一次，独立访问数量可以计算出有多少人（IP）访问过这个云平台，但由于不同cookie的影响，独立访客数很接近但不完全就是真实独立的人。记录独立访问数量的间隔标准一般为1天，就是一天内同一个IP访问这个云平台多次只算作1次，当这一天过去，第二天这个IP再次访问云平台，就能重新计数了。

3. 云平台跳出率

跳出率是指只访问了入口页面比如云平台的首页，然后就离开的访问量与所产生总访问量的百分比，是衡量云平台内容质量的重要标准。云平台跳出率是显示云平台的页面设计与云平台的内容是否具有吸引力的重要指标，云平台的设计风格和内容能不能留住客户也可以从跳出率看出来。跳出率的计算公式为：访问一个页面后离开的次数/总访问次数，跳出率越高，意味着云平台的吸引力越低，虽然有流量，但流量变现的可能性变低，需要改进云平台的用户体验；跳出率越低，意味着云平台的吸引力越高，留住客户的百分比越高。

4. 云平台平均访问时长

云平台的平均访问时长是指在一定统计时间内，访客浏览云平台上一个页面或整个云平台上访客停留的总时间与该平台访问次数百分比，计算公式

81

为:总停留时间/总访问次数。平均访问时长是衡量云平台用户体验的重要指标,停留的时间越长,用户越喜爱,反之云平台对用户的吸引力越差。

5. 云平台转化率

转化率对云平台来说是非常重要的一个指标,是指在一个统计周期内,完成转化行为的次数占推广信息总点击次数的比率,转化率计算公式为:转化次数/点击量＊100%。转化率有几个影响指标:一是转化目标,指转化目标页面,访客在网站上完成任务,比如注册、下单、付款等;二是转化次数,也叫作转化页面到达次数,指独立访客达到转化目标页面的次数。转化率分为行为转化率和总体功能转化率,云平台转化率的高低直接关系到流量变现能力大小,转化的本质是提升云平台的盈利能力。

(二)云平台流量类别

1. 云平台沉浸度

沉浸度是指人们进入一个虚拟的世界时仿佛进入一个真实世界的一种深度参与感,也可以理解为人们对虚拟游戏的参与程度或切断或脱离现实世界进入虚拟世界的程度。云平台可以搭一个虚拟空间,在云平台虚拟空间里可以容纳各种内容,比如游戏、小程序、各种 VR 世界、各种任务、商品售卖等,受众进入云平台虚拟空间,与现实世界分离,对时间和周围环境真假难以区分的程度就是云平台的沉浸度。

沉浸度是人机交互中非常重要的一部分,不仅可以看到云平台本身的吸引力,还能看到用户角色扮演的程度,用户代入到云空间中,忘记自己,追随、参与、出席和认知云空间中的一切,因云空间喜而喜,因云空间悲而悲,深度理解云平台上的所有内容。

云平台的沉浸度影响因素主要有云平台内容的精彩程度、云空间技术设计性以及角色的共鸣感,云平台内容本身情节的叙事性是影响沉浸度的主要因素之一,叙事参与是非常重要的沉浸参与方式。而云空间技术水平如何,是否能做到如真亦假、如假亦真、真假难辨是让用户是否尽快进入虚拟世界以及全程浸染的重要因素。云空间各种参与角色与用户之间的共鸣性是影响用户代入感的主要因素。

2. 云平台私域流量

私域流量的概念目前有点模糊,有些人说私域流量就是微信朋友圈,有些人说就是论坛,还有些人认为私域流量就是自己的客户群等。专家们各有自己的说法,相对统一的观点是私域流量概念是相对公域流量而言的,是具有强关系链的客户群。私域流量典型代表有公众号、微信群、微信朋友圈、微店、粉丝群、小程序等。① 私域流量是企业或者个人所自主拥有的,可以自由控制的、免费的流量,是从大流量思维到维系自己用户群思维的转变,也可以说是营造自己的忠诚粉丝群。

云平台的私域流量就是云平台通过各种社交功能和论坛交互功能形成的强关系链客户群,主要的方式有三种:第一种建立粉丝群,在云平台上建立一个产品的粉丝群,将所有对产品有兴趣或者购买过该产品的用户都拉入群里,以定期发放福利和第一时间通知上新等优惠福利活动吸引粉丝入群;第二种是 KOL 模式,以一个具有影响力的意见领袖、权威专家、网红为主,以关注和收藏为私域主要连接点,以定期发放短视频、解决粉丝提问、直播互动为手段建立云私域流量;第三种是一对一模式,这种私域流量适合单价非常高的产品,或者利润很高的产品,是私域流量的高级形式。

3. 云计算获客

获客是指获取客户的意思,一般来说,是指获客成本和获客渠道。云获客是云平台获客大数据系统,是运用云计算进行大数据的精准营销以获得客户的方法,也是云平台上流量的一种,获客越多,流量越大。云获客的软件特别多,比如云网获客、云获客、励销云、营销获客等,都是通过各种云技术结合人工智能、大数据、数据库系统等获取精准目标客户,一般会有 3 个基本步骤:找客户、筛客户和管理客户。云获客的方式主要有以下四种。

(1)集团获客

云平台与大集团合作,或者租用大厂的云服务并签订获客协议,以此获得客户。比如租用阿里云,可以与阿里集团合作,向他们购买客户数据库。阿里集团旗下的客户资源非常多,获客的渠道多,获客的类别也很多。还有些是与移动集团、电信集团合作,通过网络运营商获得客户资源。

(2)搜索获客

通过搜索引擎营销获得客户资源,在搜索引擎进行竞价排名,设置关键词,当有人搜索这些关键词以后,能够增加云平台的点击量,获得流量和目标客户。搜索引擎营销是短周期获客的最有效渠道之一,但长期的搜索引擎营

---

①　七叔. 这可能是最全的一篇关于私域流量的解读了,你想知道的都在这![EB/OL]. https://www. meihua. info/article/3324635196687360,2019-07-26.

销会呈现获客流量瓶颈,后期增长乏力。云平台都会配置搜索引擎,但大多数企业的搜索引擎营销还是使用现有的成熟的搜索引擎平台,比如百度、谷歌、神马、360搜索等。

三、不同云流量的变现方式

(一)直播流量变现

云平台的直播流量主要有两种:第一种是在云平台上进行直播带来流量;第二种是在其他平台上直播然后引流到云平台上的流量。直播流量的变现主要有以下几种。

1. 带货变现

这是增加云平台农产品销量的最直接变现方式。直播带货是指通过在直播间推广产品,吸引客户直接下单购买,把"货"卖出去的流量变现方式。直播带货是一种重要的流量变现方式,有人说2019年是直播带货元年,但直播带货从2016年就已经出现,只是当时并不是直播流量变现的主要方式。从2019年开始,直播带货成为直播流量变现的主要方式之一,还涌现了一大批直播带货达人,比如头部带货主播李佳琦。

(1)专业直播平台带货,引流到云平台销售

在现有的大直播平台上开直播,然后设置购买链接,转到云平台上销售。这种带货方式比较流行,既可以借助大直播平台成熟的带货模式,提高产品的销售量,又可以吸引目标顾客点击链接来到云平台上,如果顾客想再次购买,就会再次点击云平台直接购买该产品,不需要再通过大直播平台直播间带货。

(2)云平台直播带货

在自有的云平台上开启直播间,并在直播中销售自己的产品,促进销量。这种带货模式的优点是直播间是属于自己的,不需要额外的费用,直播间所有的流量都是自己拥有的流量,自主性最高,可以随时开启直播,定期定时开直播带货,受到的约束比较少,直播带货成本低,但缺点就是平台流量大小将会影响带货多少,适用于有较高流量的云平台,对于没有多少知名度和流量的云平台,开启直播很难产生高的农产品销量。

(3)中间商带货

这里的中间商一般是指直播资源的整合者,直播的中间商可以是MCN公司,也可以是专业的直播中介者,他们同时拥有直播资源和货品资源,云平台上的产品并不直接和直播者合作,而是通过中间商寻找不同的直播者带货。

每一次直播者可能都不一样,带货的效果会因为直播平台的不同和直播者的不同而有所波动。这种直播带货模式的好处是通过直播中间商可以有非常丰富的直播平台组合,能覆盖更多的消费者,但缺点是难以与顾客建立稳定的关系,还需要额外付给中间商一笔钱,增加了直播带货的成本。

2. 广告变现

直播变现中的广告主要分两种:第一种广告形式是第三方接入广告,广告主与直播者之间并不直播接触;第二种广告形式是直播者接代言,广告主直接找到直播者合作,由直播者在直播间推荐自己的产品。第一种广告变现形式收入较低,广告主与直播者没有接触,控制者是第三方广告接入者,直播者只能拿到一部分广告收入,收益不稳定。第二种广告变现形式收入比较高,直播者与广告主是直接合作,可以与广告主签订长期的稳定的广告投放合同,直播者可以对广告形式、广告创作内容、广告投放频率有较高控制力。但这种广告变现只适合有较大流量的云平台直播间,只有有了不错的流量,才可能吸引广告主投放广告,云平台直播间流量越大,广告就越多,直播者选择的余地就越大,广告收入就越高。

3. 内容变现

直播间传播优质内容,通过知识付费来实现流量变现。内容变现对云平台的直播流量质量要求最高,对粉丝要求也比较高,直播间的流量不一定要大,但一定要有有效用户流量,也就是有会消费的用户关注直播和观看直播。

(1)随缘打赏和刷礼物

这是比较早期的直播间流量内容变现方式,靠观众随缘的打赏和刷礼物获得收入,只要进入直播间就可以观看直播者播放的内容,直播者为了提高收入,经常在直播间提醒观众刷礼物或者打赏,这种内容变现方式收入非常不稳定,而且很容易让直播内容为了迎合现场观众的口味而变味,比如变得低俗化、蹭热点等。

(2)固定收费

这种模式是一种独特的直播流量变现模式,特别适合专业的直播间,不太适合普通的直播间。云平台上农产品类专业的直播间包括各类"三农"知识培训直播间、各类专家授课直播间、农业技能讲座直播间等,给农民、农村工作人员进行技能培训、知识培训、学历提升类的网课,比较适用这种固定收费类的直播流量变现方式。固定收费直播流量变现的特点是受众一般是特定的人群,流量不一定大,但很稳定,农产品类的直播间受众群与社会上知识授课类直播间相比受众群较小,收入在短期内不会爆发式增长,但随着云平台乡村振兴战略的实施,未来可期。

4. 线下活动变现

直播流量变现并不局限于线上,可以是把线上流量引流到线下,在线下带货或者代言,成功变现。主要方式有以下两种。

(1)线下直播间,线上线下同步

直播间搬到特定的地点,一般是热闹的地方,或者某个节庆活动现场,一边线上直播,一边现场互动,线上线下同步进行。云平台的直播间的具体地点是可以变动的,直播设备很轻便,一部手机就可以架起直播间,主播不变,直播IP地址不变,对直播间观看者来说就没有太大的改变,而直播地点搬到热闹的地点和节日活动现场,可以增加线下的售卖方式,现场的售卖活动和现场的气氛反过来促进线上的购买热情,也提升了线上观众对产品的信任度。

(2)直播间 IP 元素的文创变现

主播的流量也是直播间的流量,主播直接参加现实中的品牌代言活动,或者拍摄品牌活动广告,就是直播间流量变现的一种。只要能带来收益,直播间的任何元素都可以进行 IP 变现,比如直播间出现的小动物、小物件、LOGO、主播经典语录等变成文创产品售卖,或者把农产品以及农产品相关的农俗文化变成文创产品售卖,都是直播间流量变现的形式。

(二)短视频流量变现

短视频经常和直播绑在一起被提起,在流媒体视频出现的早期,短视频和直播经常是互为补充的,有很多博主会在直播后把直播精彩的部分剪辑成短视频继续投放到各大平台,也有很多博主会在短视频账号有一定流量以后开启直播。只做短视频或者只做直播的主播并不是很多,一般是短视频优而直播,直播优而短视频,但我们把直播流量变现和短视频流量变现分开来写,是因为发展到今天,短视频和直播已经区分得越来越明显,它们各有各的流量领域,也各有各的优点,流量变现方式不完全一样,我们将云平台上短视频变现类型分成以下四类。

1. VLOG 式农产品短视频变现

VLOG 是 video blog,意思是视频记录日常生活。VLOG 在农产品种植、养殖、生产过程中可以起到很好的动植物生产日志的作用。在消费者越来越注重农产品安全生产的大背景下,记录农产品生产过程的短视频是非常有吸引力的,也能给城市中的人们科普农产品是如何种养、如何生长、如何收获的,既是变现也是一种科普。

（1）VLOG短视频记录农产品生产过程，吸引受众体验与购买

农产品类的直播受农产品成长时间限制比较明显，比如有很多农产品会在半夜生长、开花、结果、凋谢，大家能守在直播平台看的可能性比较低。而短视频VLOG就自由很多，可以把农产品的生长、生产过程以视频日记体形式记录下来，既有生长过程的记录意义，又有短视频传播的特征，让每一个购买农产品的人观看这个农产品全程的种植与生长过程，要比一般的农产品溯源更可信，更具说服力，也更具销售力。

（2）领养定制类与付费类VLOG短视频投放

第一类是领养定制类的VLOG短视频定制。农产品特别适合进行领养和定制，领养类的产品适合非食用的品类，比如观赏类、珍稀类的动植物，像珍稀宠物、珍稀的花卉等。而定制类的农产品适合可食用的品类，诸如羊、猪、水果、蔬菜等，定制特定农产品更多用于生长周期长且价格相对较高的产品。不管是领养还是定制都有一个特点，即农产品不是由领养者或定制者亲自种植或喂养的，有些距离非常远，消费者可能从始至终都只能远程观看和指导。此时记录类的VLOG就非常有用，人们可以定时查看监督动植物的生长过程，可以24小时不间断地记录所有的成长瞬间，VLOG记录可满足领养者、定制者的大部分需求。

第二类是付费类的VLOG短视频投放，有很多远离农村的人会对各类农作物与动物的日常感兴趣，像昙花的开放与凋谢，动物有趣的行为等等，甚至还有些人对普通的农畜产品记录也非常有兴趣，此类的VLOG短视频可以做成收费类的短视频投放，也可以由广告商付费赞助投放等。

2. 创意型农业类短视频变现

创意型农产品短视频是以农业、农村和农民为主题的，创意源于生活又高于生活，它并不是简单的"三农"日常记录，而是从中选取能够吸引眼球的事件、人物、农作物、动物等片段，经过一定的艺术加工或者艺术改造而呈现出来的短视频作品。创意型农业类短视频变现的方式主要有以下几种。

（1）以创意吸引眼球博流量变现

以精彩的创意引爆受众注意力，吸引大量的流量，并将流量变现。这一变现方式的关键点在于创意本身对受众的吸引力，与普通的短视频相比，农业类的短视频可创意发挥的空间受到特定的限制，比如创意的范围在"三农"领域（农村领域、农民领域与农业领域），要在这些领域中呈现创意，是有一定难度

的;比如有些创意玩笑可能会扭曲或者丑化农民形象,损坏农村形象等,或者设置的创意环境物件与设施破坏了农村的环境,造成污染等,或者创意脱离了"三农"生活不能引起共鸣等。但农业类的创意短视频却正是这几年下沉市场最为热门的类别之一,现代都市里的很多人渴望远离城市喧嚣,远离灰蒙蒙的市天空,在食品负面信息不断爆出的时代,他们希望能吃上绿色的农产品,呼吸新鲜的空气,所以他们对农村生活是向往的,也是有兴趣的。平淡的农业记录短视频吸引力不足,而创意类的短视频既可以满足都市人对农村生活的向往,也可以满足人们的探奇心理,引爆短视频平台的流量是有可能的,这几年野居青年等乡村的短视频作品走红网络正是证明之一。

(2)将创意短视频作为产品售卖给各大平台变现

将农业类创意短视频作为产品直接售卖给各大平台是变现速度最快的方式之一。从网络视频出现开始,制作各类视频售卖给各大平台就是常见的视频变现方式,还出现了专门的在线视频交易平台,比如2015年成立的云鼎网,它是北京广播电视台旗下的B2B视频交易平台。创意的农业类短视频兼具农业知识科普与有趣农村生活记录,是拥有较大的市场需求的,只要视频质量较好,肯定有平台愿意购买此类短视频。一般创意短视频售卖有两种方式:一次性买断或者按后续流量变现分成。一次性买断比较省心,但后续利润分成完全没了,如果对自己的视频比较有信心,一般会选择后续流量变现分成的形式。

(3)创意IP变现

农业类创意短视频有一定影响力以后,可以IP整体变现。比如农业类短视频连续剧、农业类创意大电影、相关的动画漫画等,任何知识产权都存在IP变现的可能,也存在多种IP变现形式,也是农业类创意短视频跨界合作的最好方式之一。农业类创意短视频与任意一个品牌跨界IP合作,可以是农业类IP在某个品牌上的呈现,也可以是品牌的IP在农业类短视频上的呈现,合作方式多种多样,可以实现双赢变现。IP变现的具体内容我们会放在后续章节详细阐述。

3. 促销型农业类短视频变现

促销型的农业类短视频是最容易变现也最不容易变现的短视频类型。最容易变现是因为公众对价格比较敏感,促销型的农业类短视频容易引来大流量,流量大了更容易变现,但正是因为促销型的农业类短视频以促销为主,以传播产品促销信息为核心内容,知识类内容与创意类内容不多,难以形成持续的吸引力,同时还受到促销时限的限制,所以变现的价值不会很高。很多短视频平台会把此类短视频视为广告,需要品牌方支付广告费。我们可以考虑的改进策略有如下两种。

（1）促销型农产品短视频引流变现

以单纯的促销内容为核心的农业类短视频是农业类产品做大做强到一定程度必定会投放的一类短视频,但其面临着如何变现的难题。这一类的短视频类似于传统营销方式中的促销手段,能在短时间内告知目标受众各种促销信息,吸引他们前来观光旅游,或者购买农产品等。一般的短视频平台会将纯促销型的农产品短视频判定为广告,如果不支付广告费,可能会封号或者限流。这一类的农业类短视频变现的主要方式就是先投放广告费,然后通过引流再次变现。在大流量的短视频平台投放,将受众引流到自有的平台购买,或者引流到电商平台购买等,这种变现方式比较独特,前期需要先投入广告费,后期引流后再产生收益。

（2）促销内容型农业类短视频变现

将促销与内容营销相结合,这是规避被短视频平台判定为广告的方法之一,同时也是提升促销型农业类短视频生命力的方法之一。普通的促销型短视频经常是一次性的传播,以促销信息告知为主,但加上了内容营销。可以将促销型短视频变成有故事的、有知识的内容营销型短视频。可以将促销的内容变成一个有传播力、有影响力的故事,中间可以加进农业知识科普内容,这一促销内容型农业类短视频既有促销短视频的流量,又具有内容型短视频的持续性和故事性,可以不用支付广告费就能实现流量变现。

四、影响云流量变现的因素

1. 云平台＋农产品品牌流量池

不管是哪一类网络商业模式,流量都是最为关键的因素,没流量一切商业模式都不可行,而流量的大小与有效性一般用流量池来衡量。流量池是流量存储的数据库,是为了留住流量而设置的数据池。直播平台、短视频平台本身的流量大小与留住的流量大小是两个概念,流量池就是指留住的流量数量。流量池越大,可变现的流量就越多。影响农产品云流量变现的流量池主要包括云平台流量池和农产品品牌流量池,如图 3-6 所示。

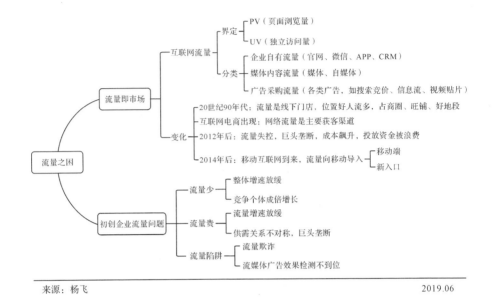

来源：杨飞   2019.06

图 3-6 流量即市场①

（1）云平台流量池

不同的云平台流量池大小是不一样的，流量池大的云平台更容易让农产品获得更大的流量，带来更多的收益，但竞争压力也会更大，而流量池小的云平台需要有特色和专业性才能有更好的流量变现。

农产品登录综合型的大云平台，比如阿里淘宝平台、抖音平台、快手平台，可以依托平台本身的巨大流量池。其通过平台推广可以获得大量的初始流量池，这种平台流量池的特点是见效快、变现快，但同时被淘汰也快，要在众多的竞争者中脱颖而出，需要实力与运气兼具。垂直型的云平台是实力较弱的农产品品牌更为理想的选择，垂直型的云平台聚集的都是对此类产品感兴趣的群体，他们的流量池中有效流量占比更大，即使总流量不是很大，但流量的转化率也要比普通的综合型平台高。

（2）农产品品牌流量池

有些农产品品牌是会自带流量的，比如知名的农特优产品、一部分有名气

---

① 杨飞.如何建立流量池？流量池思维导图分析［Z/OL］. https://mp. weixin. qq. com/s/yOmMQTad2U7n-35Y1D_Yfw,2019-06-29.

的地理标志产品等,它们不管登录哪一个平台,都会吸引自己原来的流量到云平台上。有些云平台本身流量不大,于是会邀请有名气的农产品品牌入驻,这些品牌的入驻会给云平台带来流量。"流量池"理论的提出者杨飞先生认为品牌是最稳定的流量池,一个成熟的品牌必定会自带流量,这些品牌和不同的云平台合作,可以形成流量池的碰撞和融合,常常会出现 1 加 1 大于 2 的效果,带来更多的收益。①

2. 主播的影响力

这里的主播可以指拥有云平台账号的个人或组织。他们在 B 站通常被称为 UP 主,在淘宝、抖音和快手平台一般被称为主播。一个头部主播影响力巨大,不管头部主播登录哪一个平台都会带来巨量的流量变现。目前各大平台有名的头部主播主要有:淘宝有李佳琦,他的粉丝超过 3700 多万;抖音带货有罗永浩、孙杨等,他们的粉丝数也大都超过了 1000 万;快手有蛋蛋小盆友、爱美食的猫妹妹等,粉丝都超过了 2500 万。这些主播在 2020 年一年的带货量全都过亿元,2020 年 6—12 月,李佳琦销售额为 139 亿多元,遥遥领先。

表 3-1 是 2020 年 12 月底全网销售额排名前 10 的主播与平台。

头部主播们的影响非常大,更加要注重个人的立场问题,一旦产生负面影响,对公众的冲击也非常巨大,比如 2021 年大主播存在的偷税漏税问题,让薇娅一夜之间从公众视野消失,让她的合作品牌也面临危机。

①　杨飞.如何建立流量池? 流量池思维导图分析[Z/OL]. https://mp. weixin. qq. com/s/yOmMQTad2U7n-35Y1D_Yfw,2019-06-29.

表 3-1　2020 年 6—12 月销售金额排行前 10 大主播

平台	主播	总销售额(亿元)	粉丝数
淘宝	李佳琦 Austin	139.31	38,054,767
快手	辛有志　辛巴	76.13	70,876,000
快手	蛋蛋	46.03	25,284,000
快手	散打哥	29.5	53,244,000
淘宝	烈儿宝贝	21.38	7,513,355
抖音	罗永浩	18.31	15,504,077
快手	时大漂亮	17.11	17,410,000
淘宁	陈洁 kiki	17.01	15,426,416

(注:销售额统计区间为 2020 年 6 月至 12 月,粉丝数统计截至 2020 年 12 月 31 日,表中有删减)①

①　陶力,包雨朦,易佳颖.《2020 年直播带货趋势报告——主播影响力排行榜 TOP100》发布[EB/OL]. http://tech. china. com. cn/zby/20210208/374408. shtml,2021-02-08.

第四章　基于云计算的乡村振兴整合营销传播策略

　　整合营销传播是一个 1992 年出现的概念,由美国西北大学教授舒尔茨在其专著《整合营销传播》一书中提出,一直到 21 世纪,整合营销传播依然是企业营销中频繁提到的词。整合营销传播经过媒体的不断变革更新,现在是指企业利用所有的资源,在营销传播过程中,整合一切传播活动,融合所有的传播媒介,有计划有步骤地将设定好的传播内容传递给消费者,让企业或者品牌以统一的形象、统一的声音呈现在消费者面前。乡村要振兴,乡村要在云平台上振兴,必不可跳过的步骤就是市场营销传播活动,而云平台＋整合营销传播的结合可以用现代的营销传播理念为基于云计算的乡村振兴插上腾飞的翅膀,在本章中我们从整合营销传播的几个层面来设计基于云计算的乡村振兴的整合营销传播策略。

第一节　云技术下的乡村整合传播者与接收者

　　所有的传播活动都有信息的传播者和信息的接收者,而营销传播活动中信息传播者是指企业品牌方或者他们委托的代理者,信息的接收者指目标受众,在云平台上的乡村营销传播活动的传播者和接收者具有自己独特的技术性特征。

一、360 度发声的传播者与"机器人"

　　新媒体时代对整合营销传播想达到的多个媒体只传播一个声音是一种挑战。移动互联网技术下出现的各类新媒体让传播者与接收者界限变得模糊,每一个人都可以是信息传播者,大众媒体的媒介话语权被弱化,网络上各种声音此起彼伏,在这种情况下,农业企业、农业协会、合作社和农业品牌要做到"统一发声"变得困难,而云平台可以从技术角度解决这一问题。

（一）云技术下360度发声的乡村营销信息传播者

乡村营销主体组成比较复杂，有农业合作社、供销社、家庭农场、龙头企业、农业行业协会等，我们为了描述方便，统一称其为乡村营销信息传播者。云平台是一个可以容纳众多高新技术的平台，包括人工智能、大数据技术、虚拟现实技术，也包括区块链技术。区块链技术构建的是一种信任体系，微软和IBM提出了BaaS概念，即区块链即服务概念，就是区块链技术的云服务。我们从云技术的角度来设计能全方位发声的乡村云传播者。

1. 云技术实现乡村营销信息传播者360度发声

（1）云传播建立无处不在的"互联云"

云传播机制是云计算技术下的信息传播机制，它会形成联通各方的"互联云"，所有网络上的人都被纳入互联云的传播目标，可以实现乡村营销信息传播者360度发声，可以把信息通过互联云上的任意一个节点传递给目标受众，不管他们是坐地铁、坐公交、坐飞机，还是骑共享电瓶车和自行车，都在互联云的范围之内，不管他们是吃饭还是休息，甚至包括上厕所都能接触到互联云传播的信息，人的坐立直行吃喝拉撒都成为网中人，都在接收传播信息。

（2）云技术的"边缘站点"实现乡村信息传播者全球发声

"边缘站点"是云计算中边缘计算的具体形态，也是云计算具有强大计算能力的技术之一，是在传统云计算基础上，将云计算能力下沉到边缘侧、设备侧，去中心化，将原本由中心云处理的计算，切割成一个一个小的部分，分散到整个网络的边缘节点云处理。边缘计算最早可追溯到20世纪末互联网刚到来的时候，随着5G技术的逐渐铺开，数据呈爆发式增长，数据存储和处理、信息安全等问题日益突出，边缘计算就成为必须技术。2021年边缘计算企业排名前五的分别为华为、中国联通、海康威视、阿里云、航天云网。① 边缘站点可以将云平台拓展到无限大的覆盖范围，并且有更快的反应速度、更强的计算能力。第一个开创边缘站点能力的是亚马逊云，接着微软云也推出了聚集边缘的人工智能应用，谷歌云也跟进了边缘设备，国内的阿里云、华为云等也都具有了强大的边缘站点服务。

我们以亚马逊的AWS为例，如图4-1所示，截至2021年8月底，AWS在全球25个地区设立了81个可用区，在245个国家和地区设立了230多个边缘站点（超过218个边缘站点和12个区域性边缘缓存站点），任何营销主付出

---

① 跨越彩虹.2021边缘计算企业TOP50[J].互联网周刊,2021(14):18-19.

一定的资金就可以使用 AWS 的边缘站点服务。乡村营销信息传播者在 AWS 的边缘站点网络中,能与全球各地的本地合作伙伴展开合作,能够在全球的边缘节点上同步且实时发声。[①]

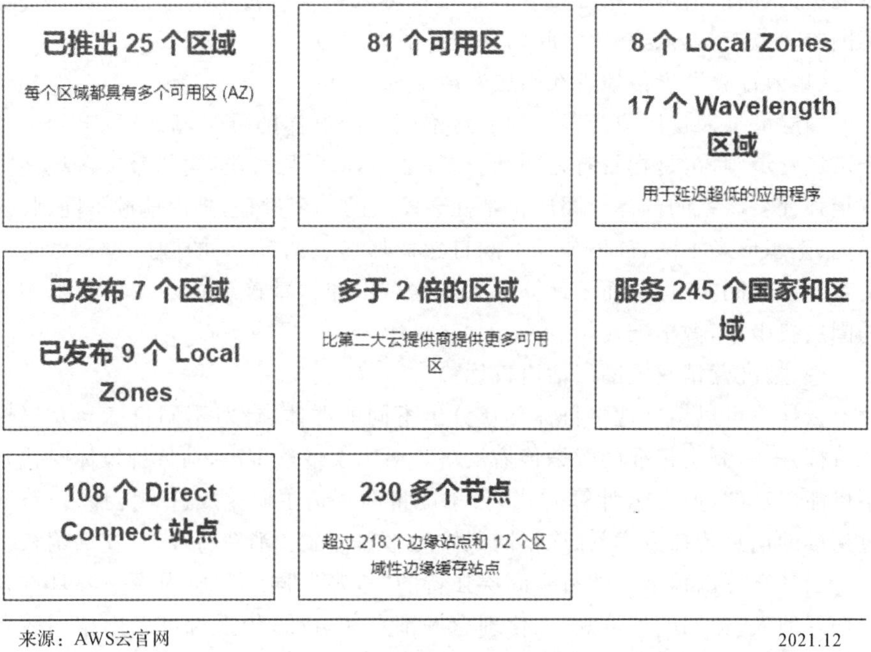

已推出 25 个区域 每个区域都具有多个可用区 (AZ)	81 个可用区	8 个 Local Zones 17 个 Wavelength 区域 用于延迟超低的应用程序
已发布 7 个区域 已发布 9 个 Local Zones	多于 2 倍的区域 比第二大云提供商提供更多可用区	服务 245 个国家和区域
108 个 Direct Connect 站点	230 多个节点 超过 218 个边缘站点和 12 个区域性边缘缓存站点	

来源:AWS云官网　　　　　　　　　　　　　　　　　　　　　　2021.12

图 4-1　AWS 云边缘站点

当然无处不在的信息传播也给受众带来困扰。手机被营销信息和营销电话轰炸,微信朋友圈无处不在的广告信息,微信群、QQ 群等社交媒体中的商品推销信息,让人不胜其烦。传播者希望随时随地发声但又不希望引起信息接收者反感,这是一个需要平衡的问题,也是乡村营销信息传播者在整合营销传播过程中要解决的问题。

2. 传播者借助精准的云计算能力建立不同圈层的话语权优势

话语权对整合营销传播是非常重要的,话语权就是说话的权力,是引导舆论的权力。营销传播者掌握话语权,能影响消费者对产品的看法、观点等,营

---

① AWS 云. 全球基础设施[EB/OL]. https://aws. amazon. com/cn/about-aws/global-infrastructure/,2021-12-15.

销传播者的话语权是所说的话能让目标受众听见的能力。乡村营销信息传播者的困难之一在于话语权被弱化了，太多的人可以发声，太多的媒体可以传播各类声音，乡村营销信息的传播者本身在营销传播上相对弱势，要掌握话语权难度更大，而借助可以精准传播的云技术可以让乡村营销信息传播者在一定范围内、一定程度上、一定时间内掌握话语权。

（1）云计算助推传播者在圈层发声

圈层最早来自房地产营销领域对不同社会群体的分类，后来引申到了整个市场营销领域，是指具有相同社会属性的不同阶层分类，也指某一区域内具有很强社会联系的群体。圈层化是社会发展的一个过程，是由地域不同、收入不同、生态形态不同、群体关系不同自然而然形成的，不同的圈层需要营销传播者发出不同的声音，而云计算＋大数据可以非常精确地把与乡村品牌相关的圈层找出来，做精准营销。

（2）精准营销建立圈层话语权优势

云计算可以精准地将目标受众分出不同的群体，针对不同目标受众群体的特征，一一制定精准的营销传播策略。给千人传达千声，在传统媒体时代是不可能成功的，但在云计算时代，技术能帮助营销主们完成这一传播目标，通过精准的信息传播方案，抓取不同群体的心理特征和消费特征，建立话语权。

云计算可以精准寻找每个圈层独特的"三观"，同一圈层内是一群具有相似偏好的人，他们的价值观、文化理念等都是相近的，传播者可以用相同或者相似的"三观"与某一圈层共鸣，逐渐成为圈层中的意见领袖，掌握话语权。比如寻找乡村品牌明星代言人代替营销主发声，通过云计算＋大数据计算不同圈层喜欢的明星，营销主想要在哪一个圈层扩大品牌知名度和销量，就针对这一圈层找到对应明星做代言人，基于明星的影响力形成传播者话语权。

（3）圈层效应扩大传播者的声音

一个好的圈层营销是会形成圈层效应的，比如传播者将品牌信息传递给圈层中某一用户之后，这一用户会带来更多的用户，从而产生购买行为。越是优质的圈层用户，能带来的裂变圈层效应就越明显。圈层是一种垂直向的阶层结构，圈层里的用户关系有KOC和非KOC的区别，KOC是指具有影响力的消费者即圈层中说话比较"大声"的人，有些人会对别人产生较大的影响，而有些人容易受到别人的影响，当一个圈层中的KOC对乡村营销信息传播者的"声音"持正向肯定的态度，那由他引起的圈层裂变效应就会非常明显，而这些圈层的KOC是否能为乡村传播者所用，在一定程度上是可控的，比如聘请

KOC 为乡村品牌代言人，为乡村品牌发声等。

（二）基于用户数据的乡村营销信息精准传播者

整合营销传播概念是 1992 年提出来的，那个年代不仅没有云计算技术，连互联网都还处于慢慢发展阶段，所以当时的整合营销传播者判断用户行为靠传统的市场调查手段和长期的经验积累，而现在是云时代的整合营销传播，传播者可以非常精准地得到用户数据从而为他们量身定制对应的营销传播方案。

1. 精准用户数据帮助乡村传播者进行精准传播

（1）云计算用户标签和用户画像建立精准用户数据

用户标签是对某一类特定用户群体或对象的某项特征进行抽象分类和概括，比如"性别"标签下有"男"和"女"两个分类，每一个标签包含的具体内容必须相互独立且完全穷尽，所有用户标签的运算数据极为庞大，每一个标签都要穷尽所有分类目录。而用户画像由某一特定群体或对象的多项特征构成，一般表现为对用户特征的具体描述，多个用户标签组合成一个用户画像，用户画像由标签＋标签树＋画像中心构成，计算用户画像所需要的数据量由用户标签数决定，标签数越多，用户画像运算数据量越大，同时对用户的定位就越准确。

以用户标签和用户画像精准找到目标客户是很早以前就提出来的理论，如图 4-2 所示，但在云计算出现以前无法做到穷尽用户标签和用户画像运算，原因在于计算能力不够，只有云计算技术才能完成如此庞大数量的运算。根据阿里云的数据，要给 2000 万个用户打 64 个随机标签，就需要 12.8 亿条记录，[①]数据量庞大，运算量也极大，占用的存储空间也极大，单台计算机完成不了，只能借助于整个互联网上的所有终端进行运算。

当乡村信息营销传播者需要找到特定精准用户时，就需要云计算通过用户标签找到对应用户画像，从而找到精准用户群体。标签体系分为两个层级：第一层级为用户特征、用户行为和用户需求；第二层级为人口统计、社会属性、使用行为、消费行为、偏好属性、潜在需求。乡村信息营销者在某次营销活动中需要找到某一群体，就可以在云数据库中输入这些用户群体的标签，比如年龄段＋性别＋收入区段＋偏好爱好＋特殊消费行为等，然后将需要传播的信息输入云平台的对应系统中，云平台就会将这些信息定时定点发送至精准用户处，如图 4-3 所示。

---

① longqizhanshen. 2021 最新阿里云 PostgreSQL 精选案例［EB/OL］. https://blog. csdn. net/longqizhanshen/article/details/107735125，2020-08-01.

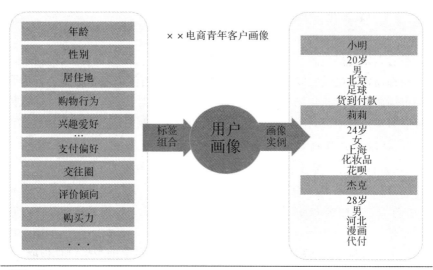

来源：Pinko

2018.07

图 4-2　用户标签与用户画像①

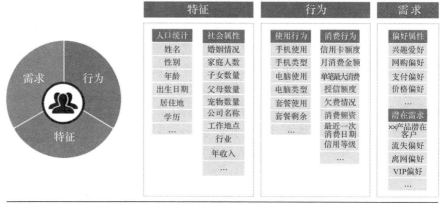

来源：Pinko

2018.07

图 4-3　通过标签寻找特定用户②

---

①　Pinko. 什么是用户画像和标签［EB/OL］. http://www. woshipm. com/user-research/1083807. html，2018-07-06.

②　Pinko. 什么是用户画像和标签［EB/OL］. http://www. woshipm. com/user-research/1083807. html，2018-07-06.

（2）定期维护客户数据库，进行精准回购信息推送

客户关系营销称为 CRM，云平台可以为已购买了产品的客户建立对应云客户数据库，从而建立智能 CRM 营销传播。已有的客户需要定期发送各类信息维护客户关系，并且做精准的回购信息推送，云平台可以帮助营销者定制智能客户管理方案，并做整合 CRM 营销传播。

乡村信息传播者可以充分利用云平台的 CRM 库的公海池功能维系客户关系，云平台的 CRM 会建立客户公海池，对所有的客户资源都做智能化管理，不需要人工记录客户信息，不存在遗漏客户资源情况，一键就可以看到每一个客户购买产品的时间、频率，还可以建立每一个客户的用户标签和用户画像，精确了解客户的居住地址、喜好以及一定的社会关系。整个公海池不仅可以记录下客户购买时留下的各种信息，还可以通过大数据收集到客户其他信息，因此在向这些客户发送信息时，不仅能控制给客户发消息的次数和频率，防止太频繁联系客户导致客户反感，还能以客户喜欢的形式发送信息内容。

2. 24 小时不间断的人工智能精准传播

云传播有一个自动化传播和智能化传播的功能，这两个功能能实现 24 小时不间断地向受众传播乡村产品营销信息，而且还能为不同的用户自动定制不同的传播内容，进行精细化智能传播。云传播可以针对不同用户不同设备不同网络节点，通过云计算平台的云中心系统，利用局域网广播和多线程处理机制，实现传播信息一键播放。而智能化传播功能是以人工智能技术分析收集到所有的用户数据，洞察不同用户之间对传播渠道的偏好，对传播内容的过滤和取舍，从而删除对用户无效的信息，只传播对用户起作用的信息，进行精准有效的信息传播。智能化＋自动化传播，通过复杂的数据分析、汇总和云计算，实现智能的 24 小时有效信息传播，这些传播都不需要由人来完成，而是交由云传播来完成。

二、具有多重身份的云接收者

云传播重构了原有的网络服务模式，各项服务功能与终端之间的绑定关系被解除。在云传播模式下，用户的需求在云端即终端背后的网络空间中被提供和满足，而终端只是一个信息流入与流出的端口。"云端"就是一个分区明确的超大型信息仓库，在这里，只需要凭借上网的移动终端，即可开展各种信息获取与传播的活动，不再受限于各个具体的信息终端平台，确保了用户数据的完整与同步。同时，云端系统中的各个信息节点可根据需求进行个性化

连接,实现动态的信息交互,使得多层面的沟通交流平台创建成为可能。① 在云传播中,所有的信息传播者可以是接收者,同时反过来也成立。

乡村营销信息的接收者是庞大且复杂的,乡村产品的消费群体几乎覆盖了所有的群体,所以乡村营销信息的传播范围非常大。云平台能帮助传播者尽可能地把信息传播给所有上网的群体,同时还能精准地挑选不同的信息传播给不同的受众,但在实际的云传播过程中,云端信息接收者的身份却与传统的信息接收者身份不一样,接收者从单一的信息被动接收者转变成乡村营销信息的分享者、主动传播者、信息修改者。

1. 云端接收者

云端接收者是乡村营销信息接收者的第一重身份,也是传统信息传播过程中信息的终端接收者。这一角色下的接收者是营销主和营销代理者们研究的对象,也是通过云计算精心制定传播方案的目标用户,更是乡村产品的购买者。云端接收者是每一场乡村营销信息传播过程中最显著的显在客户,也是乡村产品最需要争取到的目标受众,是乡村整合营销信息是否取得理想效果的间接决定者。如果一场乡村营销活动连显露在外的云端接收者都无法打动和说服,那么其他潜在的用户就更难获得,获取新客户更困难。云端接收者是乡村营销整合传播策略的前期和中期阶段中最为重要的接收者群体。

2. 主动的口碑传播者

云接收者的第二重身份是从接收者转变为传播者。云传播的特点是所有的信息都在云上自由组合和流动,所有人在云上互联形成云网,不再存在"信息孤岛"。所有用户互联,权限互通,内容共享,也就是所有人都可以接收信息和传播信息,信息的传播权限不再由大众媒介控制。自媒体说话"大声",每个人的声音都有可能被其他所有人"听见",所以乡村营销信息的接收者发出的对农产品或乡村旅游归来后的"感受声音"都可以成为其他人购买前的参考。他们就从接收者转变成了主动的口碑传播者,这种有实际使用感受的口碑传播更具有说服力和可信度,传播效果会比乡村营销信息的直接传播更好。

乡村的产品和服务在被购买之后会有对应的口碑传播产生,在传统大众媒介时代,客户的口碑传播方式以人际传播为主,难以形成大规模的网络传播,而在云传播时代,任何人的信息都有可能在网上形成传播风暴,所以口碑

---

① 蒋一洁.5G 网络技术下的云传播变革研究[J].城市党报研究,2020(8):88.

就成为非常重要的企业监测指标,对于正向与负向的口碑传播应该采取不同的干预策措。

(1)扩大正向的口碑传播者的信息传播范围

正面的口碑评价是最好的农业产品和服务品质的背书之一,也是最容易引起后续购买行为的传播信息之一,所以乡村营销信息的传播者对正面的口碑传播者及其评价信息应该是扩大他的"声音",让这一正向的评价信息被更多的人知道。扩大正向口碑传播的方法主要有两种:第一种常见的方法是在多平台上转载这一口碑评价信息,让这一口碑评价信息传播形成多媒介多渠道的整合信息传播;第二种是奖励正向口碑传播者,鼓励他们更积极更努力地传播这一正面信息,比如对晒图正向评价、打满分口碑评价的用户奖励金钱、商品、荣誉等,刺激更多这一类正向评价信息的出现。在云平台上,传播者应该尽可能地引导和鼓励正向口碑传播者的出现。

(2)干预负向的口碑传播流动

有正向评价口碑就有可能存在负向评价的口碑,而且根据"坏事传千里"原则,人们对于不好的产品使用感受会倾向于扩大传播范围,会更想和他人倾诉这种不良的使用感受,所以营销主需要尽可能干预这种负向口碑传播过程,尽量将负向口碑传播影响降到最低。

乡村营销信息传播者干预负面口碑传播的方法主要有三种:第一种是开启危机公关,针对影响比较大的负面口碑传播,采用针对性的危险公关组合传播策略扭转公众舆论导向;第二种是扭转负面口碑传播者的评价,争取与他和解,从传播源头解决问题;第三种是传播过程干预,比如以进行技术干预引导评论等方式降低影响力。

3. 乡村营销信息的共享者和传播中转站

接收者的第三重角色是信息的共享者和信息传播中转站,这种信息的共享和中转会对信息进行"编辑",有可能增加一些信息,有可能减少一些信息,还有可能改变一些信息的内容,甚至有可能扭转信息的性质等,这也是大众传播时代和新媒体传播时代接收者最大的不同之一,接收者对信息的"编辑"和"加工"也会产生难以估算的传播效果。

(1)减少中转,关注"云圈"信息中转传播功能

信息中转过程都是信息被再次加工的过程,在传播学理论中,信息在传播过程中总是不断地被"加工",如果中转站过多,很有可能初始信息与最终信息在内容上和性质上是完全相反的。所以乡村营销信息传播者在云传播过程

中,应尽可能地减少接收者的信息中转功能,尽可能地将信息直接传播到目标受众那里,保证信息的准确与有效。

而"云圈"是指在云平台上的由各种不同接收者组成的"圈子"与"圈层",是由某种共同特征组成的云平台上接收者群体,云圈是单个接收者的放大版信息传播中转站,圈子是大量信息的汇集地和传播中转站,传播影响力非常大。在乡村云整合营销传播中,要特别关注相关的云圈信息传播中转功能,在一些影响力大的云圈中安排自己的传播者引导正向传播出现,在一些影响力较弱的云圈监控圈子信息传播趋势或者安排智能机器人传播产品信息。

(2)鼓励有效信息的云共享传播行为

有效信息是具有一定传播质量和传播效果的信息。在具体的云整合营销传播活动中,有效信息是指在云传播活动中,能起到正向传播效果的信息,能扩大乡村品牌知名度、美誉度的信息,是能诱发消费者购买行为的信息。在云传播过程中,乡村营销信息的传播者应该积极鼓励有效信息的云共享传播行为,比如在云平台上看直播时分享直播间,在社交群中分享产品链接和详情信息,直播使用乡村产品过程等,并对于这些有效信息的共享传播行为给予各种奖励,比如送产品小样、新品试用装,颁发各种荣誉等级等。

三、云平台时代从"一个声音"变成"多个云声音"

整合营销传播的"一个声音"策略在大众传媒时代是不难做到的,因为"发声"的话语权掌握在大众媒介者手中,营销传播者只要花费金钱和精力通过大众媒介发声,就能让品牌的"一个声音"策略顺利实施。但云传播时代,有太多的人可以发出自己的声音,不仅仅传播者可以说话,接收者也可以说话,媒介渠道掌控者也可以说话,还有其他非目标受众——"吃瓜群众"也可以说话,品牌方自己可以说话,传播代理人也可以说话,"多个声音"的趋势是不可避免的,那在云平台时代如何清晰地表达乡村品牌的理念、促销活动等信息呢?

1. 多种声音,一个乡村品牌

舒尔茨教授针对新媒体时代提出了"SIVA 模型",即解决方案(solution)、信息(information)、价值(value)和入口(access),[①]新的 SIVA 模式就是多种声音一个品牌的模式,就是从顾客角度出发,洞悉顾客的多种需

---

① 张丽霞.基于 SIVA 模型的公共图书馆文创产品营销策略研究[J].图书馆工作与研究,2021(4):23.

求,通过和顾客分享价值,从多个渠道发出不同的声音,但寻求同一个品牌的认同。意思是声音不同不要紧,由谁发声也不要紧,只要能体现这个品牌的价值就可以。

这种理论同样适用于乡村云整合营销传播。如果乡村营销传播者没有能力掌控传播"话语权",那可以将传播掌握力化整为零,对云传播过程中的各种声音做适当的引导和控制。在这一过程中乡村信息营销传播者角色发生了变化,他不是信息传播者,也不是信息接收者,而是信息的监控者和引导者。这种以小博大、以少胜多的"多种声音"引导策略,更适合实力较为薄弱的乡村品牌整合营销传播。比如在某一短视频评论中提到了某一乡村产品品牌,评论有各种声音,而品牌的传播者可以通过发表有影响力的评论、点赞有利于品牌的评论等手段,促使这一品牌正向评论被更多的人看到,引导整体评论向有利于品牌的方向前进。

2. 精准一对一,"小声"替代大众"大声"

大众传媒时代,私密的一对一传播起到的营销效果不明显,以"大声"尽可能地覆盖所有的人群是主流的营销传播方式。但在云计算加持下,一部分"大声"被"小声"替代,一部分公开传播被私密的一对一传播替代,一部分泛化传播被精准传播替代。乡村云整合营销传播者借助云技术,将客户分得越来越精细,有些购买量大的顾客被单独列为一个传播对象,实施真正精准的一对一传播。顾客分群是云传播时代出现的趋势,随着云技术越来越先进,对顾客的细分越来越精确,在未来的某一天,完全有可能实现每一位顾客收到的品牌信息都不相同。

第二节　基于云计算的乡村振兴融媒传播体系

营销传播都需要一定的传播渠道和传播介质,信息的传播是通过传播媒介把信息传递给受众,而传播媒介的种类、特点和作用的研究,一直以来是整合营销传播的重点内容,传播媒介不仅仅是将信息从传播者传递到受众,而且是媒介即讯息。传播媒介包括了两方面的内容:一是媒介介质本身的信息和内容,比如书媒、软盘光盘媒介、电线桩媒介等;二是传播媒介的技术设备、组织形式或社会机制,比如电视、报纸、广播、杂志、网络等,也包括了云计算和云平台。基于云计算的乡村振兴的整合营销传播媒介用的是最新技术下的融媒云平台,集合了云计算技术、AI 技术、大数据技术等,并使用最先进的硬件设备和传播介质。

一、融媒云平台

融媒是一场由下而上的媒介形式融合变革,是一场由技术催生的媒介技术融合,也是目前从政府层面到个人层面都自觉自发进行的媒介变革。

1. 融媒是大势所趋

2020 年 9 月,中共中央办公厅、国务院办公厅印发了《关于加快推进媒体深度融合发展的意见》通知,要求各地各部门结合实际认真贯彻落实。《意见》从重要意义、目标任务、工作原则这 3 个方面明确了媒体深度融合发展的总体要求,推进主力军全面挺进主战场,以互联网思维优化资源配置,把更多优质内容、先进技术、专业人才、项目资金向互联网主阵地汇集、向移动端倾斜,让分散在网下的力量尽快进军网上、深入网上,做大做强网络平台,占领新兴传播阵地。要以先进技术引领驱动融合发展,用好 5G、大数据、云计算、物联网、区块链、人工智能等信息革命成果,推进内容的供给侧结构性改革,始终保持内容定力。[①]

在这个通知里,明确了几点:从政府层面要求主流媒体全力进军融媒体领域,并且强调互联网思维,将互联网作为媒介传播的主阵地,建立全媒体传播体系。从这几点可以看出来以互联网为主体的新媒体已经是媒介传播的主力阵地,而全媒体的融合是必然进行且迫在眉睫的。

融媒包括了传统媒体与新媒体融合,也包括了资源通融、宣传互融、利益共融,是以一种声音、一个整体的面目,以共同利益的绑定,将多媒体共同整合传播,将各个媒体优势互为整合、互为利用,像一个整体一样共同进退,最终形成最大化的传播效果。常见的是台网融合传播,即电视台与网络媒体一起传播同一个内容的信息,也有广播与网络媒体融合,还有报纸与网络媒体融合,但后面两种融合的效果没有台网融合的效果好,毕竟在融媒出现以前,网络上早就出现了网络广播、网络电台、网络新闻、头条新闻等新媒体形式。

2. 云平台是融媒发展主流趋势之一

融媒云平台从几年前就已出现,这两年随着云技术的普适性更高,越来越多的媒体选择在云平台上进行融媒传播,云技术支撑下的融媒具有普通融媒

没有的优势，比如速度快、超高清视频、覆盖范围极广等，融媒云平台已经是融媒发展的主流趋势之一。

图 4-4 是吉林广播电视台从 2016 年就开始搭建的天池云融媒，作为一个县级融媒体，利用了 IaaS 云、PaaS 云和 SaaS 云搭建成了全台融合新闻生产业务、新媒体发布运营平台和综合高清制作技术平台，形成"融合新闻＋融合制作"的应用生产平台格局，还可以进行新媒体发布运营、综合高清制作、超高清融合生产的阶梯式建设。

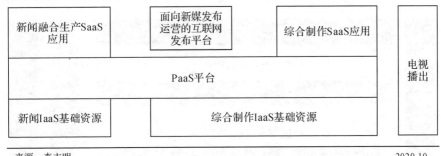

来源：李志明　　　　　　　　　　　　　　　　　　　　　　　　2020.10

图 4-4　天池云融媒①

而专业云服务公司制作的融媒云平台提供的融媒服务更多样，不仅可以解决所有市县融媒问题，提供融合发布方案，还可以设置 AI 直播间、AI 轮播台、AI 融媒平台等多种功能。

图 4-5 是新华三集团的融媒云。新华三集团是紫光旗下数字化公司，图 4-5是他们为媒体融合提供的解决方案，涉及四种云服务：公有云、私有云、混合云和边缘云，分成了上下两套系统，第一套系统是融合媒体系统，包括融媒的九大服务功能：数据库、转码合成、传输迁移、应用核心、流媒体、发布、生产业务支撑、策略管理和内容管理服务。第二套系统是云安全系统，包括了 CAS 虚拟化管理平台、H3Cloud OS 云平台和 UIS 统一基础架构系统，可以进行自动化运营。

3. 基于云计算的乡村振兴融媒云平台运用现状

(1)融媒传播已是乡村信息传播常态

农村互联网普及率已超过了九成，农民们在网络上卖产品屡见不鲜，在

---

① 李志明.构建面向超高清制播的异构天池云媒体云平台[J].现代电视技术,2020(10):93.

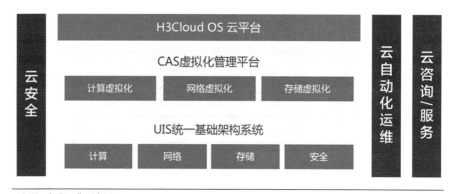

来源：新华三集团官网 2021.12

图 4-5 新华三集团的融媒云

2020 年 12 月美丽乡村博鳌国际峰会上，人民网舆情数据中心副主任即人民在线总编辑单学刚发表了"媒体深度融合 助力乡村振兴"的主题演讲，他说城乡数字鸿沟显著缩小，县级融媒中心在舆论宣传、信息交互、电商助农、线上服务等方面都具备极大的优势，他说县级融媒建设成功赋能乡村振兴四大价值：一是成为助力乡村振兴基层群众用户中心；二是成为助力乡村振兴的基层信息枢纽；三是成为助力乡村振兴的基层大数据聚合中心；四是在助力乡村振兴具备身份优势。[①]

同样是在 2020 年，中国首档乡村振兴融媒推介节目《田园中国》9 月在山东卫视开播，第一期节目由山东卫视主持人吴思嘉，演员来喜、沈翎，乡村笔记创始人汪星宇前往山东省唯一的国家首批田园综合体试点项目——山东省临

---

① 金台资讯.单学刚：县级融媒体如何助力乡村振兴[Z/OL]. https://baijiahao.baidu.com/s?id=1686831081807340922&wfr=spider&for=pc,2020-12-23.

沂市沂南县朱家林田园综合体,采用短视频方式记录乡村振兴高光时刻,同时由中国农业大学教授柯炳生、节目召集人李奉芩、主持人王晓龙作为专家团探讨乡村振兴成果。①《田园中国》走过了很多省市的乡村,比如曲阜篇、黎里篇、马洋溪篇等,每一期都会在山东卫视播出,同步在短视频平台推出,获得了很大的反响。

可以肯定的一点是,随着中国互联网覆盖越来越广,随着农村网络越来越好,随着农村网民越来越多,乡村振兴和乡村云的振兴使用融媒传播的现象会越来越多,甚至会成为主流的乡村信息传播渠道。

(2)融媒云正在兴起

乡村振兴使用融媒云已经有不少的实例,比如哈尔滨宾县全媒体矩阵就是简单的云服务,他们的融媒中心称为"中央厨房",如图4-6所示。

来源:人民网　　　　　　　　　　　　　　　　　　　　　　2020.08

图4-6　宾县融媒云数据(来自人民网)

---

① 山东卫视.中国首档乡村振兴融媒推介节目《田园中国》9月27山东卫视开播[Z/OL].https://baijiahao.baidu.com/s?id=1678777822956565837&wfr=spider&for=pc,2020-09-25.

宾县是中宣部重点联系推动的县级融媒体中心试点单位之一,2018 年 12 月 18 日,宾县融媒体中心正式挂牌成立。该中心有效整合广告、电视、网络新媒体功能,打造融媒体云端综合技术平台,拥有广播、电视、微信公众号、抖音号、发布微信公众号、新浪微博号、人民政府网等各类媒介平台,并且由"中央厨房"统一指挥调度,从策划、采访、编辑、播发联动运行,形成"一体策划、一次采集、多种生成、多媒传播"的乡村现代传播格局。[①]

以宾县融媒云助力乡村振兴模式为例,宾县融媒体中心以百姓身边事为切入点,将典型的乡村振兴人和事统一采集采访,编写稿子,通过多媒体平台投放传播,覆盖各个层面的人群。其专门开设了《记者观察》《说说贫困户那些事》等专栏,全媒体全方面宣传招商引资和乡村旅游等信息,讲好乡村故事,宣传文明乡风,通过宾县融媒云的强大触角,广播、电视、微信公众号、微博、直播平台报道乡村典型脱贫人物和典型文明乡风人物等,助力乡村振兴。

二、云融屏讲好乡村故事

融媒的主要特征之一就是融屏,而云平台上的融屏会比普通的融屏拥有更多的屏幕,更高清的图像信息,更快的传播速度,更好的讲故事能力等。云平台上的融屏,不仅是终端数量的单纯增加,而是智能屏增加、渠道增加、平台增加、功能增加以及未来更多的无限可能性的增加。我们把所有的与乡村振兴相关的人、事、物都纳入到乡村故事中,新闻报道的典型人物是乡村故事,乡村发生的各种故事也是乡村故事,乡村建设变化是乡村故事,所有乡村振兴中的乡村变与不变皆是乡村故事,而融屏可以更好地讲乡村故事。

1. 智能多屏讲不同的乡村故事

云融屏发挥不同屏幕传播特征,将某一个乡村的多个故事在不同的智能屏幕上讲述,最后多个屏幕融合在一起形成一个完整的乡村振兴故事。云融屏的核心控制系统是中心云平台,乡村故事的策划者坐镇云平台中心,将整个乡村故事分解成不同的小故事,分发给融屏中不同的屏幕讲述,哪一个故事由哪一块屏幕讲述,就由云计算＋人工智能等技术计算出最优方案,最后由策划者做决定。

---

① 人民资讯.宾县创新融媒服务百姓方式 聚文明力量促乡村振兴[Z/OL]. https://baijiahao. baidu. com/s? id=1675150626243291260&wfr=spider&for=pc,2020-08-16.

（1）不同的屏幕讲不同的故事

充分利用影响力大的"大"屏幕讲长故事和大故事。这里的大屏幕主要指各大电视台、电影院和各大网络综合平台，这些平台综合实力强、影响力大、说服力强。在大屏幕上讲大故事，将各类乡村振兴中感人的故事，尤其是脱贫致富的故事，拍成电视剧或者电影，在电视台、大的综合型网络视频平台或者电影院播出。2021年1月12日在央视、卫视和网络平台播出的电视剧《山海情》，引起了很大的关注和反响。而网络剧《约定》讲述的是全面建成小康社会的故事，囊括了脱贫攻坚、农村养老和教育等多个主题，也引起了人们的共鸣。还有各类乡村纪录片，像2021年初《新闻联播》推出的"奋斗百年路 启航新征程·脱贫攻坚答卷"专题报道、由中央广播电视总台摄制的专题片《摆脱贫困》等，都在国家级权威媒体央视播出，如图4-7所示。

来源：《摆脱贫困》纪录片　　　　　　　　　　　　　　　2021.04

图 4-7　央视专题片《摆脱贫困》

利用小屏幕讲小故事和短故事。小屏幕是各类垂直类平台、短视频平台、直播类视频平台等。小屏幕不一定影响力就小，但相对大屏幕，小屏幕主要占据人们的碎片化时间。这一类的小屏幕可以讲述精简的小故事、精彩的短故事，以短小精悍的乡村小故事占据人们的碎片化时间。目前小屏幕上讲乡村故事的形式越来越多，比如县长直播带货农产品、乡村各类有趣的人和事短视频，或者垂直类的乡村故事。又如李子柒的乡村故事（图4-8），是以乡村美食为主的短视频故事。

来源：李子柒B站官方账号　　　　　　　　　　　　　　　　　　2021.12

图 4-8　李子柒与她的东方美食

（图片来自 B 站李子柒账号投稿视频截图）

（2）不同的故事讲同一个乡村品牌

在整合营销传播中，云平台上不同的渠道讲述不同的乡村故事，最终形成一个完整的乡村振兴品牌。所有的故事之间存在内在的联系，互相之间的故事并不存在矛盾之处，反而会从各个方面讲述同一个乡村品牌的故事，完整性、逻辑性和内在同一性是整合营销云传播讲乡村故事与普通营销传播讲乡村故事的不同之处。

2. 多屏幕同时同步讲同一个乡村故事

整合营销传播理论就是要所有的传播渠道传递"同一个声音"，也就是讲同一个故事，云平台在传统的媒介组合策略基础上进一步加强各传播渠道传递"同一个声音"的力度、强度、广度和深度。云平台有一个云控制中心，可以让所有的云传播渠道全球同步发声，通过云平台的控制中心能让所有的乡村振兴相关信息在同一时间发出同一个声音，发声的成本相对其他发声要高很多，实力比较强的乡村品牌才能做到。云整合营销可以非常精准地控制好乡村振兴相关信息发布的时间、节奏和顺序等，能让所有的预定的屏幕同一时间播放同一内容，并且 24 小时全方位全频道播放。

三、乡村云媒介组合传播策略

云计算可以与现有的各类新技术结合,比如区块链、人工智能、大数据等,云平台可以兼容现有的所有媒介技术,比如云电视、云广播、云报纸、云杂志、App、社交网络媒介等,媒介的种类与大众媒介时代相比翻了几番,整合营销传播中的媒介组合策略在云时代有了更多选择,也更加复杂。

1. 制定基于云计算的乡村振兴整合媒介传播策略

针对中国各个乡村特征,决策者因地制宜制定适合本土的乡村云媒介组合传播策略,策略的制定主要考虑以下几条原则。

(1)乡村振兴内部传播云媒介组合策略

乡村振兴营销传播不仅仅是向外的传播,还包括向内的传播。向内的传播是向本地农民宣传乡村振兴各项策略,是加强农民内部凝聚力的手段,是沟通政府、农民合作社、农业行业协会、家族农场和农民的方式。在整合营销策略的媒介组合策略中,第一个要考虑的就是针对内部的信息传播与交流使用,哪一些媒介组合会取得更好的效果,而这种内部的媒介组合策略更需要因地制宜和因群而异。

偏远山村应适当增加农村有线广播和传统的有线电视媒介组合,而邻近发达城市的乡村可以全部采用先进的云媒介进行内部传播。农村有线广播是利用金属导线或光导纤维组成的区域性广播,是中国面向农村基层的有线广播网,一般以县广播站为主、村放大站为基础,以专线传播到农户家中。传统有线电视是非数字型电视,不具备点播等先进功能,也不具备连上互联网的功能。有线大喇叭广播和传统的有线电视在不少乡村还存在,尤其在偏远山村,有线大喇叭广播依然还是当地村民了解各类信息的重要渠道之一。在云媒介组合策略中,要考虑到不同乡村的实际情况,将有线广播和有线电视纳入云平台的媒介传播当中,并且采取特殊的技术手段将这种相对落后的媒介技术也对接进云平台中。

而在发达城市周边的乡村,互联网硬件设施已经较为完善,他们的媒介使用习惯和大城市的人相差不大,使用各种终端上网是生活常态。针对这些乡村村民的内部信息传播就可以根据他们使用较多的媒介进行媒介组合,可以考虑订制内部信息传播媒介组合,比如订制自己乡村的微信公众号、订制自己乡村的 App、订制自己乡村的云广播频道和云电视频道等。

（2）乡村振兴短距离传播媒介组合策略

短距离营销，是指以某一地点为基点，向邻近村镇县市进行营销的活动。短距离营销在乡村营销中占有特殊的地位，在冷链物流发展之前，因为交通不发达，且农产品不易保存、容易腐烂，乡村产品的主要销售区域一般为近距离的村镇县市，所以当时乡村产品的对外宣传的主要对象也是附近村镇县市的用户。到了现在，冷库保存和冷链运输技术的发展，可以让农产品走出国门依然保鲜，农产品的销售区域扩大到全国和全世界，但短距离的农产品销售和农业旅游还是占据了比较大的市场份额，比如非长假期间，想要到农村采摘新鲜果蔬的大部分是距离农村比较近的人，如果能避免长途运输就以差不多的价格卖掉产品，农民就会优先选择近距离销售。因此，短距离传播的媒介组合策略在乡村振兴中是需要单独考虑的营销传播策略之一。

短距离传播的媒介组合策略介于口碑传播、接触传播与大众媒介传播之间，既可以采用接触媒介来传播信息，又可以采用大众传播媒介传播信息，媒介组合策略更灵活，方式更多。针对超近距离的邻村、邻镇和邻县市，可以在两者交界处设置一部分线下类传播媒介，比如在交界处设置户外标牌类传播媒介、公共交通工具传播媒介等，可以在交界处设置 VR/AR/裸眼 3D 媒体的虚拟现实传播媒介等，也可以在地方电视台投放广告等来传播信息。

（3）乡村振兴远距离传播媒介组合策略

乡村振兴大规模的、远距离的传播需要借助大众传播媒介、网络传播媒介、裂变类新媒介等。在云平台上讲的大规模的传播媒介并不仅仅指电视、报纸、广播和杂志，也指传播受众群体非常庞大、传播范围非常广的媒介，比如数字电视、各大网络视频平台、门户类新闻网站等。KOL 媒介是指意见领袖类传播媒介，包括了圈层中的 KOL 账号，也包括大 V 微博账号和微信公众号等。裂变类新媒体是靠技术达到大规模传播效果的媒介，裂变是以一个或几个点为基础，通过不断地复制，从一个点变成两个点，再从两个点变成四个点，先慢后快，最终全面覆盖整片区域的传播方式。

大规模的传播媒介组合策略除了使用大众传播媒介以外，还需要根据乡村信息营销者的意愿和本次乡村信息营销传播的目标，配合其他相对小众的媒介种类，通过云中心控制所有的媒介进行组合传播。一般情况下，同一个乡村品牌营销传播策略，会受到农产品生产上市周期、农业产品类别、政策等因素影响。比如大的节假日传播媒介组合策略和平常的传播媒介组合策略是不一样的，节假日会投入更多的营销传播资金进行大规模的、高强度的宣传，大众传媒媒介会成为主力媒介,配合大 KOL、大的直播带货主播进行组合营销宣传,而平日在传播宣传上的投入资金少,使用低成本的小众媒介更多一些。不同的农业产品上市的时间不一样,像西藏林芝桃花节,一般在桃花即将盛开和完全盛开的时期进行大规模宣传,其他时间采用低密度、低成本、小规模宣传等。还有探险类、极限风景区的宣传,目标受众一般为爱好探险的人,像极寒冰川旅游宣传,采用的媒介最好用专业类的、垂直类的媒介,而不是大众类的传播媒介。

2. 多屏联动与跨屏互动传播

多屏互动是指在局域网或广域网范围内,基于 DLNA、UPNP、IGRS 等标准协议,电脑、电视、智能手机、平板电脑等智能设备能相互发现,并对共享的多媒体等资源相互推送到屏幕并播放,丰富用户的多媒体生活体验。[①] 云平台上的整合媒介传播另一大优势就是可以多屏联动、多屏互动和跨屏互通传播,这一技术可以让持有不同设备、登录不同软件的人在观看同一视频内容时可以互相看到其他平台、其他屏幕上的用户评论,如果是直播状态时,这些在不同平台上观看这一直播内容的用户还可以互相聊天沟通。

(1)局域网内多屏互通和跨屏共享

局域网内可以实现多屏互通和跨屏共享功能。这个适用于乡村内部的传播,在同一个乡村局域网内,符合这一技术要求的多屏互动模式有三种:第一种是内容分享模式,即不同设备之间通过分享媒体内容或媒体内容链接来实现多屏互动,比如村民不同设备不同屏幕之间互相共享文档、视频、链接等内容,不需要任何连接线就可以实现内容共享;第二种是屏幕分享模式,不同的设备通过分享系统的屏幕或者应用内的屏幕来实现多屏互动,这一模式比较适合一对多的传播,可以将主讲者的屏幕内容投映到大屏幕或者其他人的屏幕上,其他人可以通过大屏幕或者自己的屏幕观看主讲者的演讲稿件,这种投放分享适合远程演讲传播,也适合现场演讲传播;第三种是远程控制模式,即通过一台设备控制另外一台设备,实现多屏间的互动,这一模式适合对农户的远程技术指导传播,能让控制者远程控制农户的屏幕,一步一步演示如何操作各类软件和硬件等等。[②]

---

①　赵向阳,杨宏,雷根.多屏互动技术应用分析及标准化[J].中国标准化,2021(8):34.
②　赵向阳,杨宏,雷根.多屏互动技术应用分析及标准化[J].中国标准化,2021(8):34-35.

（2）广域网内多屏协同和互动传播

广域网是相对局域网而言的外网、公网，包含了所有跨接很大物理范围的远程网络，互联网是广域网的一种，本书中的广域网主要指国际互联网。目前的云技术＋5G＋人工智能等技术，可以实现广域网内多平台、多终端、多屏幕协同播放同一内容或者不同内容，并且用户可以跨屏互动，互相可见。

多屏协同可以让乡村振兴的传播内容同时出现在不同终端、不同屏幕，也可以实现一个屏幕播放直播，另一个屏幕播放与直播内容相关的纪录片，第三个屏幕播放观众镜头等。还可以实现分阶段推送乡村各类信息到不同平台，多屏协同组合方式多种多样，可以满足云融媒的传播需求。

多屏互动和跨屏互动不是新鲜事物，比如前些年就可以在美团外卖上看到其他美食平台上客户的点评，但这种互动是静态的平台数据互通共享，而云平台上的多屏互动和跨屏互动，可以在同一时间，在所有打通的平台上，看到任意一个平台上的用户留下的信息，还能实时回复，实时沟通。比如有可能在抖音直播时能看到西瓜视频平台网友的实时评论，反过来也一样可以。

3. 1加1大于2的多媒介配合传播

媒介整合传播的目标是形成1加1大于2的传播效果。乡村信息云整合营销传播有计划地运用多媒介配合传播，针对乡村本身的特征，针对性地选择多个媒介纳入云平台传播，将乡村营销传播效果最大化。没有一种媒介可以覆盖所有乡村产品的目标受众群体，单一使用一种媒介等于放弃了没被覆盖到的群体，而多媒介配合云传播能实现不同媒介之间优势互相加强，弱势互相弥补，以实现1加1大于2的传播效果目标。云媒介整合传播还可以通过云控制中心，形成全新的媒介组合。比如人的衣服作为传播媒介之一，将乡村营销信息通过新技术放进服饰中，人穿着衣服就成为移动的广告牌。云平台可以让新媒体与传统媒体配合无隙，让线上媒体和线下媒体有序衔接，乡村营销信息传递到位，从而达到云整合营销传播的预期目标。

第三节　乡村信息整合传播的云监测与效果

云平台上进行的乡村信息整合营销传播是云传播的一种，云传播的起点和终点是云监测，所有信息的发出与接收反馈，都可以在云计算监控下的计算机网络上被搜索与检测。云监测即信息的传播机制，也是信息异常的监测机制,同时也是传播效果的实时反馈机制。云监测的技术主要涉及三大块领域:云计算、大数据技术和 AI 人工智能,可以覆盖 PC 端、移动端、所有互联网的网络节点。基于云计算的乡村振兴中的整合营销传播中,所有正在执行的信息都可以被控制,监控过程不需要人为控制,由 AI 人工智能自动完成。农民对现代信息传播技术不熟悉而难以测定传播效果的弱点在云监测体系下可以成功规避。

一、云监测实时掌握信息传播走势

走势是事物或局势发展的动向,包含了趋势和走向两种概念。信息传播走势就是指信息传播的趋势和走向,这是决定信息传播效果的关键因素之一,云监测可以监控到信息从发出到接收者终端的整个趋势和走向。包括传播者的信息是从哪一台机器发出,从哪一个网点端口发出,一共传播给多少人,有谁点开看过了,又有谁再次传播时对传播内容进行了更改等,这些都是强大的云监测可以做到的,如果不考虑到涉及隐私,技术可以监测更多的信息传播走势。

1. 乡村信息传播云监测平台的构建

大数据云监测平台的构建包括硬件和软件两块内容,在乡村信息云传播中是否需要在乡村搭建硬件设备要看当地的经济实力,如果采取的是租用公共云服务,那硬件就不需要在乡村搭建,只需要有能接入云平台的硬件就可以。如果采取的是私有云或者混合云服务,那就需要在本地搭建一定的硬件设备,硬件设备和软件设备的搭建都可以找专业的商业云服务团队完成。

(1)乡村传播用户云监测平台搭建

传播以人为主,基于云计算的乡村振兴整合营销云传播过程的主体包括三类:信息的发出者即传播者,信息的参与者但不是目标受众的参与者,终端用户即目标受众。这三类人的云监测主要是通过浏览器系统和各种 App 系统的信息追踪功能实现,这些追踪功能可以监测用户使用了哪些软件,打开了哪些页面,浏览了哪些内容,输入了哪些信息,搜索了哪些关键词,在各个软件上停留了多长时间等等。乡村营销信息的传播主要有两类:一类是农民自己进行乡村营销信息的传播,另一类是请营销代理商进行乡村营销信息的传播,这两者的监测系统除了系统追踪功能以外,还可以在电脑里建立云监测系统。

(2)乡村信息传播过程云监测平台搭建

传播过程非常复杂,乡村营销信息的传播过程呈现什么样的状态由传播渠道和传播方式确定,常见的传播过程有直线型、大众传播型和互动型。直线型的信息传播过程是相对容易建立云监测系统的,主要是传播媒介监测和传播效果监测,这一监测体系在大众传媒时代就已经非常成熟了。而大众传播过程模式的监测就复杂得多,它需要对信息的大众传播过程和受众反馈过程进行监测。最为复杂的监测系统是互动过程信息传播的监控,需要云计算从信息传播者处开始,不断追踪信息传播轨迹,这一轨迹是动态变化的过程,数据计算量非常庞大,一般由人工智能技术自动完成,在大量的自动化脚本运行后,人工智能进行数据分析和处理,才能给出准确的结论。

(3)乡村传播设备设施云监测平台搭建

云监测平台的搭建也包括对设备设施的监测,不管设备是在乡村还是在云服务公司,不管是单台计算机、智能手机还是其他接入网络的互联网设备,只要进入云传播系统里,就进入了云监测系统。

目前很多云服务公司同步提供云监测服务,整体监测系统庞大而且复杂,如图 4-9 所示。

来源:mmTrix官网   2021.12

图 4-9   mmTrix.COM 的云监测体系[①]

图 4-9 是 mmTrix 公司的云监测系统,是一个基于 SaaS 云应用性管理服务的系统,不管是云端、网络端还是移动端,不管是硬件还是软件,都包含在云监测体系中,它一共分成四大系统监测:移动端、Web 端、System、Server,端及端到端立体监测用户、网络、物理及云环境操作系统和应用性能,这一套系统已经可以满足现有的基于云计算的乡村振兴整合营销传播云监测需要。

① mmTrix 官网.http://www.mmtrix.com/imonitor,2021-12-15.

2. 云监测保证信息按预期计划传播

乡村营销信息通过媒介进行发布,是需要付钱购买媒介资源的,但媒介是否在计划的时间发布预定的内容,就需要用到监测系统。传统的监测是由人工来监测媒介是否发布了信息,因此还设置了一个专门的岗位叫媒介监测员,这种监测方式成本高且容易遗漏,乡村中能做媒介监测的人才很少,以前一般会委托广告代理商完成媒介监测,但现在有了云监测,就可以由农民通过云监测系统完成对媒介信息的监测。云监测可以由人工智能完成全程的媒介信息发布监测,一旦媒介信息发布有遗漏,监测系统可以第一时间反馈给乡村信息传播者,传播者能及时与媒介代理人联系,协商处理方法。

3. 及时反馈并处理异常传播信息

在传播学理论中,有一个比较一致的观点是信息在传播中会产生变异。变异的原因有很多,比如传播过程中信息的丢失、信息的加入、信息被扭曲异化等。任何营销传播过程都有可能因为信息变异而产生负面的传播效果,这种负面的传播效果有一部分会演变成品牌危机。云监测不仅可以及时报警信息的变异情况,还可以溯源信息变异产生的起点和过程。

(1)溯源传播内容变异过程

在乡村信息传播的整个过程中,信息是从哪一个节点发生了变化,后续又是如何传播的,内容如何被反复编辑变异,最终爆发出来的变异信息与初始信息对比差异等,都是云监测可以自动完成的。它可以非常清晰地向传播者呈现内容变异的全部过程,传播者通过这一内容变异全过程能找到内容发生变异的原因,从而制定对应的解决方案,从源头解决传播信息变异的问题。

(2)锁定特定媒介和特定传播人,探寻信息变异的原因

云监测可以锁定"谁"导致了乡村信息传播的变异,这个"谁"一般是媒介或者人,找到了"谁"后不仅能找到信息是如何变异的,还能知道这个"谁"增加、减少或者扭曲了哪一部分信息内容,还能探寻为什么会产生这些变异,是有人在背后主导,还是信息内容本身造成误解,或者信息传播过程偶然发生的变异等。云监测能锁定特定的媒介和特定的传播者,找到信息传播过程中变异的根本原因。

二、乡村云整合传播的传播效果测定与提升

传播效果的测定分成两个方面:一是对个人产生的效果,即微观效果;二是对社会产生的效果,即宏观效果。应用在基于云计算的乡村振兴的整合营

销传播效果测定中就表现为两个方面：一是乡村相关品牌的知名度、美誉度的提升，以及乡村产品的销量的增加等；二是乡村振兴信息传播产生的社会效应和示范效应。乡村振兴是党和国家的重大战略，乡村振兴的意义不仅仅在于农村经济的发展，还在于乡村振兴带来的重大社会影响和国家凝聚力的提升。所以乡村振兴的云传播，其意义是非常深远的，既要促进农村经济的发展，更要令乡村新面貌、新变化、新民风、新村风深入人心，产生正向的社会效应。

1. 云监测乡村品牌影响力与农产品销量的变化

这一传播效果是乡村云整合营销传播第一阶段的目标，是乡村信息云传播达到的基础传播效果。主要包括3个层面的目标：第一层面是乡村品牌知名度提升；第二层面是由知名度提升带来的销量的增加；第三层面是乡村品牌美誉度提升和顾客忠诚度的提升，形成自己的乡村品牌粉丝群体。从消费者知道这一乡村品牌到购买相关产品，需要有心理、态度层面的变化才能引发人们行动的变化，是一个从认知到行动的传播效果积累过程，这个过程可以用云监测清晰地显示出来。

(1)监测知名度提升效果

在云监测系统中可以检测到乡村信息是否准确传达给了目标受众，目标受众是否已阅读了这些信息，在阅读相关内容时花费的时间长短等。信息到达率提升是乡村品牌知名度提升的最重要一步，无信息到达率的提升就不可能有知名度的提升。但信息到达率仅仅能说明媒介完成了信息传播的任务，受众接收信息后是否记住了乡村品牌的相关内容，能不能准确回忆起乡村的名字及其相关产品的名字等，还需要进一步监测。这就需要用到云计算的记录和追踪功能，受众是否有浏览与这一乡村品牌相关的内容，是否有搜索过乡村品牌的相关字、词、句等，如果有，证明受众记住了这些乡村信息，并产生了一定的兴趣，如果完全没有，那知名度提升效果不明显。

(2)监测云传播对促进购买行为的效果

销量的数据并不难得到，不一定需要通过云平台监测，直接看产品的销售数据也能看到销量的提升。有时候乡村产品销量的增加和乡村旅游人数的增加，不一定是由乡村信息的云整合传播引起的，可能因为正好处于上市期，进入了销售旺季，也有可能是其他因素的影响，而云监测的优势是可以确定有多少人是接到了信息后产生的购买行为，能清晰准确地显示云传播对销量提升影响的程度。云监测甚至可以勾勒出这个产品的购买者是何时接收了相关的乡村品牌信息，又在何时购买了农产品或者前往当地旅游的全过程。

（3）监测美誉度提升效果

品牌的美誉度是指品牌获得消费者信任、好感和受欢迎的程度。品牌的美誉度越高，公众对品牌就越信任，越有可能回购产品，也越容易成为品牌的忠诚粉丝。美誉度是检测云传播效果的重要指标，也是最复杂的指标。品牌方经常将品牌美誉度的提升归因于自己的产品品质好，容易忽视云传播在品牌美誉度方面起的作用。以前没有云计算的时候，营销者们很难向品牌方说明自己的营销传播行为给品牌带来了多少美誉度的提升，所以一般营销目标以提升品牌知名度和销量作为衡量传播效果的主要标准，但有了精确追踪的云监测，品牌美誉度的提升也可以用来衡量云传播的传播效果。其主要涉及两个方面：购前评价、购后反馈，可以这两个小指标的统计数据区分受云传播影响的群体和完全不受云传播影响的群体，并从这两个群体的占比来看传播效果。

人们购买乡村产品或服务的正面评价可以直接反映云传播对乡村品牌美誉度提升的效果，人们接收到了传播信息，并做出购买行为，随后给予正面的购买评价，促进了品牌美誉度的提升。美誉度监测的难点是难以判断人们购买了乡村品牌或服务后的正向反馈是否源于云传播。在乡村品牌美誉度的影响上，购买乡村产品或服务后的反馈比购前评价更重要。反馈是把信息输送出去，又把其作用结果返送回来，并对信息再输出发生影响。而购买反馈是指消费者购买商品或服务后做出的评价信息，包括购买后的好评与差评，也包括他们向他人介绍该商品或服务时的倾向性评价，以及他们在自媒体平台或者公众平台上分享的购买和使用心得等。在自媒体发达的今天，消费者的购买反馈对信息的再输出产生的影响越来越大，正面的购买反馈是最好的口碑传播，但负面的购买反馈影响更大，"坏事传千里"的规律在云传播时代一样适用，负面购买反馈很容易在互联网上发酵成品牌危机，所以对购买反馈的云监测非常重要。云监测可以收集正向的购买反馈，追踪负向购买反馈，收到乡村品牌信息云传播的消费者的正向购买反馈可以反映云传播对乡村品牌美誉度提升的效果，而负向的购后评价需要乡村信息传播者及时做出处理，避免负面信息进一步扩大。

2. 云监测乡村振兴信息传播的社会效应与示范效应

党的十九大把乡村振兴战略提到党和政府工作的重要议事日程中，并在后面几年的中央一号文件中都强调了乡村振兴是国家重点战略，出台了一系列政策指导乡村振兴战略的一步步实施。乡村振兴对实现中华民族伟大复兴有十分重大的现实意义和十分深远的历史意义。乡村振兴的云整合营销传播效果的第二层就是社会效果,需要积极引导正向的社会效应和示范效应,避免乡村振兴云传播产生不良的社会影响。

传播者通过云监测搜集和统计人们对乡村振兴云整合传播信息的评价,然后用人工智能和大数据分析这些评价中对乡村振兴的是与非、善与恶、美与丑、进步与落后的价值判断,以此得出本次基于云计算的乡村振兴整合营销传播的社会影响力,并及时遏制不良的信息的传播,引导正向价值观的传播。

乡村振兴取得成功的案例是最具有示范效应的让其他乡村看到成功的模式对农民的暗示效果非常好,乡村振兴的典型人物往往成为其他人学习或效仿的对象。云监测通过云计算＋人工智能＋大数据分析乡村振兴相关成功案例,追踪人们对这个案例中发生的人、事、物的评价,并进一步追踪是否有这个案例的模仿者出现,以此来确定云传播是否出现了"示范效应"这一传播效果。

第五章　基于云计算的乡村振兴教育策略

党的十八大以来,中央一直强调教育是中华民族伟大复兴具有决定性意义的事业。百年大计,教育为本,对于乡村振兴来说,与其向城市要人才,还不如自己培养人才。加强乡村教育,培养大量的乡村基层人才,才是乡村振兴的基石。但目前乡村教育还存在诸多的不足,解决的方法除政策支持、吸引民间资本投资等之外,用云技术发展乡村教育是成本低且成效高的战略。

2021年4月6日,国务院新闻办公室发表了《人类减贫的中国实践》白皮书,提到了教育扶贫,从国家实施脱贫攻坚战以来,贫困地区办学条件得到明显改善,全国99.8%义务教育学校(含教学点)办学条件达到基本要求;贫困地区学校网络普及率大幅提升,全国中小学(含教学点)互联网接入率达到100%,拥有多媒体教室的学校比例达到95.3%。全国中小学的互联网接入率达到100%,已经具备了实施基于云计算的乡村教育的基础条件,再加上全国中小学多媒体教室也达到了95%以上,实施基于云计算的乡村教育的第二个重要条件也具备了。

第一节　乡村教育发展现状

一、城乡教育资源不平衡

1. 乡村学校与城镇教学资源存在明显差距

城乡教育资源不平衡是一直存在的,在2011年教育部统计资料中,从1997年到2009年,全国农村小学数量减少一半多,平均每天减少64所,1997年全国农村小学数量为512993所,2009年为234157所①,如果没有政策扶

---

① 中国青年报.全国农村小学数量12年减一半[EB/OL]. https://teacher. ruiwen. com/news/ 59257. htm,2020-12-05.

持,乡村的小学很有可能已消失大半。在《国家中长期教育改革和发展规划纲要(2010—2020年)》的政策支持下,从2011年以后,农村的学前教育、小学教育和中学教育得到了一定的发展,仅2017年,全国农村地区就新增了普惠性幼儿园6372所,全国新增的普惠性幼儿园九成投放在农村。[①]但农村学校规模偏小,甚至出现一个班只有几个学生的情况。农村师资力量与城镇师资力量差距明显,教学方式与教学手段相对落后,教学设备与实验室不足等。

二、学生"进城潮"趋势依然在

2012年至2016年,农村留守儿童总体数量呈现减少趋势,5年间减少544.78万人,减幅达到23.99%,[②]农村学生进城求学的趋势随着农民收入的增长而明显,原因主要有3个:一是农民收入增加后,很多人在城里买房定居,举家迁移到城里,有一些人为了孩子有更好的学习环境,特地进城买学区房。二是城市对外来务工人员子女的教育政策加剧了农村生源的进城进程,使进城务工人员随迁子女数量增加。2016年,进城务工随迁子女进入城里公办学校就读的比例达到79.5%。三是合点并校、县管校聘,也在一定程度上促进了进城潮。这些年人们收入提高,农民待遇也水涨船高,很多进城务工的农民在打工的城市买了房,就把孩子都接过来,直接成为新城市人。这一趋势在近几年的东北非常明显,一定程度上造成了农村生源的减少。随着生源的减少,农村的学校师生比变大,教师超编,于是实施合点并校,许多小规模的村子彻底没了学校,村里小学不断减少,学生们不得不进城读书。

进城学生的心理状态也是近些年教育学者们研究的一个方向,《中国农村教育发展报告2017》显示,进城读书学生平均年度总花费4354.44元,乡村进城小学生(语数外)成绩高于未进城学生,但低于县城当地学生,而乡村进城初中生(语数外)成绩低于县城学生,也低于乡村学生,而且他们感知到教师关心程度、对县城(或乡镇)学校的适应性均是最差的,想离开当前学校的比例最高。[③]

①　东北师范大学中国农村教育发展研究院.中国农村教育发展报告2019[EB/OL]. http://www.360doc.com/content/19/0113/12/61492514_808554255.shtml,2019-01-13.

②　东北师范大学中国农村教育发展研究院.中国农村教育发展报告2019[EB/OL]. http://www.360doc.com/content/19/0113/12/61492514_808554255.shtml,2019-01-13.

③　邬志辉.中国农村教育发展报告2017[EB/OL]. http://www.jyb.cn/zgjsb/201712/t20171228_915238.html,2017-12-28.

三、乡村教育扶持政策陆续出台,成效显著

1. 乡村教师支持计划留住乡村教师

在 2015 年,国务院办公厅印发了《乡村教师支持计划(2015—2020 年)》。此计划的制订,是为了缩小城乡师资水平差距,让每个乡村孩子都能接受公平、有质量的教育。

(1)全面提高乡村教师思政素质和师德水平

提高乡村教师的理论素养和思政素质,切实加强乡村教师队伍党建工作,进一步关心教育乡村教师,适度加大发展党员力度,落实教育、宣传、考核、监督与奖惩相结合的师德建设长效机制。

(2)拓展乡村教师补充渠道

鼓励省级人民政府建立统筹规划、统一选拔的乡村教师补充机制,为乡村学校持续输送大批优秀高校毕业生,适时提高特岗教师工资性补助标准,鼓励地方政府和师范院校根据当地乡村教育实际需求加强本土化培养,采取多种方式定向培养"一专多能"的乡村教师。

(3)提高乡村教师生活待遇,职称评聘向乡村学校倾斜

中央财政给予综合奖补,提高乡村教师生活待遇,比如住房保障、公积金和各项社会保险缴纳等,统一城乡教职工编制标准,实现县域内城乡学校教师岗位结构比例总体平衡,切实向乡村教师倾斜,评职称时不做外语成绩(外语教师除外)、发表论文的刚性要求等。

乡村教师支持计划实施以后成效明显,在 2017 年,全国农村小学专科及以上学历教师比例上升,城乡差距比 2016 年缩小 2 个百分点。2017 年乡村教师生活补助首次实现了集中连片特困地区县全覆盖。调查显示,《乡村教师支持计划(2015—2020 年)》实施后,83.46%的乡村教师愿意继续留在乡村学校任教。[①]

2."两免一补"政策、校舍维护改造等政策持续改造学习环境

"两免一补"是指国家向农村义务教育阶段(小学和初中)的贫困家庭学生

---

① 东北师范大学中国农村教育发展研究院. 中国农村教育发展报告 2019[EB/OL]. http://www.360doc.com/content/19/0113/12/61492514_808554255.shtml,2019-01-13.

免费提供教科书、免除杂费,并给寄宿生补助一定生活费的一项资助政策。[①] "两免一补"政策体现了党中央、国务院对农村义务教育的高度重视,减轻了农民负担,加快了农村义务教育事业的发展。具体操作是由财政部门开学前先将资金预拨到学校以保证学校运转,再根据实际学生数和补助标准进行结算。

从 21 世纪初开始,财政部和教育部就连续多年印发《农村中小学校舍维护改造专项资金管理暂行办法》的通知,这一专项资金主要用于农村义务教育阶段公办中小学的教学及教学辅助用房、行政办公用房、生活服务用房等校舍的维修改造。这一专项资金能保证农村中小学教学用房和辅助用房的基本需求,也在一定程度上保证了农村学生们的学习环境。

四、基于云计算的乡村教育前景可期

虽然国家采取了一系列政策保障农村教育的发展,尤其是在保障农村义务教育顺利进行方面取得了成效,但城乡教育的差距依然是十分明显的。有条件的学生进城读书的情况一直存在,并且在某些年份呈现数量明显增加的趋势。有些地区农村人口不断减少,有些村落因为只有老年人和少数儿童留守而不得不取消教学点,偏远地区的儿童需要步行到远方上学的情况也还存在。如何利用高科技缩短城乡教育上的差距,如何利用新技术为农村培养高素质高学历人才,这是基于云计算的乡村振兴需要解决的问题之一。

1. 基于云计算的乡村教育为乡村振兴培养高质量人才

本土的人才是乡村振兴的人才基石。引进的人才数量毕竟是有限的,而且存在住房问题、适应问题、婚恋问题、收入差距问题等,引进来后能不能留下来也是一个问题。而基于本土培养出来的人才,一方面更清楚本村本乡的实际情况,熟悉本地的人与事,更容易开展工作;另一方面也不会轻易离开本地,亲情与乡情形成一个相对庞大的关系网,吸引他们留在本土工作。另外,基于云计算的乡村教育不需要人才离乡接受教育,他们在家里就能完成进修培训,可以一面工作,一面读书,不耽搁乡村振兴工作的正常进展。

---

① 全国学生资助管理中心网."两免一补"政策相关知识问答[EB/OL]. http://www.gov.cn/banshi/2006-09/04/content_376956.htm,2006-09-04.

2. 基于云计算的乡村教育技术条件、网络条件与硬件条件已成熟

(1)脱贫攻坚战已取得全面胜利

乡村开展云教育的主要条件分成 3 个:云技术条件、宽带网络搭建与电脑或移动终端条件。其中宽带网络搭建与个人信息接收终端条件与农民的收入密切相关,2021 年初,中国已实现了全国脱贫,现行标准下 9899 万农村贫困人口全部脱贫,832 个贫困县全部摘帽,12.8 万贫困村全部出列,区域性整体贫困问题得到解决。脱贫地区经济社会发展大踏步赶上来,贫困村通光纤和 4G 比例均超过 98%。[①] 全国农村光纤和通 4G 比例超过 98%,网络条件已经具备。而农民脱离贫困,开始往小康水平进军,买得起电脑或者智能手机的人也越来越多,绝大部分的乡村学校至少有一台电脑,可以接收云教育信息。

(2)云技术的发展已可以支持云学校的搭建

云教育是指基于云计算的教育平台服务,是近些年最热门的教育技术平台之一。云教育的理念从 1988 年云计算出现就成为影响教师教学方式和学生学习的技术之一。它不是网络教育的重新包装,而是先搭建了教育云平台,然后在教育云平台上,不仅可以观看教学视频、共享教育教学资源,而且可以在虚拟的教室上课,老师与学生能在平台的虚拟教室中进行教与学,师生们的表情动作都直接呈现给彼此。甚至还可以拓展更多线下上课不能实现的功能,比如加进虚拟场景、立体的课件呈现等。有些国外的大学将实验室搬上教育云平台,不管是化学实验室,还是植物种植实验园,都可以在教育云平台上实现,这一技术很好避开了乡村教育的劣势。

我国教育云服务平台建设已被列入教育部《教育信息化十年发展规划(2011—2020)》,明确将教育资源服务和教育管理信息化作为教育云的两大主要发展方向,而这一规划在 2020 年已全面完成。在科技部 2012 年 6 月发布的《中国云科技发展"十二五"专项规划(征求意见稿)》中,教育被列为国家云建设的重要示范领域之一。[②]

3. 基于云计算的乡村教育的成人继续教育前景广阔

乡村的成人继续教育前景是一片蓝海。乡村中有很多人以前囿于收入、学校缺乏或者其他原因未能接受中等教育或高等教育,现在他们可以在教育

---

① 新华网.习近平:在全国脱贫攻坚总结表彰大会上的讲话[EB/OL]. https://baijiahao.baidu.com/s? id=1692670742063214981&wfr=spider&for=pc,2021-02-25.
② 吴砥,等.国外教育云发展趋势及其启示[J].中国教育信息化.2018(6).

云平台继续学习。一方面农民们要跟上技术的发展,学会用新技术赚钱,不得不学习新知识和新技术;另一方面他们自己本身也有继续学习的动力,当温饱不成问题以后,精神文化娱乐需求会突出,农民收入增加后接受成人教育的人数愈来愈多。

第二节　构建乡村云学校体系

2020 年 4 月,习近平总书记在陕西考察时强调要推进城乡义务教育一体化发展,缩小城乡教育资源差距,促进教育公平,切断贫困代际传递。乡村振兴战略的推进实施离不开有力的人力资源支撑,人才振兴是乡村振兴的前提和关键。云教育是实现城乡教育一体化的有效手段之一,它可以突破时间与空间的差距,缩小师资不平衡的差距,在一定程度上真正实现教育公平。

一、统筹城乡资源,建立校际同步教学资源共享库

缩小城乡教育差距的方法之一是建立教育区域云,将城市与乡村的所有优质教育资源统筹在云平台上,建立与学校教学同步的云资源共享库。

1. 国家级的中小学教育云平台

国家在 2020 年防疫期间已经推出的全免费的国家中小学网络云平台(如图 5-1),是由教育部整合国家、有关省市和学校的优质教学资源推出的从小学到高中的教育学习平台。这一平台的支持云企业是阿里云、百度智能云、网宿科技和华为技术有限公司。这一平台起初是为了疫情期间的"停课不停学"推出来的,但在 2021 年国家实施"双减"政策之后,成为学生和家长们预习和复习的平台。2021 年 8 月,网络云平台的访问量迅速攀升,超过了 2 亿次。这是真正的国家级教学云资源共享库,所有能接入网络的学生都可以学习上面的优质教学资源。

2. 以区域为单位建立专有教育云

2019 年 2 月,国务院在印发的重要文件《中国教育现代化 2035》中再次要求,将以"互联网＋"为主要特征的教育信息化作为教育系统性变革的内生变量,支撑引领教育现代化发展,推动面向信息社会的教育理念更新、模式变革、体系重构。而在 2019 年 12 月,由金山云承建的海淀智慧云(海淀政务云三期)上线,这是全国第一家区级综合性教育专有云平台,也是北京首个政府专

来源：国家中小学网络云平台官网　　　　　　　　　　　　2021.12

图 5-1　国家中小学网络云平台

有教育云,它服务于海淀区 30 万中小学生、教师、教育部门,支撑起了海淀区基础教育均衡化、高质量发展。[①]

以政府智慧云为平台,连接城市教育资源向乡村延伸,形成校校通和班班通的区域教育云平台,由政府统筹教学方式、教学进度、教学练习等,形成城乡同步教学,共享优质教学资源。

3. 搭建学校专属教育云资源

有实力的学校与专业的云企合作,搭建自己独特的教育云资源,为本校的

---

① 　四九.2020 教育云创新排行榜[J].互联网周刊,2020(20):56.

学生量身打造功能强大的教育云体系。2020年商业教育云主要有华为教育云、天翼云课堂、金山云、阿里云、网易云平台、腾讯云、拓课云、联想云等,他们中有些已经上市,具有强大的实力联通政府、学校、企业等几方资源,能提供多种多样的智慧云解决方案,包括了直播教学、短视频教学、智慧教学等技术能力,可以无障碍实现城乡同步课堂教学。另外还能提供教育局、学校、老师、学生、家长五位一体的"学生成长大数据"教育云平台,可以将学校的信息、学生的学习信息、老师的信息和家长的需求实时呈现在同一个云平台上。

二、云校在线直播教学与线上开放式教学

云平台上的在线直播教学对设备要求比较低,对师生的智能终端操作水平要求不高,基本上只要教室有网络和电脑或者智能终端就可以完成,是云学校最简单最基础的直播教学方式,可以普及全国大部分的农村学校,包括偏远的山村中小学。

(一)城乡优质师资开展在线直播教学

1. 直播授课,以技术缩小城乡差距

乡村学校最缺的不是设备和教学楼,而是优秀的教师和学习知识库。尤其是小学阶段的教育,对教学设备、教学实验室、新媒体技术要求等并不是很高,小学阶段是学习基础知识的关键时期,优秀的师资起到的作用更大更明显,而在线直播授课是提高乡村小学教育水平的希望之一。

在2018年12月13日,《人民日报》刊登了一篇《这块屏幕可能改变命运》的文章。文章最早是由《中国青年报》的《冰点周刊》推出,讲了成都七中和近千公里外国家级贫困县的云南禄劝第一中学合作直播授课的事件,248所贫困地区的中学,通过直播,与著名的成都七中同学一起上课。这件事情在舆论场上被称为"七中模式"。[①]

成都七中为什么有名?他们仅在2017年就有30多人被伯克利等国外名校录取,70多人考进了清华北大,一本率超过九成,被称为"中国最前列的高中"。而248所贫困地区的高中,有些学校考上一本的学生仅个位数。从2016年开始到2018年,贫困地区的学生全天候跟着成都七中平行班直播上课,一起作业和考试,3年后一共有7.2万名学生跟随成都七中读完了高中三

---

① 程盟超."我见证了推动社会进步的驱动力"——《这块屏幕可能改变命运》采写手记[J].新闻与写作.2019(2):91-94.

年课程,其中88人考上了清华北大,大多数成功考取了本科。而在开展直播授课以前,有些学校甚至"零一本",图5-2就是七中模式的授课课堂。

来源:《中国青年报·冰点周刊》　　　　　　　　　　　　　　　　2018.12

图5-2　"七中模式"授课

图片来源于《中国青年报·冰点周刊》,2018-12-13。

利用优质师资开展直播在线教学,已经证明是可行的,而且正在一步一步推广中。一个老师可以同时给几万名学生上课,不受距离的限制,这无疑是缩短城乡教育差距的有效方式之一。但关于"七中模式"的弊端讨论也非常多,比如乡村原有的教师们觉得自己被鄙视了,有些老师消极应对,有些老师甚至撕书抗议。还比如农村的学生们心理落差明显,有一位本来在全年级排名第一的同学,在做完七中的试卷后,仅数学及格,其他课程全不及格,学生们需要直面城乡差距,需要调整自己。

2. 线上直播授课结合优秀师生的线下分享

现有的直播模式有两种:第一种是纯线上上课,线上测试、老师在线答疑、学生社区互助,比如北京四中网校模式就是这一种;第二种是网校老师在线下现实中进行辅导,比如七中模式就是这种。第一种模式更适合水平比较接近的学校之间联合上课,教师水平和学生水平相差不多,线上辅导就可以完成答疑。而第二种模式更适合城乡直播授课，线上授课后，老师走进贫困地区的学校，进行线下的辅导，纯线上的辅导很难满足差距较大的学生的答疑需求。线下的分享不仅仅局限于优秀的老师去到贫困地区，还可以是优秀的学生进行的线下分享，老师在线下主要是答疑辅导，优秀学生在线下是分享学习经验。当然，贫困地区的师生到城市学校分享也同样存在，双方互有现实交流。[①]

（二）建立云校线上开放式教学平台

线上开放式教学平台是对直播授课的一种资源补充，是集合了在线开放课程和在线辅导于一身的云开放教学平台。其中在线开放课程模式已经比较成熟。

1. 在线开放课程，结合教师授课与学生自学的教学方式

在线开放课程不是简单的在线开放资源，而是教师授课和学生自学相结合的一种教学方式。大型开放式网络课程也被称为 MOOC，在国外发展得红红火火。中国是从 2013 年开始大规模建设在线开放课程，目前应用最为广泛的是高等教育领域。在云校中，在线开放课程可以作为城乡之间的直播授课的补充，将一部分简单易学的课程建设成为在线开放课，以授课短视频＋作业＋测试的方式，让学生上云平台观看，看完后完成相应的作业或者测试。在线开放课程建设的目的之一就是将优质课程资源与贫困地区共享，缩短不同地区之间的教育差距。在线开放课程区别于直播授课的是师生之间的上课关系和沟通方式更为自由开放，学生以自学为主，教师以拍摄授课短视频和批改作业试卷为主，学习的时间由学生自己确定，不用固定时间进入学习课程。在线开放课程可供更多数量、更大范围的学生学习，学生们不仅可以学习国内在线开放课程，还可以学习国外优质的在线开放课程。

在线开放课程也存在缺点，学生学习以自己观看授课视频为主，相当于他们自学为主，这需要学生具有很强的自控能力。MOOC 大学具有较高的入学率，同时也具有较高的辍学率，在乡村云校教育中，要保证 MOOC 学习的效率，最好有线下教师在现场集中辅导，或者将学生分成两批，一批为学习主动型，安排自学；另一批为学习被动型，改为课堂授课。如果乡村云校形成规模，在线开放课程还可以进行全国性的评奖分级，像现在的高校领域的 MOOC 运行模式一样，分成国家级中小学精品在线开放课程和省级中小学精品在线开

---

① 人民日报. 这块屏幕可能改变命运［EB/OL］. https://baijiahao. baidu. com/s? id＝1619722734970570768&wfr＝spider&for＝pc，2018-12-13.

放课程,优中选优,让优质资源真正地为大家所用。

2. 在线答疑平台,人工智能结合教师实现24小时实时答疑

在线教学平台除在线开放课程以外,一定需要搭配在线开放答疑平台,所有学生学习了课程之后产生的疑问都可以在答疑平台上获得回答。但学生学习在线课程的时间是自由的,他们产生疑问并提出问题的时间也是不定的,因此云校的在线答疑平台考虑以下三条线。

第一条是建立专业教学平台+讨论群双平台答疑,专业教学平台以专题讨论帖的形式存在,将共性的问题置顶在平台上,所有有同样疑问的同学都可以在帖子里发表自己的困惑、见解和观点。而讨论群是自由讨论,师生讨论和生生讨论。

第二条是组建在线教学平台教师管理组,形成各个梯队的教师答疑团队,包括负责人、答疑秘书、授课教师、学生助教等。答疑团队由负责人统筹安排答疑时间,负责培训在线答疑技巧,并设计答疑方案,定期总结答疑成果等。

第三条是AI答疑和教师答疑结合形成24小时不间断答疑。教师团队答疑很难实现24小时无间断排班,但云校上还可以实现AI人工智能答疑,比如在程序中设定关键词就弹出对应答案,每当学生输入这些关键词,AI答疑助手就可以将关键词对应的答案发给学生,如果学生的问题不在AI答疑题库里,那AI机器人可以将问题收集起来,等教师团队上线,把这些问题集中发给老师们,由他们回答。

3. 在线学生互助和互动平台

在线学生互动平台是对前两点的补充,云校在线学生互动平台设计主要有以下三种设想。

第一个设想是在平台上建立学生有奖答疑互助。这个设想来源于互联网商业领域的有奖项目征集机制。有学生对某些学习问题有疑问,他可以在平台上发布有奖征集令,如果接下这个征集令的同学解决了他的问题就可以获得对应的奖励。当然所谓的奖励肯定是以精神鼓励为主,比如一定周期内获得奖励最多的同学,可以获得"某某之星"的称号、获得参观名校的机会等,学生平台的有奖答疑奖励不涉及钱物。

第二个设想是跨学校、跨地区的项目组队,打破空间的障碍,发挥线上优势,打破校域和地域的界限,混合组队。跨学校、跨地区的组队对于缩小城乡教育上的差距是非常有帮助的。

第三个设想就是建立学生互动大讨论群,可以隔一段时间组织一个主题

类型的讨论,所有在线平台上的学生都参与进这个类似于头脑风暴的自由讨论中。

三、基于 5G 技术的教学场景应用教室

2021 年 7 月 12 日,教高司函〔2021〕10 号文件《教育部高等教育司关于开展虚拟教研室试点建设工作的通知》提出开展虚拟教研室试点建设工作,首批拟推荐 400 个左右的虚拟教研室进行试点建设,探索"智能＋"时代新型基层教学组织的建设标准、建设路径、运行模式等,通过 3～5 年的努力,建设一批理念先进、覆盖全面、功能完备的虚拟教研室。虚拟教研室就是在云技术背景之下的教学虚拟场景改革之一。①

5G 技术已足够支持创建虚拟的教室场景教学,能让师生在虚拟空间中体验在课堂上课的效果,包括老师的声音、表情、动作以及学生的声音、表情与动作,都能实时投射进虚拟教室场景中,虚拟教室不仅仅是简单的声音、文字、图形与视频的传播,也是真正的教室模拟场景。比如广州玖的数码科技有限公司出品的玖的教育云平台(如图 5-3 所示),他们可以提供 5G＋VR 课堂直播、5G＋VR 教室场景,他们专业从事虚拟现实技术研发与应用,主营品牌第一现场,可以为学校提供建设教室场景应用的整体解决方案,还能实现 9D 的虚拟视频。②

1. 虚拟教室模拟课堂场景

这是最早关于虚拟教室的设想,能模拟现实教室上课的场景,让师生不在同一处,却类似于在教室上课,可以呈现面对面上课、面对面讨论,甚至可以做握手、击掌、举手等互动动作。

(1)实时交互式 VR 虚拟现实教学

VR 是虚拟现实,是利用电脑模拟三维空间,通过感官模拟一种沉浸感和临场感,是通过设备将人带入一个虚拟的世界,也是目前最为常见的虚拟教室应用。这种虚拟教室的搭建主要有两方面:一是需要有高速的网络,目前 5G 技术已经达到要求;二是建立实时交互的虚拟教室三维/四维/多维空间场景。VR 式的虚拟教室优点是成本相对较低,通过佩戴式头盔就可以进入虚拟教

---

① 中华人民共和国教育部. http://www. moe. gov. cn/s78/A08/tongzhi/202107/t20210720_545684. html,2021-07-20.

② 广州玖的官网. http://ninedvr. com/sciemce. html,2021-12-15.

教育方式　科技赋能，沉浸式学习

场景体验　1:1真实还原场景，打破空间局限

交互性　打造视、听、触等全方位体验，科技＋教育

投入成本　设备可内置多种学习内容，降低知识普及成本，提升体验质量

学习效果　通过沉浸体现各项科普内容，深化理解，更加容易吸收

维护难度　VR可模拟各类不同学习内容场景

来源：广州玖的官网　　　　　　　　　　　　　　　2021.12

图 5-3　广州玖的虚拟场景教学

室，可以实时交互，在 VR 教室中可以集成视觉、听觉、触觉和身体感觉，从而使师生通过身体的感知系统与计算机电子系统构建的虚拟教室进行交互。

　　VR 虚拟教室可以制作仿真的课件，而不是简单的文字、图片或视频。仿真课件可以逼真地呈现学习场景，提高学习的主动性与积极性。这种虚拟教室背景是通过对现实教室图片渲染而成，高度还原教室环境和教学工具，包括黑板、桌椅等，让学生身临其境。

（2）裸眼 3D 式全息教室

裸眼 3D 式全息教室是一种更高级的虚拟教室，是指不借助外部工具，直接肉眼可见教师立体授课视频效果的教室。目前这个技术已经规模化商用，主要技术类型有光屏障技术、柱状透镜技术，还有最新的分布式光学矩阵技术等。

适合教室使用的是裸眼 3D 灯箱，在这种技术下，学生在现场不需要任何辅助设备就可以直接看见逼真的立体影像。画中的任何事物可以凸出于画面之外，也可以在画面之中，活灵活现，具有强烈的视频冲击力，能让一位老师给所有铺设了网络和裸眼 3D 灯箱的教室开展教学活动，就像老师真的就站在学生面前上课一样。图 5-4 就是 2021 年正月在成都街头的裸眼 3D 实景，当时引起了成千上万人围观。

裸眼 3D 虚拟教室的成本相对高，师生很难实现实时互动，学生提问一般是发文字消息给老师，或者老师点名，学生能看清老师的每一个动作与表情，但老师要看清学生的表情、动作等，就需要更高技术的 XR 课堂。

（3）未来的设想：XR 课堂

XR 课堂的构建只能寄望于未来，目前乡村教学中很难实现这种课堂。其主要面临技术难度、设备难度、资金难度、教师本身的技术水平不足等问题。XR 是虚拟现实领域最新的技术之一，被称为扩展现实。它涵盖了所有沉浸式技术，X 被称为一个变量，可以一直改变 X 来适应新规则。XR 能实现听觉、触觉、嗅觉、味觉和"第六感"，它具备了前面两种虚拟现实技术的优点，能从现实环境无缝进入虚拟环境，空间被扩展放大，融合了现实世界和虚拟世界。高通公司 XR 产品管理高级总监 Brian Vogelsang 预测："屏幕最终将消失，我们周围的世界将充当浏览器。将来，智能手机很可能会消失，而 XR 将接管。"[1]

XR 课堂是将虚拟教室和现实世界以多种组合方式进行融汇，用虚拟环境填充覆盖部分真实的环境，在现实的课堂中叠加虚拟课堂，让有限的现实教室实现无限延展，虚拟与现实完美结合。

---

[1] 砍柴网. XR：5G 扩展了现实的界限［EB/OL］. https://baijiahao. baidu. com/s? id＝1671750148564962295&wfr＝spider&for＝pc,2020-07-09.

来源：腾讯新闻　　　　　　　　　　　　　　　　　　　　　2021.02

图 5-4　2021 年正月十五，成都春熙路上的裸眼 3D 大屏
（图片截取自腾讯新闻视频）

2. 翻转课堂场景

（1）虚拟翻转课堂以学生为主，教师指导为辅

　　翻转课堂是虚拟教室的衍生功能，翻转课堂是指重新调整课堂内外时间，将学习的决定权从教师转移到学生。在课堂内，学生主要进行基于项目的学习，教师不在课堂内讲授新内容，课程新内容由学生在课余时间自学完成，教师在课内以指导个性化学习为主。在虚拟的翻转课堂中，可以实现教师在课

堂内远程完成翻转课堂,老师在城市,学生在农村,共同聚于虚拟教室中,完成翻转教学。

（2）虚拟翻转课堂缩小城乡学生学习差距

教师授课是一对多的形式,就算有一对一的指导,次数和时间也总是有限的,而以学生项目学习为主的翻转课堂是非常好的让学习进度相对较慢、学习能力相对较弱的学生观摩别的优秀学生学习成果的机会。在虚拟教室场景中的翻转教学,可以在分组时使同一组中融合城乡学生,这样能缩小城乡学生之间的差距。

3. 公共教室场景

公共教室场景是建立一个始终处于开放状态的虚拟教室,不管地理位置处于何处的老师和学生都可以随意使用,类似于线下的自修教室,这种 24 小时开放的虚拟教室对于城乡老师和学生自由的讨论和交流是非常有用的。老师和学生都可以进入这个虚拟教室,教师可以临时组织几组学生进入这个公共教室场景进行讨论,学生们可以自由进入教室组队讨论,而不用管他们现实中人正在哪里。在教育云平台上建立公共教室场景是一种创新,它让师生在课后的时间也能相聚在虚拟教室场景中,而不是上课关了教室就得下线。这一公共教室可以让城乡教师与学生之间、学生与学生之间,打破上课时间的限制,打破空间距离,优质的教师可以定期在公共教室轮值,所有进入公共教室的学生都可以向他(她)提问。

四、云校文体娱活动的拓展

云学校的建构包括了教学与文体娱活动,文体娱活动是云校的另一大优势,可以实现现实文体娱活动中不能实现的功能,比如虚拟现实运动会、各类娱乐益智游戏等,高科技虚拟现实技术在文体娱活动中会有更明显的体现。

1. 打破空间和场地限制的虚拟运动会

（1）虚拟运动会不受时空和天气限制

虚拟运动会是通过摄像头、电脑或智能移动终端、姿态识别模拟现实等软件,模拟现实的运动。现实中的运动会受到场地的限制,如果要举行多校多区域联合的运动会,需要教练员和运动员前往特定的地方集中,不同类别的比赛需要不同的场馆与设备。而虚拟运动会只要有可接入电脑的设备就能实现跨区域的大型运动会,比如 VR 头盔、动作捕捉设备等,这些设备成本不高,并且可以反复循环使用。虚拟运动场地可以随意更改,可以实现无限大的田径场地,长距离运动项目都不需要绕圈跑。虚拟运动会也不会受到白天黑夜的影响,光照对现实运动会有很大的影响,但在虚拟运动会中这种影响完全不存在。下雨、下雪、刮风以及冷热温差都不会对虚拟运动会有影响,彻底实现全天候的比赛自由。

(2)拓展新的运动比赛项目

有些运动会比赛项目受到现实条件以及安全条件的制约不能开展,比如在现实的运动会上几乎没有极限运动比赛项目,但在虚拟运动会中可以开展诸如极限攀岩、极限蹦极等项目,甚至还能进行大型运动会才有的比赛项目,如铁人三项、划船比赛等。

虚拟运动会并不算非常新的项目,早在2012年,上海市在首届市民运动会上推出了虚拟运动会,一位普通市民与奥运冠军共同创下虚拟运动会自由泳竞赛的首场成绩。

2. 虚拟思想政治教育和文化校园活动

(1)再现历史战争场景,开展爱国主题教育

我们现在的爱国主题教育以讲历史、看主题展馆、重走长征路等为主,对于战争的残酷与可怕、烈士受到的折磨与痛苦、胜利取得的艰辛与困难,很难深切体会,而云平台上的思政教育可以再建中国人民斗争的场景,让学生看到敌人手段的残忍,甚至还可以重现南京大屠杀这种场景,让学生见之不忘,爱国教育遂潜移默化地完成。

(2)建立虚拟场景的历史文化活动

云校的文化活动可以真正让学生们体验身临其境的感觉,比如汉服文化节、唐朝文化节、瓷器文化节等各类历史文化活动。云校能实现历史场景在虚拟平台上的重现,大家可以体会一把穿越的瘾,在重现的朝代场景中学习各种历史文化。比如汉服文化节,能在虚拟平台重建汉朝热闹场景,进入这一场景的人可以自由选择想穿的汉服,并观看虚拟 NPC 们重现汉朝盛世的景象,如亲身经历,如亲眼所见,眼前所见即学习所得。

3. 突破想象力的云校娱乐活动

现有的学校主办的娱乐活动一般是晚会、唱歌比赛等,形式比较单一,还要受到服饰、化妆、场地的限制,虚拟平台上的娱乐活动能实现人类想象中的各种类型的娱乐活动,比如丛林探险活动、闯迷宫游戏、各种 IP 衍生娱乐活动等,想象有多丰富,云校的娱乐活动就可以有多丰富。

五、建立家校沟通系统与安全校园综合平台

现有的专业教育云服务功能非常强大,可以聚合各类教育机关的管理应用,还能建立数字化校园应用,可以向教育机关和学校推送对应信息,还能聚合各类教育教学内容资源,向教师和学生推送特定信息,连接家长与学校,承担家校通原有的功能。

1. 建立政府、学校、家长的一体化沟通云平台

传统的家校通一般是微信群和钉钉群,这种群常见的功能是发消息、视频和图片,但云平台上的家校沟通系统有非常强大的拓展功能。比如上海的有孚网络,他们接入了上海教育城域网 SEMAN 的 POP 点,与 SEMAN 的充分融合,保证了上海教育云高速互联、弹性地拓展云资源,实现云资源与各区校自建云统一管理,将教育部门、学校、老师、学生、家长集于同一平台,实现师生、家校、校校之间的互联互通。通过云网融合管理,上海的教育资源可以集中部署、集约化建设和统一调度,能实现教育业务系统灵活部署,能缩短教育业务系统上线周期和上线难度,让各方问题在线上一站式解决。[1]

教育部门能在云平台上直接向所有家长发放各类信息,完成学校与老师的满意度调查、通知重大事项,不需要经过学校这一环节,保证信息更准确、更公正。而家长可以直接向教育部门反映问题,第一时间表达诉求。教育部门还可以给家长们召开虚拟会议,比如培训会、家长会等。家长能在云平台上实时观看到自己孩子的在校情况,如学习情况、运动情况,甚至还可以对自己孩子异常心理状态进行观察等。

2. 自动监督校园异常信息,24 小时预警

教育云平台是集合云计算、大数据、人工智能等技术于一身的平台,它可以自动进行 24 小时的安全监控,并进行预警。云平台有强大的信息分析能力与处理能力,比如有孩子爬围墙出去,靠保安看监控,很有可能会有疏漏,但云平台可以自动识别并预警。对校园里孩子打架、争吵的情况,或者孩子危险的行为,云平台都可以实时预警。云平台对异常事件的处理能力是实现这一自动监督平台的基础,现有的云平台可以监测高难度的高速公路异常事件,对高速开车的车辆以及庞大高速网络实时监督,而校园的异常事件监控难度比之

---

① 有孚网络官网. https://www.yovole.com/news/news_last-959.html,2020-03-11.

低多了,在技术上没有太大的问题。

云平台另一优势是可以进行深度学习。强大的人工智能积累越多的数据就会变得越聪明,它可以识别校园行人乱扔垃圾、埋放可疑物件的行为,还可以对校园周围经过的人进行脸部识别,与警方的危险人物脸部数据库连接。当有过猥亵性侵儿童行为的人、绑架儿童的人或者其他危险人物进入校园一定范围内的时候,系统能实时提醒校园安保系统,加强警惕,从源头防止伤害儿童事件的发生。表 5-1 是云平台对异常事件的报警列表。

表 5-1　云平台的异常事件报警正确率统计①

报警类别	报警总数	正确报警数	误报数	正确率
停驶	5397	5015	382	92.9%
行人	572	502	70	87.7%
逆行	182	135	47	74.1%
拥堵	145	141	4	97.2%
抛洒物	53	33	20	62.2%
低速	79	76	2	96.2%
事故	4	4	0	100%

第三节　乡村云校成人教育与职业教育体系

2021 年 2 月 23 日,中共中央办公厅、国务院办公厅印发了《关于加快推进乡村人才振兴的意见》,并发出通知要求各地区各部门结合实际认真贯彻落实。通知中提到要全面培养、分类施策,培养各类人才,针对不同地区、不同类型人才,实施差别化政策措施。在基于云计算的乡村教育体系中,除了针对学校和学生群体的教育体系外,也包含了各类成人教育和特殊职业教育体系,坚持多元主体,深入实施农民人才培育计划,对从事不同职业的基层农民和不同领域的农业带头人实施不同的培训策略。

---

① 王俊健,等.云台场景下高速公路异常事件自动检测系统[J].中国交通信息化,2018(10):116.

一、乡村生产人才技能培训云平台

从事农业生产的农民是非常需要技能知识培训的,他们是农产品和其他农业类产品的生产者,是整个农业、农村的基石,他们掌握的知识与技能会直接关系到农产品的产量、品质,还会关系到农业技术创新和农产品的创新。

(一)建立云专家库,培训农民生产者

农业有大农业和狭义农业概念,乡村振兴中的农业是大农业概念,除了传统的第一产业即农林牧渔业,还包括第二产业农副食品加工业、饮料制作业等,也包括第三产业的农资、农产品和农机流通、休闲旅游农业等。这里的农民生产者培训主要是农业生产者的培训,即第一产业农林牧渔业的农民生产者,即种植者、养殖者、渔民、牧民等生产者。中国长期处于小农经济状态,以家庭为单位,生产资料归家庭所有,自给自足,家里吃用过剩的才拿去售卖,农民们种植、养殖、放牧、打鱼的技术以传承和经验积累为主。在改革开放以前,很多农民没有系统学习过专业的知识,但现代科学下的农业,要参与到国内国际的农产品竞争中,农业的生产技术必须由经验学习转向科学学习,农民们需要学相关的知识与技能,还需要学会怎么使用现代化的农业生产器具。现代农业器具不只有简单的收割机、农用汽车等机器,还增加了电子、激光、人工智能、遥感技术等机器,对这些机器的操作不是简单的口口相传就能学会的,必须向专业的技术人员学习。

1. 传统农民生产者培训难度大

第一是要集合不同领域的专家到农村培训难度很大。就以同一个村、同一个县的农民来说,他们对知识和技术的需求不完全一样,如农林牧渔生产者都有的村县,需要的专家类型就更多,集合难度更大。第二是农民日常劳动强度比较大。他们面朝黄土背朝天,或者出海捕鱼几个月不回家,一天甚至一个月里面的空余时间并不多,农忙的时候可能一点点空闲都没有,所以对他们进行集中定期培训难度很大。第三是有较大一部分农民原来的文化基础不够扎实,纯理论的培训很难上手,需要手把手演示教学,传统的培训很难达到一对一的长期手把手培训。

2. 云平台建立远程专家库

任何专家都有可能被纳入云平台的培训专家库中,只要农民有培训需求,甚至可以反向去寻找对应专家。专家可以录制授课视频,农民可以选择任意时间学习。专家也可以在农闲时直播,农民们在有电脑或智能终端的地方观看专家的直播视频。一般的培训在线上完成,重点培训可以转移到线下,线上线下授课时间和空间都是自由的,完全符合专家与农民们工作与学习的特点。

3. 云平台建立虚拟农业机器操作舱

农业机器随着科技的发展不断更新换代,新机器要在授课过程中给农民练习,成本太高,因为仅有一台机器不够这么多农民上手操作练习,购买多台机器又成本太高。另外,机器从买来开始就已经落后于最新科技的发展,年年更新机器成本更高,也不可能。而云平台的虚拟现实技术一方面可以满足农民上手练习的需要,同时又能不断地给这些虚拟机器更新技术。虚拟农业机器操作舱在云平台上是可行的,培训成本也是可以承受的。

(二)农村匠人云培育计划

匠人是手艺工人,匠人的主体人群之一是农民手艺人,比如木工、石匠、鞋匠等,百工就有百匠,早期的百工大都与农村和农村中的农业和工业有关。战国时期的《考工记》是记录官营手工业各工种规范和制造工艺的文献,它记载了攻木、攻金、攻皮、设色、刮摩、搏埴6个工种,这6个工种也是目前乡村手艺人从事的主要工种,匠人和匠人精神的传承是乡村振兴一块重要的内容。在李克强总理的政府工作报告中,连着几年提到工匠精神,同时有很多人认为匠人群体的培育是让中国从制造大国向制造强国转型的当务之急。

1. 农村手艺技艺失传与匠人群体的减少

20世纪70年代生农村人和80年代生农村人,经常会发出感慨:小时候看到的很多走街串巷的手艺人都不见了,比如箍桶匠、修锅匠、磨刀匠等,小时候听到的诸如"鸡毛换糖"等叫卖声也极少听得到了。造成农村手艺人减少的原因主要有以下几个。

(1)现代工业制造业的冲击

传统的匠人是纯手工打造器具或者纯手工完成艺术工程的。木匠做椅子,可以不需要任何钉子,全造榫卯固定木头,这种手艺耗时耗力,所以椅子售价比较高。但手工椅子的售价却受到现代机器批量制作出来的低价椅子的影响。售价低了,匠人收入太少,售价高了,又没有足够的市场竞争力,于是传统的手艺人慢慢地转行或者消失了。

(2)有些手艺被时代淘汰了,成了非物质文化遗产

手工技艺的更迭如大浪淘沙,有些还存在,有些却因为不被人们需要而逐渐消失。像古代农村的房子很多是用泥瓦、石头造出来的,于是古代在农村有很多泥瓦匠和石匠,但现代的房子以水泥钢筋居多,对泥瓦匠和石匠的需求就

减少了很多,这样的情况在铁匠、骟匠等手艺人中也存在。这部分匠人的生存空间逐渐减少,甚至完全消失。国家为了保护这些技艺,专门建立了非物质文化遗产保护机制,拯救、保护这些濒临灭绝的手工艺及匠人。

(3)年轻人往城里走,传统手艺后继乏力

在国家实施乡村振兴战略之前,农村中的年轻人越来越少,大家都向往城市的生活,也向往城市的高收入。在一些偏远的乡村,留守老人和留守儿童十分常见,年轻人反而稀少,老一辈的手艺人就算想收徒弟,也缺少愿意留守农村学习的年轻人。除却收入原因,年轻人觉得留守农村从事手工艺又累又没啥前途,对中国传统匠艺精神和工匠技艺重要性理解不够。

2. 匠人匠心和非遗传承是乡村振兴的重要组成部分

(1)匠人匠心提高农产品和手工艺品的品牌价值

乡村振兴的关键是乡村经济的发展,农产品经常有产品但没有品牌,初级农产品以低价批发给中间商,而匠人的技艺可以提升农产品和手工艺品的品牌价值。匠人可以对农产品进行手艺加工形成农产品手工艺品,当一个匠人有一定名气之后,他的匠心匠艺就会给产品附加更多的价值。匠人匠心是对产品进行的再次加工,有一定名气后会自然而然地树立起自己的品牌,这个品牌可以是以个人名字命名的品牌,也可以是产地品牌,还可以是家族品牌,不论哪一种,都会形成品牌附加价值。在品牌之上,还会附加品牌文化,这种品牌文化融合了匠人的技艺和匠人的用心,还融合了当地的乡村文化、民俗文化等,会给产品增加品牌的有形价值和无形价值,提高产品的售价,促进产品的销量,从而推进乡村经济的发展。

匠人匠心对乡村经济的促进作用是明显的。我们可以看一个例子:乐山市实施"千百乡村匠人"培育计划后,一批出色的农村匠人脱颖而出,其中有一个四川省级深度贫困县马边彝族自治县,在人社部为当地的贫困妇女培训了彝绣技能后,有一个叫乔进双梅的出色的绣女创建了自己的花间绣合作社,2019 年已培训绣娘 2000 多人次,人均年创收在 8000 元以上,可以说一个出色的匠人带领了一大批人脱贫致富。①

(2)匠人匠心是农村非遗保护和传承的重要组成部分

非物质文化遗产并不是仅指农村的非物质文化遗产,而是指所有各族人

---

① 潘岷,邹娟.匠心精铸 匠技嘉州——乐山市大力实施"千百乡村匠人"培育计划[J].中国就业,2019(11):28.

民世代相传并视为文化遗产组成部分的各种传统文化表现形式,以及与传统文化表现形式相关的实物和场所。中国的非物质文化遗产申报种类一共有七种,其中第三种就是传统手工技艺。农村的非物质文化遗产的传承与保护要比城市非遗传承与保护难度更大,因为农村非遗种类更多,非遗散布地域范围更广,非遗传承人的寻找也有一定的难度。匠人匠心的发扬光大,是可以更好地保护、传承乡村的非物质文化遗产的。比如做义乌红糖的非遗传承,随着义乌红糖匠人名声变大,义乌红糖品质得到更多人的认同,义乌红糖的销量提高,义乌红糖这一非物质文化遗产就会得到更多的资金支持、政策倾斜的保护。

3. 匠人培育云计划扩大农村匠人群体,提高匠人地位

云平台在乡村匠人的培育中可以起到独特的作用,集中体现在四大方面。

(1)开放式云端匠人培育推广计划

传统的匠人推广主要靠电视广播杂志报道,主要的方式是新闻采访宣传和手艺人的纪录片拍摄和播放。一般的乡村匠人没有经济实力和专业团队来做整体的营销广告宣传,投放电视广告的成本非常高昂,且投放一次两次见效很慢,匠人的技艺信息传播需要一定的时间承载,也需要一定时长的详细介绍才能被公众理解和接受。所以在以前,酒香也怕巷子深,匠人匠心和他们的作品流传,常常是通过人们自发的口口相传这种朴实无华的方式。但在云平台上,我们可以以低成本进行开放式的云端匠人培育计划,在一定政府背景支持或者村镇配套支持的前提下,进行广泛的云端宣传、推广,从而培育更多的乡村匠人。

开放式云端匠人培育推广计划与普通的广告宣传推广是完全不一样的。首先培育者和推广者是开放的,所有对某一匠人匠技有兴趣的人都可以参与进来,每一个人都可以是信息的接受者,也可以是传播者,云平台让大众传播和自媒体传播融合在一起。其次是传播的方式与渠道是开放式的,云平台的传播可以做到真正的"万物皆可传",匠人的技艺可以在现实与虚拟之间的任意渠道传播,无物不可传。最后是裂变式的传播效果,传统的深巷"酒香"的传播轨迹是"一传十,十传百,百传千",但云平台上的匠人匠心的推广是一种裂变式即病毒式传播效果,其传播轨迹是"一传 N 传 N",并且可以进行精准传播。

(2)匠心产品的云体验与云销售

云平台的优势之一是能为匠人的作品设立云体验场馆,一边体验一边销售。闻名不如一见，一见不如一试，云平台上可以建立虚拟的匠艺体验馆，也可以在现实体验馆中置入 XR 的高科技内容，这是最新的产品体验馆形式。第一种纯虚拟的云体验馆，用户在自己的智能终端进入云平台登录匠技体验馆，在虚拟现实的世界中，从头到尾观看匠人制作产品的过程或者自己亲自制作一个成品。第二种是在现实中设立体验馆，这种体验馆不仅仅有传统线下体验馆的一般功能，更有云体验馆高科技的内容，比如加入裸眼 3D 的内容，加入 AR 的技术，增强身临其境的体验感。比如唐三彩的体验馆，当用户走进体验馆，就可以进入唐朝的虚拟现实场景中，用户在一个立体的大唐盛世中观看、制作一个唐三彩的作品。

（3）乡村技艺传承人的开放式寻求与技艺云端传授

农村年轻人往城里走，导致乡村的老匠人找不到传承人，云平台可以解决这一问题。乡村技艺传承人开放式寻求，老匠人通过云端传授技艺，在地球任何一个地方的人都可以学习这些技艺，技艺的传授可以直接在云体验馆中进行。如果资金充足，可以在云平台上建立更高级的匠技传承馆，可以加上可佩戴的装备捕捉现实中人的动作与表情，建立技术难度更大的匠技虚拟工作室。比如烧制陶瓷时的窑虚拟馆，将现实中窑的数据模拟到云工作室中，使师徒之间关于烧制陶瓷的技艺传授更方便。

云端传授技艺并不是普通的网络授课，而是结合了云计算、大数据技术、人工智能技术和 AR/XR 等高科技技术的匠人师带徒传授技艺方式。这种云端传授技艺方式可以打破一个手艺师父只带几个徒弟的情况，实现一个匠人师父教授大量徒弟的情况，这个"大量"不是成百上千，而是成千上万。

（4）乡村匠人非遗文化教育云宣传

乡村匠人非遗文化的宣传是乡村文化传播的一部分，是保留乡村农耕文化的重要方式，传统匠艺也是乡村非遗文化中非常重要的载体和表现形式。比如制作渔具的技术，是渔村文化的一部分，是渔事活动的技艺部分，是祭海习俗的一部分，如果祭海仪式成为非物质文化遗产，那么制作渔具的匠艺和匠人必定是这个非遗不可分割的内容。

云平台的乡村匠人非遗文化宣传可以与更多的平台一起联动，比如可以是云平台和电视台合作宣传，也可以是云平台与报纸合作宣传等，在电视、报纸上投放精彩的 30 秒到 60 秒广告，然后引流到云平台上观看详细的匠人非遗技艺的纪录片，也可以电视直播、网络直播和云平台直播同步进行，多平台、多方位、多角度宣传乡村匠人非遗文化。

二、基于云计算培养适应全产业链的高素质型农民

1. 培养全产业链家族农场和农民合作社带头人

农业领域的全产业链是指以消费者为导向，从源头到消费者全程，经过种植、养殖等源头，包括加工、物流、分销到消费者手中的一整个食品供应链全过程。农业领域的全产业链需要的农场主和农民合作社带头人是全能型的农民，不仅要懂得种植养殖，也不仅要懂得农产品加工，还要懂农产品特殊的物流运输以及农产品的分销与终端销售，是一种新型的全能型农民人才。

培养能经营全产业链的全能型农民的难度在于涉及的业务类型和产业类别太多太杂，农村中土生土长可以当老师的人才不多，满足不了广大农场主的学习需求，现实中能召集到的老师数量也是非常有限的，他们中只有极少数能一直待在村镇中给农民培训。所以农村中全能型的农民经营者数量稀缺，家庭农场和农民合作社自己创建的农产品品牌很少，他们的品牌经营意识和产品销售意识还有待提高，很多农产品明明是优质农产品，但却以非常低的价格批发给别人，培训懂生产、懂经营和懂销售的全能型农民势在必行。

云平台的培训专家库是无限大的，可以根据全产业链的不同层级制定成套的培训策略。从种子专家到种植能手，从采摘高手到冷链物流公司高管，从云仓储专家到销售冠军，从源头到餐桌，给家庭农场和农民合作社带头人全套的、全产业链的培训。

2. 高素质农场主管理者培育云计划

管理型农场主和农民合作社带头人也是乡村振兴中必不可少的一类人才，是农村中稀缺的人才。具有现代化管理思维和现代化管理手段的农场主和农民合作社带头人在一村一镇中起到的作用是不可低估的，一个出色的管理型农场主能带领整个村或者整个镇的人一起脱贫致富。在以前，这样的人才只能靠偶然的发现和用心的挖掘，但在乡村的成人教育体系中，会对具有管理潜质的人才重点培养、重点扶持，让这样的人才更快地成长起来，得到更多的管理知识学习机会。

在云平台上可以设计挖掘本土型具有管理潜质的人才的方案，比如给所有的农场主和合作社带头人在云平台上设计一套测试卷，然后筛选出管理潜质高的人。将这些人集中起来进行管理者培训，重点在于对现代化农场主或者龙头企业进行管理知识培训，还可以在云平台上对接国外成熟的大型农场主，使国内国外的农场主可在这些平台上互相沟通和交流，本土农场主可学习

国外大农场主优秀的管理理念、方式和模式，并借鉴其中可落地的部分用于本土家庭农场和农民合作社的管理。

三、乡村经营营销人才云培训体系

与生产型人才相对应的是经营营销型人才，经营销售和营销推广是能让农产品通过云平台变现的重要环节，但具备云销售能力和云营销推广能力的人才却比生产型农民还要缺少，所以我们在成人教育体系中需要制订对应的培养计划。

（一）培养适合云经营销售的农民

1. 云销售模式需要农民的重新学习和深度学习

在云平台上有很多完全不同于传统销售的方法，比如直播带货、限时抢购、场景营销、发起拼团，还有秒杀、返利、分享抽奖和分享返利等，还涉及非常多的新鲜术语，比如引流、分流、流量池、初始用户池、B 端渠道、C 端客户、微信小程序销售、云店销售等，这些销售概念甚至颠覆了以往线下销售的概念，需要从事云经营云销售的农民们重新学习，而不是依靠以往的惯性进行销售。

2. 云销售模式的虚拟训练和实战训练

当大家掌握了云经营销售的理论知识以后，需要进行的是云销售的实战训练，在云成人教育体系中，可以进行虚拟的销售训练和以项目为主的实战训练。虚拟的销售训练是学员们在一个销售训练场景中进行虚拟的经营、分销、销售、仓库、运输等相关行为，然后老师根据学员们的表现打分。在云平台上建立融合商品供货商、金融机构、支付平台的 B 端到 C 端销售平台的综合训练厅，学员们可随时可以进入这个综合训练厅进行虚拟训练，将理论与实践结合起来。而以项目为主的实战训练是以实际的销售项目为题的云销售实战，一般以农民所在的村镇某一农产品当季销售为项目内容，成绩与销售业绩挂钩，实战训练难度更大，但效果更好。

（二）培养能进行云营销推广的农民

与云销售模式一一对应的营销推广模式也是需要农民重新学习重新适应的。在云平台上可以说是"无物不营销"、"无处不营销"和"无时不营销"，任何能与消费者接触的环节都可以作为云营销推广的引爆点，这种 360 度随时可营销推广的理念，是与传统线下营销完全不同的。在传统的农产品销售过程中，农民更多的是做朴素的推广，上电视台做广告都不多，如果农产品滞销，向媒体求助的概率高于主动做推广的概率，我们常常在各类媒体上看到某处农产品卖不出去而当地农民损失惨重，但很少看到某村某镇的农产品上市做各类宣传推广，它们的宣传推广经常是采用政府搭台企业唱戏的模式。而云平台的营销推广是与云销售配套的，更需要农民自己主动去做宣传、推广。云营销推广的方式、渠道也很不一样，比如小程序营销推广、App营销推广、手游营销推广、支付系统营销推广、应用场景营销推广，云平台有多少个渠道，就有多少种营销推广方式，甚至一个渠道对应多种推广方式，每隔一段时间就有很多新的云营销推广术语出来。学员们要跟上新形式的云销售，不可不学习新的云营销推广手段。

四、云上云下乡村尖端人才专项培育体系

尖端人才是人群中占比极小但起到的作用极大的一群人，是在科技飞速发展的时代一个国家、一个地区综合实力的体现之一。乡村振兴和基于云计算的乡村振兴想要真正腾飞，培养自己本土的高精尖人才是必需的，全靠引进不是长久之计，生于农村、长于农村、学在农村、服务农村的本土尖端人才是乡村目前极其稀少的存在，也是我们在基于云计算的乡村教育体系中的重要组成部分。这种尖端人才专项培育包括了学生中尖端人才的培养，也包括了成人教育中的尖端人才培养，包括了云平台的云上教学，还包括了云下的现实集中教学，是基于云计算的乡村教育中最为特殊也是最为困难的一块内容。

1. 尖端人才的选拔从小开始，从云上挖掘

在中国的高校教育体系中，近些年出现了针对大学生的尖端教育计划。清华大学有3个班汇聚的是顶级精英，在2020年只招收了106名新生，其中"智班"是清华学堂人工智能班，由世界著名计算机科学家姚期智院士创办，2020年有29名新生；而"姚班"是清华学堂计算机科学实验班，主要培养领跑国际拔尖创新计算机科学人才，2020年招收了47名新生，有两个班。浙江大学的竺可桢学院是实施英才教育、培养优秀本科生的一个重要基地，里面设立了计算机、人工智能、信息安全方向的图灵班，机器人工程班，智能财务班，求是科学班等。竺可桢学院的学生由全国各地高中免试推荐入学的保送生和高考的高分考生组成。而我们基于云计算的乡村教育的设想是组成乡村尖端人才的云挖掘系统，由专家组通过云平台观察孩子们和成人职业教育的学习过程和学习成绩，从中挑选出有可能成为高精尖的人才，再进入线下筛选，最后选出不同类型的拔尖人才，组成基于云计算的乡村教育中的精英班，加以重点培养。

具有成为尖端人才潜力的孩子在农村肯定有，但乡村教育体制不够完善，对某方面很突出的孩子可能发现不了，耽误了这些孩子的成长，这一情况在云教育体系下会得到很大的改善。同样的，可以改变乡村现状的尖端人才在已经成年的农民中一样是存在的。有些人在长期的农村生活实践中，可以发明更先进的农业生产资料，或者发现更新的种植技术等，这些人经过针对性的精英教育并被给予足够的科研时间和空间，完全有可能在以后发展成为适合农村的尖端人才。

2. 云上云下协同创新整合教育资源

乡村中的高精尖人才是乡村振兴的领军群体，对这群人的培养不能仅仅局限在云平台上，应该云上云下协同整合教育资源培养，所有有助于他们成长的资源和教学方式，都应该纳入到整个培养计划当中。乡村本土高端人才的培养，不仅是云上云下结合，还应是国内资源与国外资源结合、基础与尖端结合、宽松环境与紧张学习结合等。

（1）以国际视野开展农村领域的尖端技术教学

创办了清华精英"三班"的姚期智先生出生在上海，高考进的是台湾大学，毕业后拿到了留美读博的资格，在拿到物理系博士学位后，姚期智先生放弃了物理学领域，转攻计算机领域，2年后，他完成了计算机博士课程的学习，而当时国内的计算机刚刚起步没多久，要想获得先进的计算机领域知识，只能向国外学习，姚期智先生从国外学到尖端的计算机知识以后，毅然回到国内发展，并且开创了清华姚班，并在2019年开办了智班。

乡村尖端人才也需要具有国际视野，了解国外相关领域的发展水平，通过国外留学进修，或者通过云端学习先进的知识技术，掌握最新的农业高科技。另外，在科技快速发展的今天，再尖端的知识也可能在不久之后成为普及的知识，要想保持高精尖的水平，只能不断地学习，在云平台上继续学习，保持学习的状态才能一直处于领先水平。

（2）开放式、交叉学科教学

开放式教学和交叉式学科教学是针对尖端人才培养的特定方案，前期不限定专业和方向，强调开放式的学习，是众多精英教育中殊途同归的选择。比如竺可桢学院的学生不分专业，会先在文、理、工三大类平台上进行通识课程和基础课程的前期培养，后期才确认主修专业。竺可桢学院有一个针对农业领域的"神农精英班"，这个班是涉农管理人才培养项目，他们的培养方式就是交叉复合型本科人才培养方式。而清华的姚班和智班，也会学习数学、计算机、神经科学、脑科学、心理学等各个学科的知识，采用的是"广基础"和"重交叉"的培养模式，实施专业课程精简，更强调基础课程和通识教育。

3. 注重"三农"教学，强调乡村振兴荣誉感

2019 年央广网转载了《中国青年报》的一篇报道《学农的大学生为啥农村留不住》，里面提到了全国人大代表、江西农业大学教务处处长魏洪义说的这句话："学农的大学生农村留不住，这是我一直的困惑。"对比 2014 年前，江西农大培养的本科生和研究生直接下乡的不多，学生们更愿意去城市的公司和研究所。① 普通的学农的本科生和研究生外流的情况都这么明显，更不要说尖端人才。辛苦培养的尖端人才外流是存在的，有些公费出国留学的顶尖人才最终选择留在国外不回国。乡村培养尖端人才更不容易，如果好不容易培养成才的顶尖人才选择留在大城市甚至选择留在国外，对乡村振兴和乡村创新都是一种巨大的损失，所以在培养自己本土的顶尖人才过程中，一定要注意"三农"教育，加强尖端人才对乡村振兴的责任感和荣誉感，同时也尽可能地提供相对较好的科研环境和生活条件，让尖端人才产生强烈的乡村归属感。

(1)在乡村尖端人才培养中需要持续进行"学农"实践

学农是城市中长大的学生体验乡村生活、农民生活的实践课程，设立的初衷是让学生传承中国人民吃苦耐劳和团队合作的精神，让"中华社稷"根植于孩子们的心中，而乡村中长大的孩子对农业的感情也需要不断地加强，在乡村尖端人才的培养过程中一定要定期进行学农实践，这是乡村尖端人才培养区别于其他尖端人才培养的地方。学农教育一方面可以加强乡村尖端人才对"三农"的归属感，另一方面也让他们增加"三农"相关知识训练和动手实践的机会，为将来服务"三农"奠定坚实的基础。

(2)建立乡村主题的虚拟教育教学尖端实验室

尖端人才培养过程中必定需要配套的尖端实验室，越好的实验室越能聚集高端的农业科技人才，比如种子实验室、农业人工智能实验室、土壤与农业可持续发展实验室、农业生物资源和有害生物防治实验室等。这些现实中的实验室一般会与高校、科研机构等挂钩，需要专业人员定期维护实验室的正常运行，很少的农村有足够能力维持尖端实验室的运行，乡村尖端人才如需进行实验就必须聚集到实验室所在地，一般为大城市，而且因为学科布置和区域布

---

① 叶雨婷，程盟超. 学农的大学生 为啥农村留不住[EB/OL]. https://baijiahao. baidu. com/s? id=1629572917995270673&wfr=spider&for=pc,2019-04-01.

局的不均衡,一些领域重点农业类实验室是空白的,可能要去国外进行相关实验,这些对留住乡村尖端人才是十分不利的。但建立在云平台上的虚拟尖端实验室就不存在空间的障碍,这些人才待在农村也可以在云上进行相关实验,一边在农村中实践,一边在云平台上实验,既避免了人才脱离农村的弊端,又保持了尖端实验的进行。

第六章　基于云计算的乡村文化振兴策略

2021 年中央一号文件提到了加强新时代农村精神文明建设,提到"弘扬和践行社会主义核心价值观,以农民群众喜闻乐见的方式,深入开展习近平新时代中国特色社会主义思想学习教育。拓展新时代文明实践中心建设,深化群众性精神文明创建活动"①。乡村振兴是乡村政治经济文化等的全面振兴,乡村文化建设是乡村振兴中必不可缺的一部分。乡村文化振兴了,不仅可以提升农民的精神面貌、心理素质,避免物质富裕之后精神空虚与腐化,还可以将乡村文化及其衍生的 IP 变现,从而提升乡村文化价值,促进乡村经济的进一步发展。与基于云计算的乡村振兴同步进行的是基于云计算的乡村文化建设,文化建设范围很广,主要指在云平台上同步建立集乡村文化节庆活动、乡村教学活动、乡村群众文娱活动于一体的综合体。

第一节　基于云计算的乡村文化振兴对乡村振兴的意义

在本章的阐述中,基于云计算的乡村文化振兴包含了两个层面的含义:第一层面含义是乡村文化在云平台上的建设和振兴,是乡村文化在云平台上的体现。第二层面含义是基于云计算的乡村振兴体现出来的对应云文化。基于云计算的乡村文化振兴对乡村振兴是具有重大意义的,因为精神文明建设和乡村文化建设都是精神层面的建设,需要依托于具体的某事、某物、某人、某处等才被人感知,建立在云平台上的云精神文化建设就更需要有从虚拟到现实的实实在在载体。基于云计算的乡村文化建设和城市云文化建设相比,存在较大的难度,但再难也要建设乡村文化,也要在基于云计算的乡村振兴平台上同步建设基于云计算的乡村文化。

---

① 新华社.中共中央　国务院关于全面推进乡村振兴加快农业农村现代化的意见[Z/OL].http://www.moa.gov.cn/ztzl/jj2021zyyhwj/zxgz_26476/202102/t20210221_6361865.htm,2021-01-04.

一、基于云计算的乡村文化振兴是基于云计算的乡村振兴的灵魂

1. 乡村文化建设是乡村振兴的灵魂

（1）乡村文化是农业文明的载体

中国农业大学农民问题研究所所长朱启臻教授说："乡村文化总体而言可分成四大类：一是农耕文化。这是与农业生产直接相关的知识、技术、理念的综合，包括农学思想、栽培方式、耕作制度、农业技术等，农耕文化还包括了农业哲学思想和农业美学文化。二是乡村手艺。像木匠、石匠、篾匠、刺绣、酿造等技艺，凝结了先人的生存智慧，反映着村民们的精神信仰与心理诉求。三是乡村景观文化。乡村景观以农业活动为基础，以大地景观为背景，由聚落景观、田园景观、社会生活景观和自然环境景观等共同构成，集中体现人与自然的和谐关系。四是乡村节日与习俗。生活习俗作为生活中的文化现象，包括衣食住行的方式，生老病死、婚丧嫁娶的习俗，以及民间信仰与禁忌等广泛内容，也包括乡村艺术和娱乐活动等。"[①]这四大方面就是农业文明的主要体现，农业文明所需的的载体，体现在具体的物质形体上、人们的说话和行为上、风土人情上，总结起来恰好是乡村文化的这 4 大类，农耕文化是农业文明的基础载体，是所有农业生产和农村生活的基础部分；乡村手艺是农业文明的技艺载体，表现了农民们的技术文明；而各种景观文化集中体现了农民们的生活环境和建筑文明；乡村节日和习俗是几千年累积下来的农村风土人情文明等，这四个方面都是农业文明的具体载体和具体表现，而农业哲学思想、生存智慧、精神信仰等也体现在其中。

（2）乡村文化是农民的精神依托

和城市相比，乡村的休闲活动和场所比较少，农村文化资源分散、形式单一，各种文化娱乐体育设施也比较少，农民们的文化娱乐体育生活不够丰富。以前农民为了脱离贫困劳作奔波，精力更多放在填饱肚子上，但 2021 年中国已经实现了全面脱贫，农民们从贫困线上脱离出来，有一部分农民的收入已达到城市中产阶层的收入。古语说"饱暖思淫欲"，意思是人在吃饱穿暖之后，容易贪婪放纵自己的欲望，沉迷于放纵的事情，近些年已经在有些地方出现了农民们兜里有钱后精神空虚而往不良方向发展的情况。故应发展乡村文化，建设乡村文化配套设备设施，完善农村的公共文化服务，丰富村民们的精神文化

---

① 朱启臻.乡土文化建设是乡村振兴的灵魂[N].光明日报,2021-02-25.

生活,打造农民的精神家园,让农民在生活富裕的同时也能找到精神依托,有积极、健康、努力、向上的精神文化生活。目前全国各地农民已经在开展各种形式的乡村文化建设,比如一镇一品本地特色文化品牌、百姓舞台梦想秀、文化礼堂等。

（3）乡村文化是乡村振兴成就的集中体现

中国不仅让 14 亿人吃饱了饭,还成功地带领 14 亿人全部脱贫,这是人类历史的奇迹,而贫困的主要地区就是中国广阔的农村,中国全面脱贫的成就会在乡村文化中体现出来。农民的幸福生活、中国美丽乡村的新变化等都可以写进乡村文学作品、拍进乡村纪录片中,乡村文化可以体现所有乡村振兴的成就,通过对乡村文化的不断传播、宣扬扩大影响力,所有的乡村振兴成就的展现都需要通过乡村文化体现出来。

案例:全方位展示乡村文化振兴的成果, 乡村振兴乡土文化成果展在东仓里[①]

2018 年 10 月 24 日,习近平主席来到荔湾区西关历史文化街区永庆坊考察乡村文化振兴的成果。这场乡村振兴乡土文化成果展由广东省东仓里美术馆、江门市标准地名图录典志编辑部主办,名为《乡村振兴乡土文化建设成果展》,在东仓里美术馆展出,展出地名文化、古建筑修复、美丽乡村环境提升、乡情村史馆(室)建设规范等工程实例,吸引了江门市蓬江、江海两区村(居)委两委干部近 200 人前来参观。

从本次展览的内容可见,广东省东仓里美术馆近年致力于中华优秀文化传承发展,其开展的地名文化研究取得多项成果,与江门南粤古建、广东思哲设计等企业合作的美丽乡村环境提升工程被列入示范工程。

1. 地名文化研究成果

广东省东仓里美术馆组织史志民俗专家,以地名文化为切入点,开启姓氏文化、祠堂文化和古村落活化研究,已有研究项目被应用。

---

① 广邑传媒.全方位展示乡村文化振兴的成果,乡村振兴乡土文化成果展在东仓里[EB/OL].
https://www.sohu.com/a/348357635_120143602,2019-10-21.(引用时略有删改)

2. 古建筑修缮工程成果

广东省南粤古建筑工程有限公司修缮广州永庆坊恩宁路项目古旧建筑修缮加固工程获得"广州市优秀建筑装饰工程奖"。

2. 基于云计算的乡村文化振兴是基于云计算的乡村振兴的精神引擎与创新源泉

引擎是一种动力系统,乡村文化是乡村振兴的精神引擎,是乡村振兴的动力系统,是农民们休养生息的精神家园。乡村文化振兴能让乡民们感受到"根脉",切实找到乡愁,能够重塑和再造新时代乡村社会生态和乡村文化秩序。[①] 乡村文化在云平台上的建设,是乡村振兴在云平台上同步建设的乡村文化体系,乡村文化建设对于乡村振兴也同样意义重大。基于云计算的乡村文化振兴同样也是基于云计算的乡村振兴的精神引擎和创新源泉。

(1)乡村文化为基于云计算的乡村振兴提供精神动力

中国互联网的建设是从城市走向乡村,先在城市普及再蔓延到农村。中国第一个 Web 服务器是 1994 年 5 月 15 日诞生于位于城市中的中国科学院高能物理研究所,中国第一波互联网浪潮从北京中关村开始向全国蔓延,中国的网络使用者是从城市网民发展到农民网民。中国云平台建设也是从大城市大互联网公司开始慢慢发展到乡村。云上文化早期也是以城市文化、潮流文化和新兴事物文化为主。基于云计算的乡村振兴在云平台上是一种新事物,当农民们涌进云平台,需要找到一种内心的认同感和文化依托体,此时就需要乡村文化的云振兴。乡村文化赋予基于云计算的乡村振兴文化自信,帮助基于云计算的乡村振兴实施者和建设者们坚定树立基于云计算的乡村振兴一定会成功的信心,基于云计算的乡村文化建设是基于计算的乡村振兴的内在动力,能让人们内心充满建设乡村的动力,增强基于云计算的乡村振兴的核心凝聚力。

(2)基于云计算的乡村文化为基于云计算的乡村振兴提供新的创意源泉

基于云计算的乡村文化是乡村文化+云平台文化的结合体,本身就是一种创新,它与乡村传统文化是不一样的,包含了新的乡村网络文化、新的乡村新媒体文化、新的乡村云平台衍生文化等,是伴随着基于云计算的乡村振兴发展而发展的文化内容。基于云计算的乡村文化并不是将乡村文化生硬地照搬

---

① 刘金祥. 乡村文化是乡村振兴的精神引擎［EB/OL］. https://www. zgxcfx. com/sannonglunjian/112399.html,2018-08-15.

到云平台上,而是将两种文化进行融合,形成一种全新的文化内容。比如乡村传统技艺在云平台上建立对应的乡村传统技艺云展示和云传播,这些技艺会与云计算技术、大数据技术和 AI 人工智能技术结合成为一种新的云技艺,相应地会衍生出云技艺对应的文化,包括云技艺使用的云术语,网络术语的更新速度不是以年计算,而是以月计算,甚至以周计算,新术语的创新过程就是一种新的云上创意过程。云技艺可以在云平台建立起虚拟现实操作空间和虚拟现实师徒传授的空间,这种 VR\AR\MR\XR 技术搭建起来的乡村技艺是一种全新的云技艺,会形成云虚拟技艺文化和云师徒文化等。基于云计算的乡村文化为基于云计算的乡村振兴提供了新的创新源泉,为基于云计算的乡村振兴提供新的文化自信,也为基于云计算的乡村振兴提供了新的创意成果。

二、基于云计算的乡村文化振兴让乡村文化无限拓展

哈尔滨工业大学教授、黑龙江省中国特色社会主义理论体系研究中心特约研究员刘金祥教授认为改革开放 40 多年来,乡村文化由于受到多种外在因素的冲击,其根基越来越羸弱,种类越来越稀少,底蕴越来越浅薄。一个缘由是新型城镇化的冲击,在乡村城市化的过程中,乡土民俗、传统文化、乡村技艺日渐衰落;另一个缘由是外来文化的侵蚀,千村一面失去自己的特色和个性;还有一个缘由是乡村文化传承的内在断裂,众多青壮年劳动力进入城市谋生,乡村中由老人、儿童留守,乡村文化传承基础受到动摇。[①] 基于云计算的乡村文化振兴可以从根由上改变乡村文化式微的情况,拓展乡村文化的发展维度。

1. 时间拓展:24 小时不间断丰富和传播乡村文化

(1)云平台支持乡村文化随时拓展内容

云平台可以让乡村文化在时间上无限拓展,包括文化传播不间断、创作不间断等。任何可以登录云平台的人都可以在任何时间进行乡村文化的创作,云平台能让乡村文化的创作更自由、更丰富。云平台不受单台计算机、单个网络的约束,云计算让全球任意联入互联网的终端都可登录云平台,这本身就无限地增加了乡村文化的类别和乡村文化的内容,比如中外乡村文化的交流不受时差的限制,云平台是 24 小时实时开放的,不存在以往互相沟通还得找一个双方都清醒的时间的麻烦,可以在任意时间登录云平台以留言、写帖子、留下视频等方式交流,也可以约定在 24 小时的任意一个时间在云平台上直接对话。

---

① 刘金祥.乡村文化式微因由[N].北京日报,2018-08-13.

（2）云平台可以不间断进行乡村文化的传播

对于乡村文化来说，可以在云平台上不受时间限制的传播意义更为重大。不再受到以往电视、广播、杂志、报纸等媒体在时间上的限制，云平台对乡村文化的传播是可以通过技术手段有针对性地在 24 小时中不同时间段活动的群体传播乡村文化信息。传统媒体的"黄金时间"概念在云平台上被淡化了，代替这一概念的是群体细分黄金时间，云平台的 24 小时被分割成不同的时间段，每一个时间段活跃的群体都不相同，乡村文化信息的传播也不存在总的黄金时间，只有针对特定群体在特定时间段的信息传播方案。

2. 空间拓展：场景＋虚拟空间拓展

（1）让偏远山村进入乡村主流文化视野

中国有很多偏远山村曾经因为与世隔绝而显得非常神秘，比如四川大凉山的悬崖村、西藏 70 多座冰川下的各个小山村、云南少数民族的几个偏远聚居地等，其他不神秘但因为路途不便而不为众人知的乡村就更多了，这些乡村的文化再有特色也没有被广泛传播，更不可能进入乡村的主流文化中去。云平台改变了这种空间的限制，大大拓展了乡村文化的空间拓展可能性。比如2020 年之前的位于海拔 4000 米以上的理塘和它附近的乡村还不为人知，但随着一夜之间"丁真"的走红，理塘区域成为 2020 年最火爆的旅游景点，热度直逼丽江、大理等知名古城。人们此时才知道理塘有一个中国最大的藏寨群落——千户藏寨，这里由 13 个藏寨组合而成，这里的街道纵横相通，更是著名诗人仓央嘉措预言转世的缘起之地，理塘的藏族文化也随之出名，改变了人们以为西藏才有如此浓郁的藏族文化的观念，让四川的藏族县城、村落和它的藏族文化广为人知。

案例：悬崖村网红：在去与留之间，拥抱变化的主播们[①]

近 30 年里，悬崖村村民吉克木果从不知道自己能讲这么多话。

在网上，他是坐拥 40 多万粉丝的主播，几乎每天睁眼就开始直播。他一般没有计划，生活是什么就展示什么。于是，他的直播里有

---

① 封面新闻.悬崖村网红：在去与留之间，拥抱变化的主播们[EB/OL]. https://baijiahao. baidu. com/s? id=16874688811519002403&wfr=spider&for=pc,2020-12-30.

乡村土房、过年杀猪，也有孩子唱歌、母亲治病⋯⋯最长时，他连续直播了 15 个小时，如图 6-1。

来源：封面新闻　　　　　　　　　　　　　　　　　　　2020.12

图 6-1　吉克木果在钢梯上直播

在村里，和他一样的主播，至少有近 20 位，年龄在 20 至 30 岁之间。2017 年以后，沿着 2556 级钢梯向上攀爬，沿途都能见到举着手机拍摄或开直播的人。

似乎，互联网在一夜之间冲进这个原本因地势而闭塞的村庄，带来纷繁的现代文明、蜂拥而至的关注和好奇。村里的年轻人拍摄悬崖村的景致、直播每天的生活、带货售卖农产品⋯⋯

经历了最初的摸索后，有人离开网络，继续原先的种植养殖或者找到工作，也有人逐渐摸到了隐藏在网络后的耦合线：只有家乡的旅游业发展起来，只有彝族文化习俗得到更多的关注，他们的讲述才能一直持续和更新。

在去与留之间，这些悬崖村的主播们，都在做出自己的选择。

5G 技术下的互联网，可以给乡村文化打破空间障碍更多的想象，以前的"云雷天堑，金汤地隙"背后与世隔离的乡村，在云平台下已具有通畅和外界沟通的可能，就算物质沟通还受到现实交通运输条件的障碍，但精神文化的交流却率先实现了畅通无阻,云平台能利用人工智能＋无人机在这些与世隔绝处搭建云平台网络,让里面的人展现他们自己也让他们知道外面是今夕何年,同样的,也让外面的人看到他们独特的乡村文化、独特的生活方式、独特的乡村建筑与景观文化。

（2）云平台增加了场景＋乡村文化

云平台可以无限拓展乡村文化应用场景,也就是"场景＋乡村文化"。场景原指生活中特定的情景,而到了网络时代,尤其是云计算时代,场景主要指哪些人（用户群体）＋使用产品的具体场景（时间、空间、状态、情绪、动机等）,场景应用就是文化的一部分,是人的内心需求在云平台上以虚拟场景呈现出来的样子。人内心的想象空间是无限的,现实是受到诸多条件制约的,云平台可以将这种想象空间建成类似于现实的场景,勾连想象与现实,满足人们的场景需求。人们想象出来的乡村场景包括了想象中的乡村历史场景,也包括了想象中的乡村未来场景,在这些场景中有古代、现代和未来的乡村文化,包括了诸如古代乡村建筑文化、景观文化、生活方式、技艺文化等,还可以是完全虚拟的场景及其文化。

（3）乡村文化通过云平台传播到现实任意空间

乡村文化可以在云平台上传播到世界上的角角落落,可以跨越山川湖海和极远边界,沿着网络传播到所有通网的地方,从现实传播到云平台传播再到现实传播,乡村文化在云网的世界中发酵、裂变、更新,被广为传播。在云平台上传播的信息还可以自动翻译成任意一个国家的语言,不需要人工翻译,打破语言和空间障碍,达到传播自由。

目前中外城市文化交流频率高于中外乡村文化交流,有很多国家有着丰富的田园文化、村庄文化。比如闻名全球的乡村葡萄酒文化、庄园文化、乡村观光旅游文化、古村落文化等。中国乡村有这么悠久的发展历史,有着 56 个民族的丰富文化,还有如此广阔神秘的地域特色文化,几千年发展中还累积出各种各样历史神话传说故事,但能闻名全球的乡村文化极为稀少,不是中国的乡村文化没有魅力,而是这些文化没有传播出去,没有广为人知。振兴乡村,也要振兴乡村文化,建设中国知名的乡村,也要建设闻名世界的中国乡村文化,云平台可以帮助中国乡村文化传播到世界各地,打造中国特色的乡村文化金名片。

三、基于云计算的乡村文化振兴促进乡村文化 IP 变现和增值

文化本身是不能变现的,它是人类社会相对于经济、政治而言的精神活动

及其产物,教育、科学、艺术都属于广义的文化范畴。文化看不见摸不着但又实实在在存在于我们的世界里,要将它变现是不可能的,一个原因是文化范围太广,另一个原因是文化的所有权是模糊的。但文化 IP 是可以变现的。IP是 Intellectual Property,即对所有人类的智力成果拥有的权利的总称,知识产权 IP 是可以变现的,它具有专有性和时间性,变现的主体和收益归属主体都是明确的,所以乡村文化变现是乡村文化 IP 的变现。

1. 云平台让乡村文化 IP 变现速度更快、方式更多

云平台可以建立乡村文化 IP 变现系统,让乡村文化 IP 变现速度更快、方式更多,从而促进乡村经济的发展。目前现有的乡村文化 IP 变现模式已有很多,简单的如直接建立云平台买卖双方的沟通渠道,将乡村文化相关的 IP 产品放在云平台上展示,买家看中后付钱买下,以类似于淘宝店铺这种形式进行乡村文化 IP 产品售卖。复杂的如建立程序化的乡村文化 IP 购买程序,用自动化系统和数据完成乡村文化 IP 的买卖。还可以建立更复杂的乡村文化 IP云商城,运行线上线下勾连的变现模式。

2. 云平台促进了乡村文化的 IP 增值

乡村文化 IP 增值主要有三种方式:纵横延伸、售前售后服务提升、跨界衍生。比如水稻文化的纵向延伸,是指从水稻种子、生产、加工、售卖这一个方向;而水稻文化的横向延伸,是指小麦、大麦、其他种类的谷物文化等。在云平台可以一键建立对应的文化 IP 类别,然后用大数据技术,将这些文化产品在很短时间内分门别类整理,形成一整个延伸体系。具体的乡村文化 IP 增值我们将放在第三节中详细展开。

四、基于云计算的乡村文化振兴的难点

中国地大物博,在几千年的历史长河中,各个不同地域的乡村发展、传承了自己的特色文化传统,再加上 56 个民族各有自己的聚集地和自己的特色民族文化,乡村振兴中的文化振兴在接收、包容、融合各个乡村特色传统文化过程中,存在一些矛盾冲突,这也是基于云计算的乡村文化振兴的难点。

1. 不同乡村文化在云平台上融合冲突

云平台在成功突破乡村现实山川湖海地理障碍的同时,也带来了不同区域乡村文化在同一个平台上大融合的趋势,但在融合的过程中,必然会出现大大小小的文化冲突。一般情况下云平台是一个开放的、透明的时空平台,人们

联网登录平台就能看到所有呈现在云平台上的内容,在云平台进行乡村文化建设以后,会出现各种各样的乡村特色文化,有些偏远山村的特色文化和有些少数民族的文化,可能存在与现在的主流乡村文化迥异之处,甚至存在不同的区域乡村文化之间观念完全相反的情况。从乡村饮食文化到服饰文化,从生活方式到宗族特点,互相之间差距都非常大,当这些观念都出现在同一个云平台上,争辩、争吵、融合与冲突是必然发生的,这些矛盾冲突可大可小,都会对乡村文化的云振兴造成困难。

2. 云平台对不同方言翻译能力弱

很多乡村文化同当地方言是一体的,特定区域乡村的特色文化常常要用当地的方言才能准确表达,如果将方言全都翻译成普通话进行云平台文化的构建,那很有可能失去了这种乡村文化的原汁原味。比如方言词汇、方言歌曲等都是某种乡村文化的有机组成部分,方言对保留某一种乡村文化来说是不可或缺的一部分,但方言的存在对云平台上人们的文化交流是一种非常大的障碍,中国的方言与方言之间的差异非常大,尤其是南方方言。

现在已经出现了方言翻译程序,比如讯飞、快译、SMAR 等方言翻译软件,但这些软件的翻译能力还有待进一步提升。主要原因是中国方言种类实在太多了,仅浙江省的方言类别就有几十种,一个地级市就有好多种方言,有些村与村之间方言都会有明显的差异。云计算虽然计算能力很强大,但对方言的通译还不能完美完成,所以在云平台上进行不同乡村文化的沟通、交流、融合和振兴,还是存在方言这种障碍,但我们相信技术可以带给我们无限的想象空间。

3. 某些乡风、民俗与地域文化与精神文明建设融合困难

中国有些地方的乡风和民俗是非常特别的,甚至可能会与当代的精神文化建设有冲突的地方。以前这些地方基本与世隔绝,但随着网络跨越山海联通各个角落,云平台上的文化种类越来越多。当这些奇特的风俗也进入云平台,不仅仅是与其他乡风民俗有冲突,还会与当代的精神文明主流思维有冲突,这些乡风民俗与主流文化需要多方努力多方协调才能顺利融合。比如有些偏远山区的村落,他们的婚恋观念与主流的婚恋观念有差别,一旦这样的村落文化进入云平台,他们的文化必然会引起其他人的瞩目,会收到很多人或好奇或质疑或异样的目光。这种乡风民俗与婚姻法也可能是有冲突的,而这样的例子并不只有一例,对这些冲突并不能一刀切地强迫他们改变,只能是一边冲突,一边融合,慢慢地改变。

案例：摩梭人传统婚姻家庭文化的当代境遇及未来抉择

——基于木里和泸沽湖地区的实地考察①

摩梭人又称"纳日人"，主要聚居在川滇两省交界的地区，四川的摩梭人称为蒙古族，云南的摩梭人属于纳西族。摩梭人以其"男不娶、女不嫁"独特的走婚习俗闻名世界，被学者称为"人类远古家庭婚姻的活化石"。走婚是一种男子暮至晨离女家的婚姻生活方式，即男女双方白天在各自的原生大家庭中从事生产劳动，到了夜晚男方才到女主家居住，第二天清晨又回到自己的母亲家。与走婚相对应的家庭形式是"母系亲族家庭"，该家庭是以女性为中心的母系大家庭，其成员由同一母系血缘关系的兄弟姐妹及其子女组成。

摩梭人的母系大家庭及其走婚习俗在世界上维持了两千多年，虽曾经历过其他婚姻家庭制度的冲击，但依旧以顽强的生命力延续下来。究其原因，摩梭人独特的婚姻家庭文化存在的价值是其顽强存续的内在因素。……摩梭人独特的母系大家庭因为人口多，劳动力充足，有利于生产生活上的分工，抗风险能力力强。……从维护文化多样性上看，摩梭人独特的婚姻家庭文化为人类社会保留了一份珍贵的文化样本。……摩梭人独特的婚姻家庭文化延续的意义就在于保持世界文化多样性并使现在生存的每一个人及其后代都不会丧失自己的文化归属感，同时为相关研究提供了一个典型的"活样本"。

第二节　建设乡村云上文化综合体

基于云计算的乡村文化振兴需要系统的规划和建设，需要有一个云文化核心区来向外辐射能量，我们尝试着引入"云文化综合体"这一概念，将之作为云文化建设的核心板块，其他的各类云文化功能都由此出发，多角度、多层次、多平台进行基于云计算的乡村文化建设。文化综合体在现实生活中是指以文

---

① 陈荟,鲁奕利.摩梭人传统婚姻家庭文化的当代境遇及未来抉择——基于木里和泸沽湖地区的实地考察[J].青海民族研究,2019(4):101-105.

化生产为基础,以文化体验为特色,各类文化活动与商务活动配套互补的文化产业集合体,在全国各个省份已经建设有类似的虚拟+现实的文化核心综合体,其中成果非常突出的是浙江省的文化大礼堂建设。文化大礼堂有现实的具体场馆,同时也有云上文化大礼堂,浙江省的文化大礼堂对浙江省乡村文化的振兴作用明显。在本节中,我们结合现实中乡村文化综合体建设情况,设定了"一个中心一个生态圈"的云文化综合体,一个中心是指核心功能体,一个生态圈是以云文化核心功能为中心建立层层向外拓展的完整的云文化生态群体。

一、基于云计算的乡村文化核心功能体

农村文化资源分散,设备设施简单,娱乐内容单一,农民上网率也有待进一步提升,乡村的云文化建设难度比较大,但好的一面是经过多年的乡村公共文化建设,农村中已经建有数量较多的各类文化综合体,给云文化建设奠定了坚实的现实基础条件。在云平台上建设一个文化核心功能体是非常重要的,其类似于整个基于云计算的乡村文化的"大脑",可以让分散的农村文化资源集中起来,统筹分配资源和制定传播策略。这一功能体类似于现有的浙江的农村文化大礼堂、安徽农民文化乐园、甘肃乡村舞台、山东农村文化大院、湖北农村文化广场、广东中心社区综合文化中心等。[①]

1. 共建核心功能体,打造云文化"中脑"

在现有的农村文化综合体当中,根据浙江省委党校舆情研究中心在2018年发布的2017年度浙江农村文化礼堂全国影响力和口碑指数白皮书,浙江省的文化礼堂在全国主要省份基层综合性文化服务项目热度对比中热度值为96.82%,居第一位。浙江省的文化礼堂建设从2003年开始,到2020年已经遍布浙江省各个大大小小的村庄,目前已起到万余个,但这些文化礼堂很多并没有起到太大的作用,从媒体报道关注度看,位居前三位的分别是杭州(9233篇)、温州(7718篇)、嘉兴(5529篇)。设施建设、礼仪民俗活动、管理机制是报道重点。[②] 就以现实的核心功能体的建设来看,单靠一村的力量是很难成为

---

① 陈信,柯平,邵博云.基层公共文化服务可持续发展模式研究——以浙江农村文化大礼堂为例[J].山东图书馆学刊,2021(1):12.

② 浙江在线.浙江文化礼堂有大数据了 六年总建筑面积相当于一个西湖[EB/OL].https://baijiahao.baidu.com/s?id=1595530468506232115&wfr=spider&for=pc,2018-03-21.

真正的综合体并达到向外辐射的效果的,人力、资金、资源、参与的人数等都受到极大的制约,但现实要将这些村落联合起来难度比较大,而云平台联合难度相对较低,以基于云计算的区域联合打造区域云文化"中脑"是可行的。

多个村落联合成一个整体区域打造云文化核心功能体可以分成几步走:第一步从简单的云联合开始,先在云平台上建设一个简单的功能体,包括村落文化的展示、公告信息展示、文化传播教育功能共通等,这样的功能体和普通的网络平台没有太大的区别,成本低且操作非常简单。第二步是建设多功能云文化综合体,包括了虚拟空间、虚拟操作系统、大量的图书文献资料、云文化教育 VR 功能等,这种综合体需要投入较多的资金,也需要专业的人员运营维护,并且要求区域内的所有村落都有专门对接云平台。第三步是线上线下联合,包括了所有的文化活动线上线下同步进行,各类资源线上线下共享等,这一块内容我们放到下一点具体展开。

2. 线上线下共建共享

2021 年 1 月,杭州云城首个未来社区概念方案出炉,这个未来社区的方案是中国首次以云平台为核心建立现实与虚拟结合的云社区方案,对我们云文化的线上线下建设很有借鉴意义。云文化建设结合现有的线下乡村公共文化服务设施设备,突出"智能""科技"等特征,打造联结区域内所有民众的数字化文化学习中脑,打通线上线下所有村落公共文化服务,形成线上文化资源共享,线下文化资源共享,线上线下同步进行乡村文化教育传播活动的整体云文化综合体。

这种线上线下共建共享是云文化振兴的高级阶段,需要具有足够的实力才能完成,而且必须有政府搭台、企业唱戏、村落共建、村民全员参与才算真正建成,这是我们对基于云计算的乡村文化振兴的未来设想。在这种设想中有部分可以在前期就实现,比如智慧文化应用场景线上线下共建,像视频传播功能,可以在云平台上建设视频传播中心,然后在各个村落现有的文化综合体建设大屏幕,当云平台上开始播放某个视频时,其他所有村落的大屏幕都同步播出,如果资金充足一点,可以在各个综合体建设具有技术含量的水幕投影,或者升级成裸眼 3D 播放的大空间影像,这种应用场景从简单到复杂逐步建设,复杂的应用场景建设难度很大,但简单的应用场景利用现有的条件就可以达成。

3. 突出本地特色,与行业联动

文化是人类精神活动及其产物,带有强烈的地域特征和群体特征,有学者甚至把文化界定为人类群族从过去到未来的历史,是群族在自然的基础上的所有的活动内容，由此我们可以肯定的一点是我们的基于云计算的乡村文化振兴必须与本土特色结合，尤其是云平台上文化核心功能体必须能集中体现当地特色和当地群体特征，是能让人登录这一核心功能体后，一眼就认出这是哪里，这是群什么人，也能让不知道的人一眼就看到这一文化的突出特征。

(1)重现特色建筑、景观与主题广场公园等场所文化

建筑和景观是人们到达当地后第一眼能看到的物质文化部分。有特色的文化常常会外显在他们生活的各类场所上，比如礼堂、祠堂、住宅、学校、主题文化公园或广场等，在云平台上应该尽可能重现这种物质文化特征，这是最直接让观众一眼认出的区域文化特色。像徽派建筑以砖、木、石为原料，以木构架为主，梁架多用大料，且注意装饰。还有特色的牌坊筑立褒奖徽州女人贞洁。官商建筑有别，以民居、祠堂和牌坊为徽州古建三绝，徽州不同的区域的建筑风格还存在细微的区别。云平台重现这种物质文化并不存在大的技术难度，简单一点重现是只作平面设计，以图片形式呈现物质文化特征，难一点的是虚拟建筑搭建，以多维虚拟空间的形式重现各种场所，更难一点的是虚拟和真实结合的各类场景搭建，不管哪一种都可以重现当地场所文化特色。

(2)突出当地的非物质文化遗产

非物质文化遗产是一个国家和民族历史文化成就的重要标志，对于乡村文化来说，非物质文化遗产同样也是乡镇村庄文化的重要标志，是最能体现当地文化特色的非物质文化部分。非物质文化遗产类型非常多，根据《中华人民共和国非物质文化遗产法》的规定，主要有六大类：传统口头文学及其载体的语言；传统美术、书法、音乐、舞蹈、戏剧、曲艺和杂技；传统技艺、医药和历法；传统技艺、节庆等民俗；传统体育和游艺；其他属于非物质文化遗产组成部分的实物和场所。

根据拥有的非物质文化种类，在云平台上以不同的方式植入这些非物质文化遗产，比如民歌、村歌类的，可以作为功能体的背景音存在；而戏曲类、舞蹈类、曲艺类和杂志类的，可以在云核心功能体搭建虚拟的戏台演出；传统美术、书法等，可以将作品重现在云平台上，作为各类装饰和背景存在；传统技艺展示方式有很多种，如技艺的动画展示、虚拟人物演示，也可以将技艺作品重现在云空间中。对节庆民俗可以结合线下同步进行展示。

4. 统筹所有区域文化资源，向外拓展

云文化核心功能体的一个功能是统筹所有区域内能用到的文化资源进行整体调配，达到1加1大于2的传播效果。另一个大功能是将分散的文化资

源联合成一个强的文化主体向外拓展,包括文化IP的商业变现,还包括与社会力量合作开发文化资源,也包括了其他一系列的向外拓展功能。

(1)明确基于云计算的区域文化资源主体组织

乡村文化资源是分散的,文化资源的控制和调配主体常常是不明确的。乡村文化云核心功能体的建设一定会有建设主体,遵循谁建设谁控制的原则,基于云计算的区域文化资源的控制主体是明确的,这个主体可以是几个乡村政府共同组成的组织,也可以是被相关乡村政府授权的企业主体,甚至还可以是具有超级影响力的个人主体。例如杭州市萧山区戴村镇提出了"文化管家"这一主体,处理戴村镇的文化资源开发与社会合作;又例如绍兴市上虞祝温村成立了乡贤公益基金,基金就是这个村的文化资源控制主体。这些形式同样也适用于基于云计算的区域文化资源控制主体,有了主体就可以进行所有云文化资源的调配和云文化IP的变现。

(2)积极与社会力量合作,开发更多的云文化资源

单凭乡村政府的力量和农民自己的力量,很难做大做强基于云计算的乡村文化IP。近年来各级乡村政府已经开始与社会力量联合开发公共文化产品和文化服务,还出台了《关于做好政府向社会力量购买公共文化服务工作的意见》,比如浙江省各地通过文化礼堂基金、文化众筹、文化创投等形式吸引社会资金,鼓励社会力量参与建设和管理公共文化产品和服务。[①] 云文化资源的开发和合作更需要引入社会力量,尤其是高科技企业和尖端技术人才力量,只有掌握最新的云技术,才能更快、更好地建设乡村文化云平台。

(3)形成规范的云文化资源开发利用制度

云文化核心功能体是基于云计算的乡村文化资源的集中开发利用主体,规范使用各项区域内的云文化资源要求必须形成一整套完整的制度,以制度规范要比靠人自律来得靠谱,也更有利于云文化资源的生态可持续发展。制度的建立分成3个层面内容:第一层面是以政府的相关政策文件为前提,从国家出台的各类乡村文化相关政策,再到省级、市级、县级、镇级和村级的相关文件,都可作为云文化资源开发利用制度制定的前提和准则。第二层面是建立基于云计算的乡村文化的生态圈制度,保障基于云计算的乡村文化是绿色环保且正能量的,具体云文化生态圈内容放在下面第二大点中详细阐述。第三层面是保

---

① 陈信,柯平,邵博云.基层公共文化服务可持续发展模式研究——以浙江农村文化大礼堂为例[J].山东图书馆学刊,2021(1):14.

障各方利益制度,以制度的形式保障组织者利益、社会合作方利益、村镇集体的利益、农民们的利益,尤其是农民们的利益要优先以制度的形式确定下来。乡村文化振兴和基于云计算的乡村文化振兴必须能让农民真正得到实惠,一方面让文化生活融入农民的生活,另一方面让参与的农民都能获得实实在在的收益,这才能真正调动农民们的积极性,完成基于云计算的乡村文化振兴。

二、以核心功能体为中心,建立基于云计算的乡村文化产业生态圈

文化产业生态圈是指在一定的区域范围内,按照区域集中、产业集聚与开发集约原则,引导文化企业、文化人才、文化资源、金融资本与知识技术等各种资源集聚起来,推动文化产业链上下游与协作关联企业通过匹配、融合、共享等多种方式,形成若干能够实现自发良性循环的微观生态链和生态群落,从而获得文化产品与服务的市场竞争力以及文化产业可持续发展优势的区域性文化产业多维网络体系。①基于云计算的乡村文化产业生态圈就是在基于云计算的区域内集中文化资源,将文化产业的上下游所有人力、物力等诸多资源集聚起来,并且在云平台上进一步匹配、融合、共享,形成云生态链和云生态群落,形成可持续发展的绿色环保云文化产品与服务的云平台文化体系。

1. 实现区域云文化产业共生、共享、共赢

(1)坚持党的领导才能有乡村文化的自信,挖掘文化的"红色元素"

"文化作为一个整体是受历史制约的社会现象,它取决于人类生存的活动方式。从某种意义上说,文化是代表一定民族特点的,反映其理论水平的精神面貌、心理状态、思维方式和价值取向等精神成果的总和。""文化作为一个整体具有意识形态作用。"②基于云计算的乡村文化也是具有意识形态作用的,它能生态发展的前提就是坚持党的领导,坚持高举社会主义文化这面大旗。乡村文化自信源于党领导下的乡村民众们远大的理想和信仰,有文化的自信才有振兴乡村文化的信心,这是建立乡村文化产业生态圈的前提,也是刻在中国乡村文化基因里的本质元素。红色元素本身就是乡村文化的重要元素,在革命时期,党带领军队走的是农村包围城市道路,以星星之火燎原全国,农村是主要的革命根据地开辟地,也是许多红色文化的诞生地,是中国传承红色精神的主要阵地,所以振兴中国乡村文化、增强文化自信的方式之一就是充分挖

---

① 马健.文化产业生态圈:一种新的区域文化产业发展观与布局观[J].商业经济研究,2019(2):174.

② 周正.文化作为一个整体具有意识形态作用[J].陕西师大学报(哲学社会科学版),1992(21):28.

掘各种红色元素,打造红色文化之旅,开发红色文化 IP 周边等,激活人们的爱国激情和革命记忆。

(2)建立云平台上乡村文化的共生和共赢的"造血式"生态循环

生态圈的主要特征是能实现自我的良性循环,也有学者将其称为"造血式"循环,意思是指将云平台上区域文化产业系统内的企业、消费者、各种社会机构、乡村各个单位、村民有机组成一个整体,通过内部的资源共生和共享,管理与协调各方利益,最终实现能够自我完善、自我发展的生态共同体。这一共同体并非完全封闭在云平台上,而是一个有机的"可呼吸"的共同体,是会与外界交换各类资源的生态圈层。这一生态圈在云平台上打通乡村文化产业的上游、中游和下游产业链,产业必需的资源全部都可再生,同时也可与生态圈里的所有组织与个体共生,利益共享共赢,各方利益体都相互依存,相互补充,共同壮大。

2. 云文化生态圈具备无限拓展的可能

云文化核心功能体是整个云平台上乡村文化振兴的中心,绕着这个中心向外一圈一圈拓展、一层一层增加更多的文化功能和更多的文化产业,最终会形成一个庞大的泛乡村文化综合体,而且这一综合体是虚拟与现实结合、云上与云下结合的有机共同体。

(1)云乡村生产文化圈

农业生产文化是乡村文化的基础组成部分,是乡村文化圈的源起部分,乡村经济的基础部分,也是核心的组成部分。所以云文化生态圈第一个圈层是围绕农业生产的文化圈层,包括了农民生产全过程相关的精神文化呈现内容,也包括了生产工具相关的文化内容,还包括了农民生产的场景、场所等文化内容,现在还包括了生产技术创新与研发的精神文化部分,但不包括企业对农产品的深加工文化内容。

这一块文化圈层内容非常丰富,所有的农业生产类别都有对应的文化内容,比如与稻谷种植对应的稻谷文化,稻谷文化可细分成稻种文化、稻子种植文化、农耕文化、收割及生产工具文化、稻谷粗加工文化、稻田文化等。比如茶叶生产,国内已经出现了专门的茶文化专业,形成更专业、更细分、更高层次的茶文化。云平台可以将这些文化的视频资料、文献资料全部搬进云端,同时还可以用云虚拟技术建立网上的文化体验空间,还可以云上云下同步直播生产过程等,云生产文化生态圈可挖掘的空间接近无限大的圈层,这一圈层也是未来云乡村文化最值得期待的圈层之一。

云平台还可以实现云生产文化圈历史的重建,以及历史与现实的交叉呈现。以杭州的良渚文化为例,目前在现实中建有良渚文化博物馆,呈现了良渚文化时期人们的生产生活场景,但博物馆的各类场景大多是固定不动的,很多都是在旁边挂上文字图片或者视频。而云平台可以直接重建虚拟的历史场景,人们进入这一场馆就如同真的走进了那个时代,与古人们同呼吸共生产。如图6-2就是通过 AR 技术在线下将良渚文化生活生产场景重建在人们眼前。

| 来源:良渚公众号 | 2021.11 |

图 6-2　良渚 AR 眼镜重现历史场景①

案例:五千年前良渚文化在互联网之光博览会"复活"②

今年 7 月列入世界遗产名录的"良渚古城遗址"在互联网之光博览会现场"复活"。通过体感互动,观众可以身临其境体验 5000 年前良渚文化时期的生活场景。

① 良渚古城.专属定制:"数智游良渚古城"新体验来了![Z/OL]. https://mp. weixin. qq. com/s/9pyJSEM3nRj0oEZzVVfKDw,2021-11-17.

② 新京报.五千年前良渚文化在互联网之光博览会"复活"[Z/OL]. https://baijiahao. baidu. com/s? id=1647705098770410554&wfr=spider&for=pc,2019-10-18.

来源：新京报　　　　　　　　　　　　　　　　　　　2019.10

图 6-3　互联网之光博览会良渚文化主题展，观众现场体验
新京报记者 吴江 摄

如图 6-3 所示，人们高举双手，进入互动画面。握住右拳，选择自己想要体验的场景。在生活场景下，体验者脚下的走步机开始运转，画面中体验者的身影实时出现在竹筏上，乘坐竹筏顺水而下。农田繁茂，河流两岸弯腰耕作的农夫也清晰可见，随着体验者走路速度的快慢，竹筏的速度也相应变化。在博物馆场景下，每一件良渚文化文物的来源、出处都有详细介绍，挥动手臂，可以随意选择自己想要了解的文物。

"这是第一次用这种形式展现良渚文化。"现场工作人员、浙江大学在读博士生刘然告诉记者，在策划阶段，怎么让文物真正"活"起来，让人走进去体验当时的生活场景，他们动了不少脑筋，最终选择了用走路的方式驱动场景。

刘然介绍,互动体验借助前方的动作捕捉摄像头、后方的图像采集摄像头和地面的走步机实现,观众可以现场体验 10 个场景。其中,5 个场景复原了当年的地貌和生活场景,因为良渚文化时期交通主要靠水运,所以大部分体验场景都是在水上。另有 5 个场景以博物馆形式展现良渚文化,体验者不用去博物馆,就可以了解良渚文化的全貌。

(2)云乡村生活文化圈

乡村生活文化包括了乡村范围内所有人生活相关的精神文化内容,可以分成吃、穿、住、行四大类文化。像这几年乡村振兴大赛中农村美食比赛就是典型的农村美食和美食文化板块。乡村的美食文化与生态具有内在的天然一致性,天然的绿色食材,新鲜采摘,新鲜制作,仅仅这些语言的描述就是非常好的乡村美食文案,也很容易勾起人们对乡村生活的向往。还有农民住的房子,北方的农村大炕,南方的粉墙黛瓦,都是与人们的居住有关的生活文化。还有乡村特色服饰,尤其是少数民族的服饰,这几年日见兴起的各种印染文化、苗银文化等都是乡村特色服饰代表。

云平台展示乡村生活文化方式方法更为多样,一是可以建立各类型的生活场景体验馆,比如云空间乡村美食烹饪体验馆,云空间乡村服饰文化馆,云空间民居体验馆等,根据每一个乡村区域农村生活的特点,建立具有特色的生活场景体验馆,呈现典型的乡村生活。

(3)云乡村娱乐休闲文化圈

传统的乡村娱乐文化有社戏文化、庙会文化、棋牌文化、山歌文化等,新时代又增加了乡村广场舞文化,与互联网相关的娱乐休闲文化,比如网络游戏文化等。新时代农民脱离贫困线以后,有心情也有空闲跳跳舞、玩玩游戏、旅旅游,再加上政府重视农村文化建设,设立了专门的配套资金,给各个乡村修建了老年娱乐室、乡村文化广场、休闲娱乐公园和体育锻炼场所,农民们有时间、有空间和有心情进行休闲娱乐,于是相应的就产生了更多的乡村休闲娱乐文化生活。

云乡村娱乐休闲文化圈是与生产圈、生活圈有机融合在一起的,有自己独立的部分,也有与另两个文化生态圈交叉的部分。像乡村美食与游戏结合的乡村美食游戏程序(如图 6-4)和农田耕作游戏程序,既包含生产生活文化的内容,同时又兼具游戏娱乐文化内容,是在云平台上有机交叉融合的部分。而

来源：《来农场吧》游戏　　　　　　　　　　　　2021.12

图 6-4　腾讯《来农场吧》休闲农场游戏

且云平台文化建设本身就是乡村新的娱乐休闲文化形式，农民们除了一般的上网娱乐之外，还可以登录属于自己村落的专属娱乐休闲定制平台，开展更加丰富多彩的娱乐活动。

三、建立各类线上线下基于云计算的乡村文化功能馆

基于云计算的乡村文化振兴是为了赋能乡村振兴，是基于云计算的乡村振兴的有机组成部分，也是农村精神文明建设的一部分。云平台上的乡村文化功能具体表现为各色各样的功能馆，每一个登录云平台乡村文化功能馆的人都可以随时随地接收信息。我们将基于云计算的乡村文化功能馆分成三大类，它们分别担负文化教育、礼仪传播、文化体验等功能。

1. 乡村文化与礼仪教育类功能馆

这是乡村文化最基础的功能，主要进行知识文化的普及教育，科普类宣传，红色文化宣传，孝贤文化教化，以及因地制宜地制定当地特色农业产业文化传播策略等，其目标是进行知识的传播与价值观的塑造。

（1）知识文化普及馆

农民是乡村文化的创造者，也是乡村文化的传承者和创新者，乡村文化真正要振兴，只能是全体农民都参与到乡村文化建设中来。但农民们对文化的

创造和创新常常受限于知识水平而不能更进一步,所以云平台文化的第一功能馆就是进行知识文化普及教育和农民文化素质的提升教育。具体的知识文化普及是普及哪一类知识文化,是集中授课还是分散授课,是完全免费还是适当收费,可以根据实际情况做灵活的改变。知识文化普及馆的运行模式可以参考本书中基于云计算的乡村教育那一章提到的云平台教育运行模式。

(2)红色文化传播馆

红色文化是革命战争时代,由中国共产党人、先进知识分子和人民群众共同创造出来的中国特色先进文化,核心内容是革命精神和顽强的战斗精神,所有的乡村文化振兴都包含爱国主义的内容。应挖掘乡村中红色文化相关的部分,宣传革命胜利来之不易,在红色文化传播馆中重现战争的残酷,重现战士们的勇敢,再现敌人的凶残,让没经历过的人们不忘却历史,增加民族凝聚力,增加爱国激情。解放战争后出生的人大部分都没有亲历过战争,90后、00后离战争更加遥远。在人们物质生活日益丰裕之后,有些人的精神出现了“荒漠”,进行红色文化教育势在必行。虽然不可能每一个乡村都曾经是革命基地,但红色文化是可以从每一个乡村文化中挖掘出来的,每一个村落的文化都可以找到与红色文化结合的部分,如果本村红色文化不明显,可以将范围扩大到县域、市域范围,找到红色文化基因相关的内容。

云平台上的红色文化传播馆的优势之一是可以以技术重现所有的战争场景,让人们如身临其境,好似真的在战场一样,人们可以看到战士们身上的伤口,可以看到炮火在自己的头上飞过。与一般的知识文化场景比起来,战场场景给人们的震撼更强烈,它的教育效果会比文字版的、平面版的、视频版的都要好很多。

(3)孝贤文化教化功能馆

孝贤文化是我们优秀的传统文化,也是中国特色的文化内核之一,主要由孝文化和贤文化组成。孝文化是关爱父母长辈尊老敬老的文化,这一文化在新生儿出生率下降、老年人比重逐渐增大的今天更为重要。孝文化包括敬养父母、生育后代、推恩及人、忠孝两全、缅怀先祖等,是修身、齐家、治国、平天下的核心组成部分,也是中国乡村文化的核心内容之一。贤文化在乡村文化中指的是乡贤文化,乡贤古时是指乡里贤达之人,这些人品行兼优、德才兼备,是乡里其他人学习的榜样,而乡村振兴战略中提出了“新乡贤”的概念,认为乡贤就是乡村精英群体,新乡贤文化能在乡村振兴中发挥“文化功能”和“治理功能”。

云平台上孝贤文化功能馆有 3 个功能：第一个功能是宣传孝贤文化典型，可在本区域范围内，选取几个代表性的孝贤名人，宣传他们的事迹。如果本区域没有非常突出的典型孝贤案例，可以从中国古代文化中找出对应的名人作为宣传典型，比如古代的彩衣娱亲的老莱子故事。第二个功能是教化功能，可以由专业老师强调孝贤文化的重要性和学习的必要性，教育大家都要懂孝贤、尊孝贤、行孝贤。第三个功能是精英引领，聘请乡村孝贤代表人物或者家庭，进入云平台与大家进行交流，也可以用在线下开讲座、线上直播这种形式，让乡村精英群体起示范引领作用。

(4)特色农业产业文化教育传播馆

每一个区域乡村都有自己的特色，所有的山水田园，所有的一草一木一人，全都带着当地的特征。文化主要功能之一就是传播教育，所以每一个区域基于云计算的乡村文化都需要建设一个当地的特色农业产业文化教育传播馆，在这一功能馆里集中呈现当地的特色农业产业文化，特色农植文化，特色农耕文化，特色的农业生产工具文化，特色手工艺文化，特色的历史文化等。特色农业产业文化教育传播馆主要的功能有如下两种。

一是传播特定的乡村农业技艺及其文化。这一部分对接基于云计算的乡村教育策略中的农村成人教育系列，主要的功能是传承当地的特色农业技艺文化和教会其他人这些技艺。首先是相关特色文化的传承，介绍特色农业技艺出现的历史，展现从古到今的发展阶段，技艺呈现出来的样貌或者作品，曾经对当地的农业社会经济产生什么样的作用与影响等，将这些优秀的技艺记录下来并传承下去。其次是教会其他人学会这些技艺，根据技艺的特质区别教育，非物质技艺是寻找特定的传承人，只需要将技艺教给这些传承人就可以；实用的技艺可以做科普教育，尽可能地教会更多的人学会这些技艺。

二是进行特色乡村农业技艺的 IP 变现。在这一功能馆中的所有技艺都可以 IP 变现，可见即可售卖，甚至可以把深度的技艺体验也做成可售卖的内容，开发更多的技艺文化体验收费项目等。IP 变现将会在本章的第三节中详细展开。

2. 云上农家书屋

(1)"农家书屋"工程是乡村振兴的文化基石

"农家书屋"是中国实施的五大惠民工程之一，2005 年开始试点，2007 年全面推开。国家新闻出版署、中央文明办、国家发展和改革委员会、科技部、民政部、财政部、农业部、国家人口和计划生育委员会根据《国家"十一五"时期文化发展规划纲要》的部署,从 2007 年开始在全国范围内实施"农家书屋"工程,解决广大农民买书难、借书难、看书难的问题。农家书屋工程在 2018 年已建成 58 万多家,到 2020 年末建成 60 多万家,已覆盖全国所有的行政村。截至 2018 年底,农民人均图书拥有量从农家书屋政策实施以前的 0.13 册增长到人均 1.63 册。农家书屋在农村公共文化体系的建设中发挥重要作用,一是对接乡村中学图书馆建设,有效解决农村学校图书配备品质低、图书馆利用率低等问题,全民阅读从娃娃抓起。二是嵌入公共图书馆体系,构建深入基层的阅读网络,农家书屋与图书馆体系互联互通,推广"一屋多点"的服务模式,将图书放在农民最容易拿到的地方,打破城乡之间、村与村之间区域行政的限制,盘活图书资源。①

中办和国办印发的《乡村振兴战略规划(2018—2022)》明确提出要推进农家书屋延伸服务和提质增效,使之成为筑牢乡村振兴的文化基石。

(2)云上农家书屋助推"农家书屋"工程,助力乡村振兴

现有的农家书屋工程已实施 10 多年,建设成果显著,但同时也存在不少问题,比如农家书屋书籍闲置情况多、利用率不高,管理不到位,书籍更新不及时,农民借书看书时间少等。有些农家书屋成为形式主义的摆设,完全没有发挥应用的作用。截至 2019 年底,在 60 多万家农家书屋中,只有 12.5 万家完成了数字化改造,图书资料数据化比例低。②针对这些问题,同时配合基于云计算的乡村振兴策略,建设云上农家书屋工程,一是线上对接现有的农家书屋工程,建立线上线下农家书屋工程体系。二是从技术角度解决现有农家书屋存在的问题,以大数据技术计算本区域内农民们需要的书籍名目,结合每一年国家新闻出版署印发的农家书屋重点出版推荐目录,定期更新云上农家书屋的书籍。另外所有云上农家书屋的资料全是电子化和数字化的,农民们只要有能登录网络的终端和移动终端,就可以随时随地阅读这些书。三是云上农家书屋开拓多种多样的云阅读方式,支持农民点单形式,农民们可以主动按自己的需求提出自己想要阅读的书籍,系统尽可能调配相关的资料给他们。云上农家书屋也支持面对面和一对一的辅助阅读,当农民们看书有不懂时,可以向系统求助,人工智能系统视频化面对面、一对一帮助他们完成书籍的阅读,答疑解惑。云上农家书屋还可以为本地的乡村振兴量身定制相关书籍,比如某一季度本乡村的振兴主题是桃花节庆活动,在云上农家书屋中就集中调配

---

①② 朱永新.农家书屋,建好更要用好[N].人民日报,2019-08-13.

与之相关的资料,能给予农民们和观光者们最全面最快速的桃花节庆云资料等。

3. 建设云乡村民俗博物馆

民俗即文化,是民众在生存活动中为了持续发展生命所创造、享用和传承的具有模式化的生活文化。民俗和乡村紧密相关,在英国,民俗学家汤姆斯将民俗的主体限定为乡民,而也有很多民俗学家倾向于把民俗的主体限定为中下层人民,主要是劳动人民。[①] 乡村民俗不仅仅是乡民们的生活方式,同时也是他们的精神世界,是民风与习俗的传承与创新。民俗博物馆就是在特定的空间呈现民风习俗内容的场馆。比如温州民俗博物馆,是温州市人民政府与温州大学联合创办的,集中展示温州地区的生产习俗、生活习俗和民间工艺的场馆。这一民俗博物馆包括了生产民俗、商业民俗、交通民俗、生活民俗、社会民俗、人生仪礼、信仰民俗、年节民俗、民间文学、民间舞蹈、民间音乐、民间游艺、民间竞技、民间医药、民间戏剧、民间美术、民间曲艺等十多项内容,全面、综合地呈现了温州地区各项民间生活模式文化。

云上民俗博物馆一方面对接线下的民俗博物馆,可以作为线下民俗博物馆的云端化部分,目前部分民俗博物馆已经完成数字化与云端化改造。另一方面更为重要的是进一步在云端优化民俗文化的呈现、传承、传播和推广,建成能同时担负学术研究、学生研学教育、民众参观、非遗传承等多种功能的民俗博物馆。

第三节　基于云计算的乡村文化产业振兴和 IP 变现

文化变现就是把适合大众消费的文化内容变成可消费的文化产品的过程,把文化产品变成像工业产品一样标准化生产、销售的产业。1947 年"文化产业"一词第一次出现,德国法兰克福学派代表人物马克斯·霍克海默和西奥多·阿多诺合著的《启蒙辩证法》一书中提到了"文化产业"一词,认为文化产业就是大众传播或批量化规模化生产的文化。2001 年联合国教科文组织在《文化、贸易和全球化》报告中,关于文化产业的定义是:文化产业就是按照工

---

① 赵德利.民俗:民众生活方式的模式化[J].宝鸡文理学院学报(社会科学版),2003(2):34.

业标准,生产、再生产、储存以及分配文化产品和服务的一系列活动。[1] 文化产业是按工业标准生产文化产品,具有显著的大众消费特征和规模化生产的特征。文化产业与别的工业产业不同的地方是,文化产业是以满足人们的文化需求和精神需求为目标的,文化产品本身具有独特的精神产品特性。

而 IP 是 Intellectual Property,我们在本章第一节的第三点对 IP 的定义已做了明确的界定,文化 IP 是文化产业产品的知识产权,也是文化产业产品的"知识所属权",是文化产品的拥有者和创造者们可以对产品收费的专有权力,主要包括专利、商标、著作权及相关权、地理标志、植物新品种、商业秘密、传统知识、遗传资源以及民间文艺等。所以我们可以这么认为:乡村文化变现是发展乡村文化产业,生产具有 IP 属性的文化产品,并将之通过流通渠道投放到消费市场,成功获得收益的过程。

一、以云技术扶持优势文化产业,一村一镇一文化

国家从 21 世纪初就正式开始实施"一村一品"战略,后来发展成"一镇一品"和"一县一品",这一战略是指以村(镇、县)为基础,在一定区域内,按照市场需求,充分挖掘本地资源优势、传统优势和区位优势,通过规模化、标准化、品牌化和市场化建设,使一个村(镇、县)拥有一个(或几个)市场潜力大、区域特色明显、附加价值高的主导产品和产业,从而大幅度地提升农村经济整体实力和综合竞争力的农村经济发展模式。[2] "一村一品"战略本身就包含了"乡村文化产品"这一品,只是现有的"一村一品"战略更多集中在各类农产品及其对应产业上,这也正好给予了乡村文化产品及其品牌在未来有更多的拓展空间。

1. 云技术＋大数据技术锁定区域优势文化资源

"一村一品"战略的本质是本地的各种"优势资源"发展成"优势产业(产品)"。寻找优势文化资源比找特色农产品、特色农业产业更难,有些乡村的文化资源可能散在各类农业产业、手工艺产业中,没有相关的文献总结过本地区域特色文化资源。如何找到区域优势文化资源是"一村一品一文化"最难的问题之一,云技术＋大数据技术可以从海量的过往文献资料中寻找到这种优势

---

① 梁竞阁.新疆文化产业集聚研究[D].北京:北京交通大学,2020.

② 秦富,钟钰,张敏,王茜.我国"一村一品"发展的若干思考[J].农业经济问题(月刊),2009(8):4.

文化资源,这是靠人工几乎不可能拥有的能力。通过各种技术手段,比如"关键词"检索技术,可以在所有网络资料中寻找与本地文化相关的词语中哪些被提到的频率是最高的,而提到频率最高的那些词有一部分能显示当地的区域文化资源特色。又比如"重点词"搜索技术,重点词由人为设置,然后在云端上搜索这些重点词分别出现在哪些朝代、出现在哪些重要文献中,这些重点词在当代出现频率等,这些数据能帮助人们锁定特定区域中哪些文化资源更具优势,更容易形成有市场力的文化产品。

我们以浙江省金华兰溪市的诸葛八卦村为例。这个村落是兰溪市的历史文化名村,也是全国重点文物保护单位,是一个典型的以优势文化品牌出名的村落,其主文化品牌是诸葛亮文化,但是对于在诸葛亮这个大文化品牌之下是以诸葛民俗文化为主还是以风水八卦建筑文化为主或者以古村落文化为主,村委会一直是有些摇摆的。八卦村是诸葛亮后裔最大的聚居地,村落建筑格局按八阵图样式布列,数百年来居住在八卦村的诸葛亮后裔们本来都不知八卦形,原先的名字叫高隆村,后来有人从旧书中查到相关记载,发现从高处鸟瞰村落是九宫八卦之形,而且村中的池塘一半有水一半为陆,状似太极,这才慢慢传开八卦村之名。有许多游客知道八卦村而不知道此地是诸葛亮后裔聚集村,而诸葛八卦村的文化类型非常丰富,包括了诸葛亮及其后裔文化、千年古村落文化、中医药文化、八卦太极及风水文化等。当涉及文化变现的时候,哪一类文化 IP 要大量生产,哪一类文化 IP 要少量生产,哪一类文化 IP 可以开发更多的衍生 IP 等,就需要确定消费者会更乐意购买哪一类文化 IP 产品,这个时候云计算和大数据技术就有了很好的用武之地。我们以"八卦村""诸葛亮后裔"两个重点词的搜索指数为例,见表 6-1 和表 6-2。

表 6-1　"八卦村"挖词数据

关键词	收录量	竞价公司数量	长尾词数量	头条&抖音	流量指数		360指数	日检索量	竞价竞争激烈程度
诸葛八卦村	50100000	13	5821	头条: 2 抖音: 648	PC端: 260 移动端: 163	年龄群: (30-39) 38.88% 男性: 46.9% 女性: 53.1%	61	PC端: 63 移动端: 228	0.33-1.58
八卦村	52000000	5	12734	头条: 6 抖音: 666	PC端: 189 移动端: 123	年龄群: (30-39) 36.47% 男性: 59.15% 女性: 40.85%	5	PC端: 18 移动端: 76	0.33-1.58
高要八卦村	32200000	1	265	头条: 1 抖音: 4	PC端: 59 移动端: 0	年龄群: (30-39) 47.37% 男性: 57.89% 女性: 42.11%	0	PC端: <5 移动端: <5	0.33-1.58
八卦村村	764000	0	12748	头条: 0 抖音: 0	PC端: 0 移动端: 0	年龄群: 0 男性: 0 女性: 0	0	PC端: <5 移动端: <5	0
兰溪诸葛八卦村	42900000	21	752	头条: 0 抖音: 0	PC端: 0 移动端: 0	年龄群: (30-39) 43.59% 男性: 53.85% 女性: 46.15%	17	PC端: <5 移动端: 5	0.61-1.58

表 6-2 "诸葛亮后裔"挖词数据

关键词	收录量	竞价公司数量	长尾词数量	头条&抖音		流量指数		360指数	日检索量	激烈程度
诸葛亮后裔	62000	0	35	头条：0	PC端：0	年龄群：0		0	PC端：<5	
				抖音：0	移动端：0	男性：0 女性：0			移动端：<5	
诸葛亮后裔八卦村	9730	0	2	头条：0	PC端：0	年龄群：0		0	PC端：<5	
				抖音：0	移动端：0	男性：0 女性：0			移动端：<5	
后裔诸葛亮	0	0		头条：0	PC端：0	年龄群：0		0	PC端：<5	2.14
				抖音：0	移动端：0	男性：0 女性：0			移动端：<5	
诸葛亮的后裔	2700000	0	29	头条：0	PC端：0	年龄群：0		0	PC端：<5	0
				抖音：0	移动端：0	男性：0 女性：0			移动端：<5	
诸葛亮后裔	7630	0	20	头条：0	PC端：0	年龄群：0		0	PC端：<5	0
				抖音：0	移动端：0	男性：0 女性：0			移动端：<5	

从表 6-1、表 6-2 比较来看,"八卦村"各项数据要远高于"诸葛亮后裔"的数据,此数据可以作为诸葛八卦村批量生产各类文化 IP 时的参考之一。如果同时再组合更多的重点词数据,实际上得到的数据就比较科学地显示哪一类文化 IP 更适合开发成本村落的优势文化产业,开发此类文化 IP 会更快获得回报。

2. 从云端反向定制符合消费者偏好的乡村文化产品

现在是一个买方市场经济时代,生产者们会基于消费者需求去生产对应的产品以获得市场认同。卖方有啥产品消费者就只能买啥产品的时代早已过去,但如何摸准消费者心理是一个难题,而云计算＋大数据技术＋人工智能能瞄准消费者偏好,并为他们量身定制产品。在乡村文化产品生产之前,先从云平台寻找消费者想要的本区域文化产品有哪些,然后根据消费者需求程度的高低来生产对应的本乡村文化产品。现有的文创产品越来越趋向雷同,从云端反向定制本区域文化产品可以避免与其他文化产品过于相似的问题。云端定制可以做到一对一生产个体需求的文化产品,消费者登录乡村云平台,输入自己的个人信息和需求,要求将自己个人信息呈现在文创产品上,文创设计者根据他的要求制作成实物卖给这个消费者,这就是私人定制,这种定制通过云端可以实现。

3. 以云整合营销策略推广"一村一品一文化"

在找到本区域优势乡村文化资源,确定了将哪一种文化资源发展成本乡村强势文化产业、塑造成本区域强势文化品牌之后,我们就需要推广这个文化品牌,扩大它的知名度,提升它的影响力,真正产生较强的变现能力。在我们的第四章中已经系统地阐述过如何通过云平台进行乡村振兴的整合营销传播,乡村文化产业和乡村文化品牌同样也可以通过云平台进行整合营销传播。

二、云计算背景下乡村文化产业 IP 变现

分类标准不同,文化 IP 产品的种类也不同,变现方式也会有变化。根据

IP 产权归属,IP 变现分成两种模式:自主 IP 变现和授权 IP 变现。自主 IP 变现是指 IP 的所有者自己生产产品变现,授权 IP 变现是将 IP 授权给他人实现变现。选择哪一种 IP 变现,要看乡村本身的整体实力,有些乡村实力不够,就选择授权给别人实现文化变现,如果自身实力足够,那可以采取自主 IP 变现＋授权 IP 变现等多种方式。在本小节中,我们按文化 IP 产品是否跨界分成核心产品 IP 变现和跨界 IP 变现,核心产品 IP 变现是本区域乡村文化内容产品直接变现,而跨界变现是与其他行业联合变现。这些变现都是基于云计算背景进行的,有些是运用云计算来选择变现的产品,有些是通过云计算来进行商品的宣传、推广和销售,而有些是通过云平台和人工智能进行文化 IP 创作等。

（一）乡村文学故事 IP 变现

核心产品 IP 变现是指乡村文化 IP 直接变现,所有的销售产品都是与本区域乡村文化主体内容直接相关的,并没有附加行业的产品内容,我们根据变现形式的不同分成了以下四种形式。

1. 乡村文学作品 IP 变现

文学作品是乡村文化最简单的变现方式之一,也是乡村文化的记录载体之一,这一类型的 IP 变现形式主要有以下两种。

（1）整理过往与本乡村文化相关的文学作品,通过云计算选择性推广销售

中国的很多乡村都有悠久的历史,有丰富的神话故事、历史典故、英雄人物、名人名言、诗词歌赋等,海量的文献搜索可以交给云计算完成。云计算可以对全网络完成与本乡村相关的过往文学作品搜索,还可以同时检索网民对这些作品的态度和评价内容,由此能挑出适合重新整理出版的文学作品,并进行作品的售卖。这些文学作品 IP 变现形式可以是纸质版本,也可以是电子版本,还可以是 AR 版本,形式多种多样。

（2）培育新的乡村故事内容创作者

讲好乡村故事,推出适合当代消费者阅读的乡村文学作品,这是推进乡村文学作品 IP 变现的创新方式。现有的乡村故事很多是传统类型的,比如留守妇女儿童在乡村生活的各类故事,或者乡村人民劳动致富的故事。但网络文学流行元素写进乡村故事的并不多,反而恐怖乡村故事比较流行。乡村故事与流行网文元素结合的创新故事可以作为云端乡村文学作品的新增长点。比如乡村动漫文学作品、乡村国潮文学作品等,这些新元素为乡村故事注入新的生命力,甚至可以形成新的乡村网络文学流派,吸引大批的年轻读者阅读这些

作品,这对乡村文化的推广是非常有用的。

如何培育新的乡村网文创作者?一方面可以设立奖励金,在起点、晋江等流行网文聚集地举办各类区域乡村网络文学专项比赛,以比赛吸引网文创作者创作乡村网文。另一方面可以鼓励本地文学创作者积极创作对应的网络作品,根据作品网络阅读量、付费阅读率等给予不同的奖励等。还可以考虑 AI 自动创作,使基于云技术+AI 技术的智能机器人进行创作。

2. 乡村文化视频产品 IP 变现

乡村文化以视频的方式呈现是现在非常流行的方式,包括了直播呈现、短视频呈现、电视剧形式呈现、电影形式呈现、纪录片形式呈现等,其中制作成本比较低且流行程度比较高的是直播与短视频呈现方式,它的 IP 变现方式有流量变现、广告变现、带货变现等方式,具体的变现方式与农产品视频变现与流量变现方式差不多。

(二)乡村精英与乡村网红文化 IP 变现

乡村精英文化和网红文化是两种不同的以名人为主的文化,乡村精英文化以知识型人才、技术型人才和企业家为主,而乡村网红文化是以迎合大众口味的流量网红带来的文化为主,这两者各有优势,都可以作为乡村 KOL 和 KOC 类型的文化 IP。

1. 打造乡贤精英文化 IP

在本章的第二节第三点已对乡贤这一定义界定了内涵和外延,而精英和乡贤结合在一起可以泛指乡村知识型、技术型、企业经营型人才,这些人才具有 KOL(意见领袖)地位,可以起到示范引领作用,能让乡村的其他人崇拜和模仿,从而带动其他人也学习知识、学习技术、学习创新创业等。这是乡村文化首推的乡贤精英文化,并由此衍生一系列 IP 产品,比如乡贤精英们读过的书、上过的学堂、爱穿的衣服、创造的乡村产品、系列自传故事集、印有人物的文创产品等,全都是可变现的 IP 形式。乡贤精英文化 IP 通过传统媒体传播经常会形成一种一本正经且带有说教意味的形象,但通过云平台传播可以更接地气,更具亲和力,更容易通过直播、Vlog 视频日记本的形式呈现他们生活中的接地气细节,所以通过云平台传播乡贤精英文化更容易形成粉丝圈层的私域流量,通过私域流量营销,相关 IP 产品的售卖也更容易,有时候直接在粉丝群发一波广告就能带一批货,还可以形成群内的口碑传播,达到裂变效果。

2. 推出乡村网红 IP

乡村网红是与乡贤精英相对的群体,他们拥有大量的粉丝,在网络平台有较大流量,主要以娱乐、搞笑方式展现普通农民的乡村生活。这个群体可能在知识技术上比不上精英群体,但他们的作品通俗易懂且贴近农民的生活,他们的传播力、影响力并不弱于乡贤精英群体。乡村网红群体的大流量能产生大的传播力,以大的传播力产生大的影响力,他们在粉丝间的号召力有可能超过其他群体。乡村网红本身就是网络的产物,也是可以无缝接入云端变现的 IP 类型,乡村网红群体可以进行直播带货变现、短视频流量变现、在淘宝京东等平台开同名 IP 店等形式变现,与乡贤精英 IP 变现形式是不一样的。近些年乡村网红群体衍生的 IP 变现也逐渐增多,有些网红成名后,会被邀请成为乡村代言人,并出席各种活动,他们直接穿上印有个人形象的服饰,手上的饰品、个人用品,都是自己的 IP 产品,他们每一次在公开场合亮相都在带货。

乡村网红文化 IP 变现需要注意规避他们的负面影响,网红一词即使到现在,也经常伴随着某些贬义。网红经济有巨大的影响力,但同时也存在着部分不良的评价。近些年的有些乡村网红存在恶俗、丑化农民的形象的情况,还有为了出名不惜在道德与法律底线边缘试探的网红,这些都是乡村网红文化 IP 变现过程中一定要提前设置风险规避的内容,不能唯流量论,需要筛选出正能量的网红群体,生产对应的文化 IP 产品。

(三)云技术下的文创实物产品 IP 变现

文创产品就是文化创意产品,是这些年非常火爆的文化 IP 变现方式。基于云计算的乡村振兴中的文创是借助于云技术对文化资源进行创造和提升,通过 IP 的开发和运用,产出高附加值的产品。所有乡村文化的元素都可文创,包括云上文化资源和云下文化资源,打造乡村文化中无物不文创的概念。

1. 云技术助力 IP 文创变现

传统的文创产品一般分为"一体型"文创产品和"IP 衍生型"文创产品,一体型文创产品是与产品载体一一对应的,包含内容、载体、方式 3 个方面。比如桃子农产品及与桃子对应的文化创意产品,桃子画、桃子形状的模型、桃子书签等;而 IP 衍生型文创产品是以文创内容为核心,辅助结合产品为特点的文创产品,是经过智力全新创造后的文创产品。云技术可以助力一体型文创产品和 IP 衍生型文创产品的变现,形成全新的乡村 IP 产品。

2. 云技术助力虚拟与现实文化 IP 文创变现

常见的文创产品是实物形式的,但云技术下的文创产品可以是虚拟形式的,人们可以购买虚拟文创产品放在自己的终端上观看、使用,比如可以像购买影视版权一样购买乡村历史文物的 Q 版动画 IP 产品。云技术拓展了文创产品在虚拟空间的变现可能,在未来会出现越来越多虚拟形式的文创 IP 产品。除却虚拟 IP 文创产品外,云技术可以帮助实物 IP 文创产品变现,云技术能让 IP 文创产品的宣传渠道增多、购买方式增加,能进行目标受众精准营销,云营销已经是目前重要的商品推广手段之一。

(四)云技术下的乡村文化跨界营销变现

跨界营销变现是跨界营销的结果,跨界一词最初是篮球术语,指运动员跨下交叉运球,此后,跨界引申到音乐上的混搭,意思是不同的音乐风格混合交融在一起,随着时代和消费者需求的改变,跨界是指不同领域之间的合作。跨界营销是指非同行业内的两个品牌合作营销,跨界营销起源于"共生营销",共生营销系统中的主体可能来自同一产业链,也可能来自不同产业链,在共生营销基础上,学者们提出了联合营销、品牌联盟、协同营销、营销联盟等概念。[①]

跨界营销经历了 4 个阶段,从萌芽期、探索期再到发展期、深化期,这 4 个阶段跨界营销的方式、内容都不相同。萌芽期跨界营销关注概念、伙伴关系和成功要素,而探索期更注重认知距离、匹配关系和消费者个人特质等,发展期开始多向延伸,互联网技术影响举足轻重,到了深化期互联网、云技术、创新效应、伙伴异质性等都进入营销者视野,如图 6-5 所示。

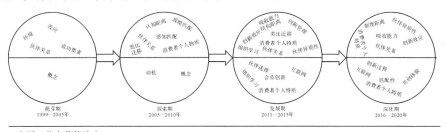

来源:黄春萍等论文   2021.04

图 6-5 跨界营销 4 个发展阶段[②]

开展跨界营销可以整合多种品牌资源,进行优势互补、强强联合,而且还能增加 IP 的趣味性,扩大受众群,为乡村文化创造更多的变现价值,云技术可以在乡村文化跨界 IP 上起到多种作用。

---

① 黄春萍,王芷若,马苓,曾珍香.跨界营销:源起、理论前沿与研究展望[J].市场营销,2021(4):80.

② 黄春萍,王芷若,马苓,曾珍香.跨界营销:源起、理论前沿与研究展望[J].市场营销,2021(4):81.

1. 云技术匹配最佳乡村文化 IP 跨界品牌

跨界 IP 变现的难题之一是寻找合适的异界合作品牌。乡村文化包括了衣、食、住、行各个方面的内容，可合作的品牌非常多，但并不是所有的跨界品牌的合作都能起到 1 加 1 大于 2 的效果。对于如何寻找最佳的乡村文化 IP 跨界品牌，云技术可以帮助乡村文化变现者们找到答案。

（1）云技术寻找匹配乡村文化的跨界消费者

关于跨界品牌消费群体的选择一直是跨界营销的争议焦点，一部分业内的人认为两个跨界的品牌的消费者应该是重叠的，是同一个群体消费者，但另一部分人认为跨界营销的目的之一就是扩大消费者群体，所以两个联合品牌应该是不同的消费群体。本书认为乡村文化具有普适性，乡村文化 IP 文创产品的消费者应该是全体人群，不分年龄、职业、区域等限定，不存在不适宜购买乡村文创产品的人群，乡村文化跨界营销的目的是尽可能地扩大消费群体，包括了以前未曾触达的消费群体，因此乡村文化跨界营销是寻找更多领域的消费者。比如内蒙古呼伦贝尔大草原黑山头文创产品与珠海某一品牌的跨界营销，以极大的空间跨度联合两个品牌，这两个品牌的消费群体从极北边疆大草原到南方滨海城市，空间跨度很大，通过跨界合作可以互相覆盖消费群体，让南方消费者知道原来北方有一个中俄边境的美丽村镇黑山头，那里有美丽的草原风景还有好吃的羊肉和牛肉，也让黑山头的人们知道珠海美丽的海和南方的风土人情。

云技术在匹配乡村文化跨界消费者上有独特的优势，云技术能寻找合适的消费者群体，并根据这一群体消费特征找到合适的合作品牌，还能针对消费者群体心理制定精准营销策略，并在跨界营销实施之后，反馈营销传播效果，评价本次跨界营销的成功与失败之处。

（2）云技术寻找有效覆盖乡村文化知名度的潜在市场

有很多人对乡村尤其是相对偏远的乡村存在刻板印象，比如认为其落后、快递不发达等，还有一部分人觉得乡村是文化的沙漠，提起乡村电视剧就会联想到淳朴、面朝黄土背朝天、乡村爱情、贫穷等词语，跨界营销是非常有效的在极短时间内改变这部分消费者对乡村文化刻板印象的方式，跨界营销可以找到乡村文化 IP 文创产品不曾到达过的潜在市场。

案例：山东大樱桃 IP 与两个彩妆品牌的跨界营销[①]

山东烟台大樱桃品牌"红唇之咬"和彩妆品牌玛丽黛佳(Mariedalgar)一起以"红唇之吻，小心亲咬"为主题，切合点为红唇的樱桃小口文化意象，采用美女形象来设计包装。2017 年 4 月底 5 月初开启了一场联合营销，通过晒图转发活动，上线仅 10 分钟就达到 6 万的阅读量，在 2017 年"618"期间，樱桃在京东的销售量达到了 10 万十。"红唇之吻"大樱桃又和赵丽颖代言的"花迷"唇膏联袂登场，一个是樱桃品牌，一个是 2017 年当红小花旦代言的新兴化妆品牌，这次跨界营销瞬间引爆微博，通过口碑传播裂变引发了新一波消费狂潮，如图 6-6。

大樱桃在人们的印象中就是一个 4 月到 6 月上市的农产品，大樱桃文化局限在食色香这三点，主要是吃的文化，而彩妆是爱美的人化妆用的，彩妆文化更复杂更多层，将吃的樱桃通过樱桃小嘴这一结合点与彩妆跨界联合营销，成功地让人们化妆时会想起鲜艳可口的樱桃，也让人们吃完樱桃抹去嘴边残留的红色汁水时想起口红的颜色，是非常成功的。这一类的营销效果如此显著，尤其是樱桃的销量达到爆品程度，从另一侧面证明了樱桃文化覆盖到了新的市场，让购买彩妆的人群也看到了樱桃及樱桃文化。

云技术可以有效地检测到本区域乡村文化传播未曾到达过的渠道与市场，并找到这些渠道和市场盛行的他类文化与他类品牌，从而选择合适的合作品牌，云技术在数据搜索和数据追索方面的能力是传统网络技术达不到的，这也是云技术可以帮助跨界 IP 营销和变现的优势。

(3)云端寻找优势互补的跨界品牌

优势互补是乡村文化开展跨界营销的重要原因，两个异界品牌进行优势资源互换互补，才能达成 1 加 1 大于 2 的营销成果。如何找到最佳的优势互补跨界品牌？根据社会交换理论，主要的寻找方向有 3 个：吸引力资源、竞争

---

① 农业科技报.农产品跨界营销 如何实现"1+1>2"[J].农村新技术,2021(4):45-46.

图 6-6 "红唇之吻"大樱桃和"花迷"彩妆的跨界营销

资源、战略资源，云技术可以在这 3 个方面为乡村文化的跨界营销匹配合适的品牌。

吸引力资源是指两个异界品牌能够对对方的消费者产生吸引力的资源。可以通过用户画像、大数据追踪、信息茧房等云技术找到契合本区域乡村文化诉求点的跨界品牌，这个契合点对双方品牌的消费者都能产生足够的吸引力。比如柳州螺蛳粉文化和潮牌服饰文化联合营销，契合点是年轻人穿最潮的衣服嗦最臭最香的粉这个点。

竞争力资源互换也是跨界营销成功与否的重要影响因素,主要包括两个品牌占有资源的数量、质量、稀缺程度等。如果乡村文化能和某一个拥有稀缺资源的品牌进行跨界营销,会对乡村文化产生较大的影响,比如本区域文化能和国家级的某项重大活动或事件挂钩宣传,有助于本区域乡村文化的知名度提升和影响力的扩大。

策略资源的匹配度是跨界营销是否成功的关键因素之一,双方拥有策略资源是在跨界营销中进行充分交叉影响的重要因素。策略资源包括了品牌的综合实力,比如生产能力与产品实力、市场营销和促销实力、财务实力、人力资源实力、技术开发的实力、管理实力及对时间资讯等无形资源的把握能力,策略资源是品牌以及品牌背后的生产企业的整体实力。每一个区域的乡村文化都有自己相对稳定的策略资源,并不是寻找实力越强的品牌合作就效果越好,能与之匹配的才是合适的。合作效果比较好的是策略资源互补的品牌,互联网技术和云技术一方面可以拓展合作可选择的范围,另一方面能让乡村文化在云端传播吸引合作品牌主动过来,还可以在网上发布寻求合作的信息,云技术、大数据技术也可以通过算法帮助匹配到最优合作方。

2. 乡村文化云端跨界营销变现

在云平台上进行跨界营销是基于云计算的乡村振兴进行乡村文化跨界营销的独特优势,也是目前业界越来越流行的跨界营销方式。云跨界一般是没有实物的产品通过云端进行合作,以线上互相"喊话"为主,比如2016年阿里云和芒果TV的云合作、2020年网易云和饿了么云合作等。

(1)云端跨界实现乡村文化IP产品的深度合作

乡村文化IP与合作品牌在云端的合作可以实现一秒变现,这是线下跨界合作很难做到的,一键购买,所见即所买,可以实现跨界的两个品牌或多品牌同时变现。云端跨界还可以创新合作方式,云直播合作、云短视频合作、云推广促销合作,更有新意的是可以建立一个虚拟的云合作空间,在这一空间中乡村文化和跨界合作品牌一起搭建,空间的所有装饰、墙面、建筑外观、空间搭配的音乐等所有空间可承载的内容都可以形成跨界合作的点,可以很好地拓展跨界合作的方式和方法。

所有在云平台上能实现的功能都可以成为乡村文化IP与其他品牌跨界合作的功能。比如开发乡村文化与跨界品牌的网络游戏,在游戏中植入两个品牌的内容,消费者一边玩游戏一边接收跨界营销的信息,如果游戏通关还可以得到奖励,奖品可以是两个品牌的相关产品。还可以开发乡村文化文学作品,在文学作品中植入合作品牌的信息。也可以在乡村视频作品、动画作品中进行跨界合作营销,这些文创作品通过虚拟支付快速变现。

(2)云端实现乡村文化的国际跨界合作变现

云平台能打破时间和空间的限制,让世界变成地球村。乡村文化的跨界合作方的选择不受区域的局限,将跨界营销合作方的选择范围扩大到世界,将中国乡村优秀、灿烂的文化通过跨界合作的方式传播到世界的其他国家。跨界合作能让乡村文化在异国他乡的传播中占据一半主场的优势,比单纯的乡村文化跨国传播更具有效果。乡村文化的国际跨界合作与普通的跨界合作不完全一样,国际跨界的合作方可以选择同品类的农产品的生产者或经营者,因为区域相差太远,即使是同品类的产品,隔着国界它们也不存在显著的竞争关系,不会影响双方在原来国家的市场份额,反而因为同品类产品的共同性可以减少因为语言与文化不同带来的障碍。当然不是同品类产品的合作对象也是很好的选择,但需要寻找两个不同品类农产品品牌之间契合的跨界合作点。

第七章　基于云计算的节庆与基于云计算的农旅融合策略

2018年6月,经党中央批准、国务院批复,自2018年起我国将每年农历秋分设立为"中国农民丰收节"。同年6月21日,当时的农业农村部部长韩长赋在国务院新闻办举行的新闻发布会上说:"中国农民丰收节是第一个在国家层面为农民设立的节日。设立这一节日将进一步强化'三农'工作在党和国家工作中的重中之重地位,营造重农强农的深厚氛围,凝聚爱农支农的强大力量,推动乡村振兴战略实施,促进农业农村加快发展。"①从2018年到现在,各类节庆活动在全国各地乡村蓬勃开展,节庆口号从"一县一节庆"到"一镇一节庆"再到"一村一节庆"都表明节庆活动对农村经济发展起到非常重要的作用,节庆活动已经是中国乡村振兴战略的重要手段。在众多学者的农事节庆研究中,都提到了农事节庆对地方经济起到了极为重要的影响,节庆活动与互联网、云技术是可以有机结合在一起的,"云游节庆"是疫情期间常见的农事节庆形态。

与农事节庆有交叉又有不同的是农旅融合,农旅融合是实现农村产业融合的新手段,是将农产品销售、休闲农业发展和乡村旅游进行结合的新模式,在保护和开发农业生产功能的基础上,合理开发利用农业旅游资源和土地资源,建设农业观光旅游休闲采摘综合功能集群区。本章将会从现有的案例出发来探讨基于云计算的农旅融合的方式与手段,以及基于云计算的农旅融合对农村经济起的作用。

乡村节庆活动与乡村农旅融合两者都有吸引消费者到乡村观光旅游的亮点,都是乡村振兴战略中促进经济发展的重要手段,但节庆活动周期比较短,一般持续时间是几天或者几周,对当地经济的促进作用立竿见影,而农旅融合活动会持续很长一段时间,周期很长,对当地经济的促进作用缓慢而长远。

---

① 新华社. 我国设立"中国农民丰收节"[EB/OL]. https://baijiahao. baidu. com/s? id=1603865882538310632&wfr=spider&for=pc,2018-06-21.

第一节　云技术构建强势乡村节庆品牌

浙江大学传媒与国际文化学院传播研究所胡晓云教授认为综合中外文献中关于节庆的各种定义可见,节庆活动是人类在一个约定的特殊时间、特殊地点,围绕特定的目标进行的特殊仪式。从历史角度看,节庆活动源自农耕社会文化,经过长期历史发展逐渐走向繁荣。根据节庆产生的历史年代,可将节庆活动分为传统节庆活动和现代节庆活动。传统节庆大多起源于民间,是人们根据天候、气候、物候等周期性转换而约定俗成的祭祖拜宗、祈福、纪念的节日。现代的节庆是指某区域或某地以其特有的资源,包括历史、文化和艺术、传统竞技、体育、风俗习惯、风情风貌、地理优势、气候优势、遗址、胜地、古迹等为主题,自发而周期性举行的大型庆祝活动仪式。[①] 从这一节庆的定义可以知道节庆的起源是农耕社会的人类活动,源自农业活动,从古流传至今的节庆活动本身就和农业生产、农事节气存在密不可分的关系。乡村举行节庆活动一方面传承传统,另一方面也开创新的现代商贸类的节庆活动。通过云平台将节庆做成一个品牌,并且将这一节庆品牌打造成强势的乡村节庆品牌,可让乡村节庆拥有更高的知名度、美誉度,拥有更强大的社会影响力,最终促进乡村经济的发展。

一、云技术全方位打造乡村节庆品牌

1. 塑造乡村节庆品牌,构建品牌资产

(1)乡村节庆活动成为节庆品牌的优势

像打造农产品品牌一样打造乡村节庆品牌,这是乡村节庆做大做强的必经之路,将节庆品牌纳入农业大品牌的战略中去布局,将会对乡村振兴起到重要的作用。乡村节庆品牌是消费者对乡村节庆的感知和感情的总和,它不仅仅是一次两次的节庆活动,而且是由这一乡村的政府、村民、其他消费者等一起创造的一种公关关系。节庆品牌除了节庆活动的相关内容以外,还会增加很多的附加价值。比如品牌权益,消费者参加节庆活动的感受,乡村的文化、

---

① 胡晓云,余耀锋,许雪斌,程杨阳.以构建强势农产品区域公用品牌为主体目标的中国农事节庆影响力评价模型研究[J].广告大观(理论版).2011(4):18.

特产,乡村风景等一系列的附加内容。

胡晓云教授在《中国农业品牌论》一书中提到品牌是一个独特的利益载体、价值系统与诚信体系。[①] 乡村节庆品牌同样也是这种体系。把乡村节庆活动打造成节庆品牌有以下显著优势。

第一,将节庆活动相关的所有利益方联结成一个独特的利益综合体。节庆活动是一种农事节庆、农业庆典等活动。呈现的是活动准备、活动开启、活动进行、活动结束的一个过程。但节庆品牌是节庆活动各方的利益契约体,节庆品牌的所有者、执行者、投资者、代理者、参与者、围观者等相关利益者的利益都能由节庆品牌承载,节庆品牌还可以成为利益分配关系的契约承载体。通过节庆品牌这一载体,能够将节庆活动短期与长期的收益分配明确下来。

第二,将所有与节庆相关的有形与无形资产变成独特的价值系统。节庆活动品牌化的过程就是通过商标注册、节庆 VI 系统构建、节庆活动文化赋能、节庆虚拟体验系统搭建、节庆文创产品衍生变现等赋予价值或价值再造的过程。通过品牌化,节庆活动的价值创造不再停留在节庆活动过程中,还会以品牌资产的形式呈现出来,是一种可持续性价值创造,而且还能与竞争对手明确区分开来,产生品牌溢价,形成自己的粉丝圈层,增加节庆品牌资产。

第三,将品牌作为背书建立节庆活动的信用体系。节庆活动的权威性和信用度一般由主办方决定,主办方是政府,节庆活动就有政府做背书,信用度很高,权威性也很高。主办方是个人,信用度就低,权威性也低,节庆活动的资金和赞助都会受到影响,节庆活动的持续性也成问题。但以政府为节庆活动主办方也存在一些局限,一是政府承办的节庆活动数量有限,政府人员的换届更迭对节庆活动也会有影响。二是政府出面承办节庆活动更加倾向于公益性,对节庆活动的商业运营和商业衍生是不利的。以节庆品牌形式进行节庆活动可使商业化操作便利很多,它可以由多方利益体共同构筑信用体系,国有资本、乡镇村集体资本、社会投资等共同组成多方利益体。节庆品牌的信用第一年可以由政府主办做原始积累,后续就慢慢交由利益共同体组成的经营者积累。节庆品牌有了明确的品牌经营者之后,消费者消费维权可以找到明确的主体,在节庆活动上购买到的商品需要退换货也可以找到节庆品牌方完成,节庆品牌的权威和信用在逐年累积中慢慢提高,最终形成以强势品牌为背书的节庆活动信用体系。

---

① 胡晓云.中国农业品牌论[M].杭州:浙江大学出版社,2021:17.

（2）系统构建乡村节庆品牌的品牌资产

品牌资产是赋予产品或服务的附加价值，它反映在消费者对有关产品品牌的想法、感受以及行动的方式上，同样它也反映于品牌所带来的价值、市场份额以及盈利能力上。[①] 品牌是一种无形资产，但同样也可以为节庆活动带来超额收益。乡村节庆品牌的主体品牌资产组成可以分成六大部分：

第一部分是乡村节庆活动本身，包括节庆活动的名称、节庆活动的符号体系，也就是能让消费者一眼就识别出这一乡村节庆活动的标识物，是乡村节庆品牌核心的资产，其他所有的资产都是基于这一基础形成的。

第二部分是乡村节庆品牌的知名度，早期的中国乡村节庆活动往往和农产品收获挂钩，比如桃子节、葡萄节、丰收节等。现在的乡村节庆新出现了和农民的精神文化生活、体育活动相关的内容，比如乡村音乐节、乡村体育节等。相对来说，和农产品挂钩的乡村节庆活动知名度比较高，当地的农特产品名声传播越广，举办的乡村节庆活动越容易引人注意，但这种知名度常常是自发的，是基于历史积累中长期的口碑传播形成的。

第三部分是乡村节庆品牌的口碑资产，这是非常宝贵的品牌资产，也是一种能吸引消费者反复回头参与乡村节庆活动或者购买节庆农产品的关键影响因素。口碑资产是需要节庆活动对消费者具有足够的吸引力或者节庆活动中农产品的品质非常好才可以形成的，云技术能做的就是将好的口碑尽可能地传播出去。

第四部分是乡村节庆品牌的粉丝圈，粉丝圈、粉丝群是互联网技术时代新的品牌资产，也是最重要的云平台资产之一。

第五部分是乡村节庆品牌资产的附加资产。在本乡村区域里，所有与节庆活动直接相关的无形资产都可以进入乡村节庆品牌的附加资产，都是可以利用起来的。

第六部分是乡村节庆品牌的发展潜力，包括乡村节庆品牌未来的发展空间，包括乡村节庆品牌增值空间、乡村节庆品牌赋能空间、乡村节庆品牌潜在市场、乡村节庆品牌溢价空间等。

2. 现代的乡村节庆品牌的塑造离不开云平台

"品牌就是在顾客心智里面占据一个位置。"这句话源自品牌定位理论的

---

① 菲利普·科特勒，凯文·莱恩·凯勒. 营销管理［M］. 何佳讯，于洪彦，牛永革，等译. 上海：格致出版社，2016：282.

开创者艾·李斯和杰克·特劳特,乡村节庆品牌化就是让人们知道这一品牌,认知这一品牌。乡村节庆品牌化的第一步就需要将乡村节庆品牌的各类信息传播给消费者,消费者使用的媒介就是乡村节庆品牌信息传播媒介,而各式各样的云媒介已经深入我们生活的方方面面。中国网民人数已在 2021 年正式步入 10 亿,全民皆网民的时代已经到来,云技术成为普通人生活的一部分,同时也必然是乡村节庆品牌传播的一部分。以云技术完成节庆活动品牌化,是现代乡村节庆品牌传播的必要手段,从乡村节庆品牌打造的要素中也可以看到这一点。

（1）乡村节庆品牌的精准云传播

随着国家乡村振兴战略的逐渐推进,各地乡村节庆活动也随之增多。一年内仅桃子节就有几十个,一个省内就不止一个桃子节,有时候一个县内就会出现两三个桃子节,而且桃子成熟的季节又集中在 5 月或 6 月份,所以各地桃子节经常在差不多时间扎堆推出。要在如此多的节庆信息中脱颖而出,还要准确地将本区域的乡村节庆信息传递给目标消费者,通过传统的大众传播媒介太难做到。但精准的云传播可以按照要求将信息准确地传送到目标消费者终端。

本区域乡村节庆活动的目标受众理论上是所有的消费者,但事实上真正参与到普通的乡村节庆活动中的消费者还是以周边区域的受众为主,除非这一节庆活动影响力非常大。比如呼伦贝尔草原的牛马羊节,每一年 8 月都会吸引全国各地游客蜂拥而至。但这样的节庆活动只是少数,大部分的乡村节庆活动的参与者由本区域内消费者＋周边区域消费者＋部分远途游客组成,所以乡村节庆信息的传播目标受众也是以这部分群体为主,可以借助云技术精准地将每一次节庆活动信息传递给目标受众,云技术是目前传播技术中可以做到最精准传播的技术。

（2）乡村节庆品牌的消费者信息收集与追踪需要云技术参与

以前的乡村节庆活动很少会建立自己的顾客关系库,每一次举行乡村节庆活动前的主要营销手段是在各类媒体上宣传,但现代品牌塑造的理念之一就是要求品牌建有自己的顾客数据库,顾客数据库是一个成熟的品牌的有机组成部分。有了顾客数据库才能在后续举行乡村节庆活动时通知以前参与过的顾客,吸引他们再次前来。有了顾客数据库才能定期维护顾客关系,维系消费者们对品牌的忠诚,促进回头消费。在云时代,顾客数据库是建立在大数据收集与追踪的基础上的,通过云计算,能将乡村节庆品牌的顾客数据汇集成非常详细、非常庞大的数据库,不仅可以对每一位曾经参加过乡村节庆活动、购买过乡村节庆产品和服务的顾客进行一对一的追踪,收集每一个消费者对乡村节庆活动的反馈,而且还能对每一位顾客进行用户画像,精准分析每一位顾客的兴趣爱好、行为偏好等各项数据,为下一轮的乡村节庆活动提供更有用的数据。

（3）打造节庆品牌的云文化

品牌文化也是品牌打造成功的必备要素之一,一个没有文化的品牌是没有灵魂的,也很难与消费者形成精神上的共鸣,云文化是现代化品牌文化的有机组成部分。在全民皆网民的时代,在云技术已经是最常见的互联网技术的时代,云平台自然而然成为节庆品牌目标消费者聚集地之一,人们在云平台上组建节庆活动粉丝群体,并形成乡村节庆品牌的圈层文化,在云平台上开发各种节庆品牌的文创产品并进行售卖,在云平台上征集节庆品牌的标识物、吉祥物、虚拟代言人等各种创意,在云平台进行乡村节庆活动直播形成以大 V 为主的直播文化等。

（4）认知度和美誉度调研借助云技术事半功倍

品牌认知度是一个品牌的非常重要的组成部分,它是衡量消费者对品牌内涵及价值认识和理解度的标准,是品牌核心竞争力的主要指标之一。品牌的认知度是一个品牌是否获得市场认可的核心要素之一,代表了消费者对这一品牌全方位的理解与接受程度,认知度越高,消费者就越熟悉这一品牌,也越认可这一品牌。在乡村节庆活动越来越多的今天,乡村节庆品牌的认知度往往决定了消费者是否会选择参与哪一个乡村节庆活动,品牌认知度的调研就是乡村节庆活动举行后效果调研活动之一。

而品牌美誉度是人们对品牌的好感和信任程度,品牌美誉度同样也是品牌竞争力的一部分,品牌美誉度与品牌认知度是有区别的,美誉度常常作为知名度的对比指标存在,是品牌本身质量是否获得消费者信任和认可的指标,而认知度是人们对品牌的各类信息的认可、理解和熟悉程度。品牌美誉度高＋品牌认知度高,乡村节庆品牌才能做到被市场接受程度高、评价好、回购率高,这是乡村节庆品牌成熟的标志;如果品牌美誉度高＋品牌认知度低,意味着这个乡村节庆品牌本身办得不错,反馈很好,但营销力度不够,认知度不高;如果品牌美誉度低＋品牌认知度低,说明这一乡村节庆活动存在诸多不足,需要做从里到外的改变;如果品牌美誉度低＋品牌认知度高,那需要调整乡村节庆活动的安排,提升活动的吸引力。

乡村节庆品牌想要检测自己的节庆活动举办效果，想要检测自己的节庆活动是否存在大的需要改进的地方，想要在每一次开展乡村节庆活动前预测会有多少人前来参与活动，就需要进行乡村节庆品牌认知度和美誉度的调研。而传统的调研方式已被数字云调研全面替代，调研问卷的设计、发放和统计都可以由云计算完成；在典型消费者访谈方面，也有部分面对面的访谈被视频面对面访谈替代。在云计算的调研中加入了最新的调研技术，比如在视频面对面的访谈中加入了 AI 智能技术，能进行微表情识别、人类肢体语言识别等分析，这些新技术能更精准地完成乡村节庆品牌认知度和美誉度调研。

二、大数据技术＋云技术确定强势乡村节庆品牌

强势品牌是一系列指标的结合，并没有明确的定义，加州大学伯克利分校哈斯商学院战略学教授戴维·阿克（David A. Aaker）在《创建强势品牌》一书中，对强势品牌的创建提出了几个目标：创造一个清晰的、与消费者相关联的、可实现其潜力的，并且足够丰富能够为实施提供指导的形象；超越品牌管理延伸到品牌系统管理，有管理好子品牌、要素品牌、品牌延伸、联合品牌和品牌分拆的服务；解决品牌资产评估问题；开发可以有效建立品牌的组织形式和组织结构。[①]

乡村节庆品牌与普通的商业品牌是不一样的，乡村节庆品牌依托于特殊的乡村节庆活动，受到乡村节庆活动举办周期的影响，乡村节庆品牌很少能做到全年长期稳定地输出产品和服务，那么对乡村经济的发展来说，强势的乡村节庆品牌会带来何种价值和影响呢？

（一）塑造强势节庆品牌的意义

1. 强势品牌的作用

在市场上品牌没有好坏之分，但有强势品牌与弱势品牌之争，强势品牌的作用主要体现在 7 个方面：一是强势品牌在消费者心中强度更强，在戴维·阿克的书中提到假如在消费者心中布满心理看板，每一个看板对应一个品牌的话，品牌在消费者心中意识的强势就是对应看板的大小，越强的品牌，在消费者的意识中占领的区域就越大，越容易被消费者认知。二是强势品牌能让消费者更加熟悉和喜欢，实现品牌再认，在心理研究中表明，消费者出于本能会青睐他们曾经见过的某个品牌，而不是陌生的那个，所以在消费者选择品牌

---

① 戴维·阿克.创建强势品牌[M].吕一林，译.北京：中国劳动社会保障出版社，2004：21.

时,熟悉的品牌会更占优势。三是强势品牌能增加消费者回忆的概率。四是形成品牌名称支配,人们只要提起某类产品就会想起这一品牌,如能做到这种程度,这一强势品牌就属于领军品牌,也是最高水平的品牌意识。五是感知品牌质量,强势品牌可以为自己的产品质量提供背书,让消费者产生信任感;六是增强品牌忠诚度,强势品牌都会自然而然形成自己的粉丝圈层。七是促进频繁购买。

2. 强势节庆品牌对乡村振兴的价值

乡村节庆想要做大做强,需要做成强势乡村节庆品牌,它会对乡村经济的发展有明显的促进作用:

(1)形成强烈的乡村节庆品牌意识

强势的乡村节庆品牌能让消费者提起某种乡村节庆就联想起这一乡村节庆品牌。比如水蜜桃节,就能让人想到某乡某村的奉化水蜜桃节,这就是形成了这一乡村节庆品牌名称支配。

(2)提高乡村节庆品牌再认与回忆

这不仅能提升乡村节庆品牌的知名度与熟悉感,而且能提升乡村知名度。强势的乡村节庆品牌可以强势占领消费者心智,能让消费者对乡村的名称、节庆的名称都有熟悉感,能对乡村节庆品牌相关的各类信息都有或模糊或清晰的印象,当乡村信息、节庆信息、节庆相关的农产品信息再次出现时,消费者可以回忆起来。

(3)产生对乡村节庆品牌的信任感

戴维·阿克在《管理品牌资产》一书中提到品牌资产的重要一项就是品牌能让消费者感知质量。[①] 越强势的品牌越能让消费者对乡村节庆品牌产生强烈的信任感,会对乡村节庆关联的农产品和旅游节庆服务更有信心。强势乡村节庆品牌定义了自己在乡村节庆竞争市场中的定位,能让自己的品牌与其他乡村节庆品牌明显区分开来,并且带来品牌更高的溢价可能。品牌感知质量会扩大化,消费者对强势乡村节庆品牌的信任感会延伸到它的其他方面,戴维·阿克形容这种信任感的延伸是"像黏稠的糖浆一样蔓延到品牌所有的元素上",比如乡村节庆品牌所在的乡村、乡村所出产的产品、乡村里的带货电商们等,这种信任感看不见摸不着,但却在无形中提升了乡村节庆品牌及其相关元素的知名度、美誉度,还提升了各类乡村产品的销量。

---

① 戴维·阿克.管理品牌资产[M].奚卫华,董春海,译.北京:机械工业出版社,2006:8.

（4）促进再次消费

强势品牌通过品牌认知、品牌再认、品牌名称支配、品牌感知质量等一系列过程，最终促进消费者的购买行为和重复购买行为。其中强势品牌感知质量是消费者购买行为的核心，一个强势的乡村节庆品牌可以吸引消费者每年在节庆举行期间再次前来参与节庆活动，有些直接抵达节庆举办地，参与现实的系列节庆活动，有一些会通过各个媒体渠道观看节庆活动并参与节庆话题讨论，也会有一些在线上参与云节庆。

（二）基于云技术建立区域内乡村节庆活动数据库

乡村节庆活动是指乡村中为了一定的目标举行的特定仪式，包含了农事节庆活动，也包含了体育类、戏曲音乐类、创意商贸类的节庆活动。特定乡村的农事节庆活动比较少，但乡村节庆活动可以有很多，在未来还可以推动更多新颖的新农村节庆活动出现。国家鼓励各地从实际出发，结合当地的民俗文化、农时农事，组织开展好农民群众喜闻乐见的节庆活动，做到天南地北、精彩纷呈。但节庆活动一多，选择将哪一个节庆活动打造成本区域内强势乡村节庆品牌就是需要解决的第一个问题，大数据技术可以对各节庆活动的优势与劣势进行比较，建立各乡村节庆品牌的发展现状历年数据库，给决策者们提供扎实的数据参考。

1. 云是数据库市场的未来

建立数据库的方法有很多，传统的方法有 Oracle 数据库、MongoDB 数据库、HBase 数据库、Redis 数据库，还有目前常见的 MYSQL 数据库，但随着云计算技术的不断发展，云数据库越来越流行。2019 年 7 月全球领先的信息技术研究和顾问公司 Gartner 认为云将主导数据库市场的未来，他们预测到 2022 年 75% 的数据库将被部署或迁移至云平台。Gartner 的研究显示，2018 年全球数据库管理系统收入增长 18.4%，其中 68% 的增长由云数据库贡献，这一趋势表明，云服务提供商（CSP）基础设施和在该基础设施上运行的服务正在成为新的数据管理平台。① 云数据库解决了硬件成本高、扩展性差、管理难度高、业务响应慢、资源利用率低等问题。② 用户使用云数据库比传统数据库更方便，服务具有高可用性：用户不需要了解云数据库的建立原理和各类细

---

① 梅雅鑫.Gartner：云将主导数据库市场的未来［EB/OL］.http://www.cww.net.cn/article?id=455477,2019-07-24.

② 许振霞.云数据库研究［J］.计算机光盘软件与应用,2014(4):109-110.

节,建立数据库技术任务完全由云服务商解决,软硬件投入低,云数据库的维护和运营不需要用户关心,由云平台自行维护,而且计算能力趋近无限大,存储能力和扩展性也趋近无限大,用户不用再关心数据库的部署和管理,解决了技术人才相对缺乏的乡村建立和维护自己数据库的难题。

2.　建立乡村节庆云数据库

系统性地建立乡村节庆云数据库,设计尽可能详尽的各个乡村节庆的子数据库,预留未来增加子数据库的空间,同时考虑乡村节庆经营主体使用云数据库问题。

(1)乡村节庆历史文化资源库

乡村节庆历史文化资源库是最基础的乡村节庆数据库,重在记录过去并与现在做比较分析,记录两大块内容:一是乡村的历史文化数据,二是乡村节庆的历史数据。首先乡村节庆并不是凭空产生的,而是源于乡村、植根乡村的特殊仪式,乡村节庆的主要举办地也是在乡村,乡村的历史和文化会烙印在乡村节庆活动上,将这部分数据记录在乡村节庆历史文化数据库中非常有必要。其次是每一个乡村节庆出现的历史以及在历史上的重大事件记录,比如奉化的水蜜桃节是哪一年开始举办的,是由谁发起的,第一年重要参与者有哪些人,产生了何种效果等,将这些数据从历史尘堆中找出来,并记录进历史文化数据库中去,会对后续的乡村节庆发展产生重大的影响。

(2)各个节庆历年数据库

为本区域内所有的乡村节庆都建立子数据库,记录每一届节庆活动举办的各类信息,主要包括节庆主办者信息,节庆的协办者信息,节庆的重要出席人物信息,节庆的重要参与企业信息,节庆的赞助商信息,节庆重要事件信息,节庆媒体宣传信息等内容,这一数据库是对各个节庆活动的整体数据记录。

(3)各个节庆的社会评价数据库

本区域内各个节庆活动举办评价数据记录,主要包括各大媒体上关于此次节庆活动的评价数据,各个社交平台人们对此次节庆的评价数据等,通过媒体报道和人们的正向词汇数据和负向词汇数据分析得出每一次节庆活动举办的效果,得出本次节庆活动评价报告和举办效果报告。

(4)各个节庆关联的产品销量数据库

有些节庆活动是与当地的农产品直接挂钩的,比如李子节、桃子节、蜜梨节等。有些乡村节庆活动并不与农产品挂钩,但一样可以推动当地的各类产品销量。节庆产品的销量可以来自节庆活动上的各种参会产品,也可以来自当地的农产品，还可以来自各类文创产品等，所有与节庆相关联的产品销量都需要计算在内，销量数据是衡量乡村节庆活动对当地经济推动作用的关键指标之一。这一数据库主要包括各类关联产品在节庆期间的销量，以及在节庆结束后的一定时间内的产品销量等。每一次节庆期间销量的报告还需要比较本次数据与历年销量数据变化，最终形成此次节庆活动对产品销量的促进作用报告。

（5）参与乡村节庆活动顾客数据库

每一次有记录的乡村节庆活动顾客数据库，包括购买了商品或者服务的顾客数据，还包括有意向参与潜在顾客数据，还包括参与了同类节庆活动但未参与本节庆活动的顾客数据等。在建立完善的乡村节庆活动顾客数据库之后，可以参考传统的顾客关系营销策略，运用云传播的一对一精准传播能力，对这些顾客进行精准信息投递，实现精准营销。

（6）各个节庆衍生品数据库

各个乡村节庆衍生品数据库，主要是乡村节庆的 IP 衍生品，包括利用乡村节庆形象、场景、口号等衍生出来的有形或者无形的可售卖服务或产品。一个乡村节庆活动能有自己的衍生品意味着乡村节庆活动已经变成了一个乡村节庆品牌，而且是拥有一定粉丝数量的乡村节庆品牌，因为做乡村节庆衍生品，必须满足有不少人喜欢这一乡村节庆品牌这一条件，包括喜欢这一乡村节庆文化、乡村节庆活动本身有吸引力、相关的产品或服务有销量、衍生 IP 有影响力和销售力这些条件。记录各个节庆衍生品数据库，一方面完善了乡村节庆资料，另一方面也是记录各个乡村节庆品牌发展壮大的过程，记录其从单一的节庆活动变成乡村节庆品牌，从简单的乡村节庆品牌衍生出一系列产品和服务。

3. 比较各节庆活动的竞争力，确定强势乡村节庆品牌

竞争力是一个比较抽象的概念，关于确定产品竞争力或品牌竞争力，有不同的理论模型，但主要的评价指标一般包含以下几项：乡村节庆活动的知名度、乡村节庆活动的规模、乡村节庆活动主办方与协办方实力、乡村节庆活动媒体宣传度、乡村节庆活动的网络搜索指数、乡村节庆活动产生的销售额等。只要确定乡村节庆活动的竞争力评价模式，云技术就可以自动计算出各个乡村节庆活动的竞争力指数，分析出哪一个乡村节庆活动的竞争力是逐渐增强的，哪一个乡村节庆活动带货能力最强，哪一个乡村节庆活动目前规模最大，哪一个乡村节庆活动是在走下坡路的，在比较各项数据之后，可以得知哪一个是适合打造成强势乡村节庆的品牌。

在乡村云数据库建立以后,云计算可以每一年自动计算本区域内各个乡村节庆活动的变化图,给出每年各个乡村节庆活动竞争力、影响力报告,还可以总结多年的各个乡村节庆总结报告,比如在每一个五年计划结束之时给出这5年内本区域内乡村节庆成果报告。

三、云技术提升强势乡村节庆品牌影响力

影响力概念最初出现于人际交往理论。该理论将一个人改变他人心理、态度和行为的能力概括为影响力,指的是一个人感化、影响他人的能力。影响力研究,从某种意义上而言,研究的是一个人或一个企业、品牌、团体组织等改变他人或组织的思想、观念、态度与行为的能力。因为这种能力已经成为一个人、行业、企业、品牌甚至一种文化的重要因素。[①] 根据胡晓云教授关于构建强势农产品区域公用品牌的农事节庆活动理论,乡村节庆品牌的影响力主要分为两个方面:品牌传播效果和品牌营销效果,乡村节庆品牌传播效果主要指乡村节庆品牌的知名度、美誉度、品质体验性,而乡村节庆品牌营销效果主要指购销状况的改变和旅游人数的增加等,如何用云技术提升强势乡村节庆品牌的影响力,我们借鉴的是胡晓云教授及其团队提出来的"以构建强势农产品区域公用品牌为主体目标的农事节庆影响力评价模型",[②]其主要分成了乡村节庆品牌对区域经济影响力、乡村节庆品牌传播影响力、乡村节庆区域资源影响力、乡村节庆区域形象影响力和乡村节庆品牌发展影响力四大方面。

1. 云技术提升强势乡村节庆品牌的区域经济影响力

通过云平台帮助提升强势乡村节庆品牌对乡村区域经济增长的影响力,这是从区域乡村振兴的角度来提升强势乡村节庆品牌的影响力,主要从以下两方面入手。

(1)降低各类成本,提高节庆活动直接收益额

强势乡村节庆品牌必定是本区域内具有较大影响力的节庆品牌,它一定能对当地的区域经济产生各项收益,其中包括节庆门票收入、节庆销售额、节庆活动范围内人们餐饮、交通、拍照等产生的收益。在提升强势乡村节庆品牌

---

① 胡晓云,余耀锋,许雪斌,程杨阳.以构建强势农产品区域公用品牌为主体目标的中国农事节庆影响力评价模型研究[J].广告大观(理论版).2011(4):19.

② 胡晓云,余耀锋,许雪斌,程杨阳.以构建强势农产品区域公用品牌为主体目标的中国农事节庆影响力评价模型研究[J].广告大观(理论版).2011(4):26-27.

直接收益上,云技术可以帮助降低各类成本开支,还能多渠道多手段提高各类收入。可以降低节庆活动的宣传营销成本,云传播能进行精准营销,尽量做到每一笔投入的营销成本都能起到吸引受众前来参与节庆活动的效果。云仓库可以提高产品销售效率和物流效率,也可以降低物流成本等。云销售能利用所有云平台上的销售方式和手段,极大拓展节庆相关产品的销售渠道。

(2)提升强势的乡村节庆品牌与其他产业的联动收益

越强势的乡村节庆品牌就越能带动全产业链的联动,在学者 Gursoy、Kim 和 Uysal 的节事影响力评价模型理论中提到节庆活动能对区域的 17 个项目产生影响,比如提高市政项目的财政收入、提高社区形象、建立社区自豪感、帮助保存当地文化、增加就业机会、提高基础设施建设等。基于这 17 个项目分析强势乡村节庆品牌会与哪些区域产业产生联动效应,云技术可以对这些产业联动产生哪些正向的影响,我们列出几个方面的思考:推动强势乡村节庆品牌的云上节庆活动,促进乡村振兴发展,提高乡村政府财政收入。云技术不仅会以云技术推动乡村节庆品牌往强势乡村节庆品牌转变,还会同步建设云上节庆活动,举办云节庆。云节庆作为基于云计算的乡村振兴组成的一部分,同时也是乡村振兴全产业链发展上重要的一环,它能在乡村节庆活动期间,以云技术呈现整个乡村的形象,比如将整个乡村的虚拟影像直接以裸眼 3D 的形式呈现,人们一边逛节庆,一边身临其境漫步在乡村中。在乡村节庆期间搭建云技术的平台,可以促进乡村网络基础设施的发展,创造更多的就业机会等。

2. 强势乡村节庆品牌传播影响力

胡晓云教授及其团队提出品牌传播影响力主要包括活动参与和活动传播两项,这两项正是云技术的强项,首先云技术能实现线上举办云节庆,提升线上节庆活动的参与度;其次云传播是一种全新的传播方式,对打造强势乡村节庆品牌,提升其活动传播影响力有很大的帮助,也是现代新媒体技术前沿传播技术之一。

3. 通过云平台提升强势乡村节庆品牌区域资源影响力

乡村节庆活动一定会带来资源的积累,不管是强势节庆品牌还是弱势节庆品牌,只要举办就会或多或少带来一些资源,而强势的、持续举办的乡村节庆品牌能带来的资源累积量是不可估量的,包括物资资源积累和非物质资源积累两大类。乡村节庆品牌能产生的非物质文化遗产,乡村节庆相关专业项目,节庆所用到的道具、工艺品,塑造的乡村景观建筑等都属于这两块内容。而云平台可以极大地提升强势乡村节庆品牌对区域资源的影响力。通过云技术优化乡村节庆物质资源,通过参与节庆的用户画像寻找更符合人们审美与期待的乡村节庆民俗形象建筑,通过云平台建立虚拟的乡村节庆非物质文化空间展馆,通过云视频呈现历史上栩栩如生的古代乡村节庆活动等。在积累和保存乡村节庆品牌资源上,在提升节庆区域资源影响力上,云技术可拓展的空间非常大。在以后的乡村节庆品牌资源积累上,必定会产生更多具有创新力和销售力的形式。

4.打造强势的节庆品牌区域云形象

乡村节庆品牌形象不等于乡村形象,而是乡村形象的一部分。乡村节庆品牌形象的打造与提升,会反哺乡村形象的提升,两者是相生相长的关系。强势的乡村节庆品牌是乡村形象的亮点,会对乡村形象产生巨大的影响力。云技术可以配合传统的品牌形象打造策略进行乡村节庆品牌云塑造,同时还可以打造系统的、整体的强势乡村节庆品牌云形象。大部分的品牌形象打造策略都可以与云技术相结合。以乡村节庆品牌代言人为例,云技术可以帮助匹配到适合代言本乡村节庆品牌的代言人,是选顶流明星,还是选二三线明星;是选典型消费者代言,还是选专家权威代言,云技术帮助乡村节庆品牌主解决了这一难题。另外,云技术还可以打造乡村节庆品牌的虚拟代言人作为乡村节庆品牌的云形象代言人。近几年虚拟代言人越来越多,是因为云技术和元宇宙技术越来越成熟,创造的虚拟代言人越来越完美,还能避免普通代言人可能带来的负面新闻风险等问题。

5.拓展强势乡村节庆品牌未来发展空间

云技术可以拓展强势乡村节庆品牌未来发展空间,同时还可以拓展乡村各种农业品牌的发展空间。当强势乡村节庆品牌发展成为战舰型的节庆品牌后,它可以在一次节庆活动中带动整个区域农业品牌的集体联动,节庆活动本身的容纳性决定了它对乡村区域其他产业的强大影响力。云技术可以对节庆活动中所有签订的贸易合同进行精准追踪,实时统计合同履约比率与履约资金到达率,由人工智能自动监控异常信息并自动发出警报,让主办方及时发现并处理不良情况,提高乡村节庆品牌的美誉度,为下一次乡村节庆品牌活动的举办积累更好的口碑,一年比一年发展得更好。

四、云节庆创新乡村节庆品牌的新模式

2020年4月15日,2020年中国茶叶大会暨第十四届新昌大佛龙井茶文化节举行,这次的茶文化节将全面转为线上,采用"云节庆"的活动形式,力求

给广大消费者更具参与感、新鲜感的茶文化盛会。此次节庆探索了全新的农
事节庆举办形式——"七朵云"模式。①

图 7-1 就是这次活动的海报。这一活动协办方浙江大学 CARD 中国农
业品牌研究中心团队将这种新的云节庆模式总结为"七朵云"模式,即"云直
播、云游览、云互动、云发布、云观点、云连线、云消费",运用 H 5 形式将

来源：隧人影像公众号   2020.04

图 7-1   2020 年中国茶叶大会暨第十四届新昌大佛龙井茶文化节海报

① 隧人影像.邀亲乘七朵云而来,同饮一杯好茶,共愿万事新昌[Z/OL]. https://mp. weixin.
qq. com/s/Ev65GsgMKJSEgkPPqwy2Zw,2020-04-12.

内容线上集成,通过微信、抖音等平台传播引流,实现"品效合一"的营销,以打通"农业品牌—农事节庆—农品上行"的全链条通路。此次茶文化云节庆的成功举办也给中国乡村的节庆品牌与云技术的结合提供了成功的创新模式范本,在后疫情时代,云节庆也可以有更多的一展拳脚的机会。

1. 虚拟现实技术＋机器人技术给云节庆带来全新的沉浸感

现实中常见的云节庆以直播形式为主,一般是由直播 UP 主手持云台在节庆活动现场直播,观众在网络另一端收看参与节庆活动,但现代的云技术已让云节庆有了全新的沉浸式体验,主要有以下两种。

(1)虚拟现实技术同步建立线下"同款"节庆现场

在云平台上搭建与现场乡村节庆活动"同款"的节庆现场,包括同样的节庆现场布置、同样的乡村场景搭建、同样的商品展示,将现场发布会同步直播到云节庆的虚拟场景中,虚中有实,实中有虚,让逛云节庆的人们真正身临其境,还可以让参与云节庆的人也拥有自己的虚拟形象,在云空间中四处走动,与人交谈。目前已经有一些公司定制了 VR 云旅游软硬件,人们只要在手机上下载 App,就可以实现 VR 交互式视频直播,但要真正实现 XR 虚拟现实的云节庆,需要实力强大的中国乡村节庆品牌才行。

(2)人工智能机器人技术 360 度全景沉浸体验乡村节庆

人工智能机器人技术给中国基于云计算的节庆提供了更多的可能,有些人力较难到达或者不便到达的空间,可以由人工智能机器人完成。比如云节庆 360 度的镜头直播,可以由飞行机器人和爬行机器人实现。这些机器人还可以携带 VR 远程观景眼镜,给观看的人带来立体的视频体验,还有水下云节庆、空中云节庆、高山悬崖举办节庆活动等。人工智能机器人已经可以在技术上实现天上地下举行云节庆活动。而在未来,有技术专家设想能实现机器人的听觉、味觉、嗅觉等实时传输功能,[①]让参与云节庆的人可以听到、尝到、闻到"现场",而不是隔着屏幕观看节庆现场。

2. 5G 技术打破乡村节庆品牌云参与和云购买的技术障碍

2021 年 6 月 23 日,中国空间站 5G 天地通话正式公开,5G 技术可以实现天地顺畅视频通话,用于基于云计算的节庆的实时连通不存在技术难度,除却极少数偏远乡村,大部分的中国乡村都已可以用 5G 技术联网。实际上中国

---

① 高寒,邓洋阳,朱学义.论云旅游方式的创新[J].旅游纵览,2021(1):175.

的5G网络已经是世界上覆盖范围最广的网络之一了。2020年中国登山队登顶珠峰全程清晰稳定直播用的就是5G技术。中国电信运营商已经在珠峰上建立了5G基站,在世界最高峰,可以开启一场浪漫的"珠峰星空音乐会",全世界的人们可以在家参加此云音乐会。清晰、流畅、稳定、快速,这是5G技术可以给云节庆带来的改变。除了珠峰,我们可以在各大直播平台上看到很多乡村直播,比如长白山天池的直播、内蒙古大草原直播。内蒙古草原最大的乡村节庆活动之一是那达慕大会,那达慕大会是蒙古族的节日盛会,在每年七八月牲畜肥壮的季节举行,大会上主播云集,那些拿着云台直播的主播们本身就已经成为那达慕大会上的一道风景线。

(1)实现语音、视频与替身机器人的云参与

语音连线是4G时代就能实现的功能,但5G可以让语音连线更清晰、更稳定、更快速,而且还增加了更多语音连线参与形式。云技术下的5G能实现群体语音连线,能支持全体参与连线的人同时发言,就类似于所有人都在节庆现场发言一样,主持人用技术控场也更容易。视频云参与同样有新的方式,从理论上来说,只要软硬件到位,云技术可以让全体参与的人同时打开镜头出现在云节庆的现场,也可以是所有人的虚拟形象同时出现在现场,还能以全息真人投影到现实的节庆现场,如图7-2所示。当然新的技术是替身机器人代替人们参与乡村节庆。在乡村节庆现场,人们可以远程选择一个机器人,通过技术操纵这一机器人,机器人代替他在现场参与各种活动,机器人看到的就是他看到的,机器人说的话就是他说的话。这种技术已经投入使用,但目前机器人购买成本还比较高,等机器人技术更成熟更稳定,购买成本进一步下降,未来替身机器人代替自己参与各类活动就会越来越普遍。

(2)开拓全新购买渠道,实现云"先试后买"

云购买是与云参与连成一体的,能顺利地云参与就能实现顺畅的云购买。目前新的云技术可实现"先试后买"功能。普通的云购买是观看商品视频,或者看主播演示产品,再决定是否购买产品,而"先试后买"是指消费者自己"试"产品再决定要不要购买。第一种"先试后买"方式是以消费者的虚拟形象试货,比如基于云计算的节庆现场的可穿戴产品,消费者将自己的个人数据上传到云平台形成虚拟形象,由这个虚拟形象穿戴这些产品看效果。第二种"先试后买"方式是消费者操纵替身机器人试货,替身机器人看、摸、捏、戴、穿产品,消费者就能作出这个产品是否是自己想要的产品的判断。尤其是对可食用的农产品,替身机器人能让消费者感觉像自己亲身在挑选一样。

来源：CCTV1 2015春晚　　　　　　　　　　　　　　　　　　　　2016.03

图7-2　2015年央视春节联欢晚会的全息投影

3. 云节庆实现中国乡村节庆品牌的"个性定制"模式

个性定制旅游从很早以前就已存在,但乡村节庆品牌的个性定制模式是基于云旅游进行的,可以根据个人需求定制乡村节庆参与模式,共分成以下两种。

(1)基于云计算的节庆高端个性定制模式

针对云平台上举行的乡村节庆活动,可以完全按照个人需求定制一个属于自己的乡村节庆活动,包括基于云计算的节庆的个性定制布置,基于云计算的节庆的商品呈现种类数量、呈现的方式和商品购买的方式,基于云计算的节庆人物出现的数量、人物的模样和打扮等,各种细节都可以按照个人要求量身定做。例如个人希望基于云计算的节庆中出现的人物全都穿着汉服,云节庆的个人定制模式就可以令呈现在这个人面前的所有人物都穿着汉服。如果有人希望只看到基于云计算的节庆的庆典活动而不想看到商品,云节庆的个人定制模式就可以把售卖部分屏蔽掉,只出现节庆活动。这种高级定制是在基于云计算的节庆云平台上才可以呈现的,它可以真正做到基于云计算的节庆在千人面前有千面的可能。

(2)云游乡村节庆现场活动的个性定制模式

第二种是针对线下乡村节庆活动的云游模式,如果纯线上云游,个性定制内容受到诸多局限,一般只能选择去参加哪些节庆活动,或选择从哪个角度观看现场活动,或定制参与的方式等。如果是通过云计算选择线下参与乡村节庆的定制方案,就是通过云计算进行最优出游方案定制,比如最优的商品价格、最佳的乡村节庆路线设计、专业的乡村节庆解说服务定制等。

4．创新节庆商品销售模式

（1）线上延长节庆持续时间，增加节庆商品线上回购

云计算能带给乡村节庆创新的销售模式。以前的节庆商品销售主要是通过节庆现场销售，但节庆活动持续时间是非常有限的，节庆活动前后的商品销售量很少会算进节庆的销售额之内，云节庆的商品销售模式被固定在"节庆举行期间"。但云节庆就摆脱了时间的限制，线下节庆持续时间不变，线上节庆时间可以持续更久，所有线下购买到的商品在后续一段时间内都可以在线上平台回购。

（2）提前定制节庆商品，节庆期间前往线下收货

这是把销售做在节庆活动举行之前的模式。乡村节庆产品销售与普通商品销售的区别在于乡村节庆核心是乡村农林牧副渔等产品，而农产品的丰收前都是有一个生产期的，比如大米丰收之前会先经历种植、成长、施肥、除草等漫长的过程，肥美的牛羊肉收获之前会有小牛羊生产、生长周期。如果在丰收庆祝活动举行之前，就可以提前让人们预定自己的产品，并通过云平台观看自己定制产品的生产、成长过程，在节庆期间前往乡村收获自己的定制产品，那就是一种全新的乡村节庆产品定制销售模式。这种节庆产品的提前销售模式不仅可以提升乡村节庆产品的销量，更能提升农产品的溢价空间，提高农产品的销售价格。

非农产品类的节庆产品也可以实行提前云定制，比如手工艺品，可以通过云定制在手工艺品上刻上自己的个人信息，也可以提出自己的特殊需求，产品提前做好，消费者在参与线下节庆时前往收货。

5．云节庆实现乡村节庆品牌影响力外溢，跨国传播

网络的传播力和影响力是巨大的，一个强势的中国乡村节庆品牌可以形成影响力外溢，跨地区、跨国传播。一是通过云平台进行中外友好乡村节庆品牌合作。二是通过云平台向国外潜在用户精准推送乡村节庆信息，吸引他们来到中国参与节庆活动。

（1）积极推进中外友好乡村节庆品牌合作

在云平台能实现异地同时举办乡村节庆活动的可能。比如中国的水蜜桃节可以对接国外同期成熟的水果节，如果也是桃子节就更好，所有的人都能在云平台上看到中外同样是桃子节庆的相同处与不同处，会是一种非常有吸引力的跨国合作营销。

（2）通过云计算向国外用户实行精准营销传播

以前宣传乡村节庆活动会有一个"邻近领域"惯性思维，乡村节庆的主办者们会向邻近的县域宣传节庆活动，采用的宣传媒体也少见央视、省级卫视这样的媒体，地方电视台、地方网站宣传更多一些。云时代可以向世界宣传中国的乡村节庆品牌，吸引世界各地对中国乡村文化、乡村节庆文化感兴趣的受众前来参加，云计算可以向国外的用户进行一对一的精准信息推送，目前做到这一点的中国乡村节庆品牌极少，将来大有可为。

第二节　云技术促进农旅融合发展

农旅融合是指农业与旅游业的融合发展，是产业融合的方式之一，也被认为是实现农业一、二、三产业融合的新手段。党的十九大报告提出要实施乡村振兴战略，促进农村一、二、三产业融合发展。2018 年中央一号文件进一步强调产业兴旺是乡村振兴的重点，要构建农村一、二、三产业融合发展体系。促进农村一、二、三产业融合发展，是以习近平同志为核心的党中央对新时代农村改革发展面临的新问题做出的重大决策，是实施乡村振兴战略加快推进农业农村现代化、促进城乡融合发展的重要举措，是推动农业增效、农村繁荣、农民增收的重要途径。[①]

农旅融合并不是新事物，关于农旅融合的研究可追溯到 19 世纪中末期，已有 100 多年的历史。比如 19 世纪 60 年代意大利的"市民农园"，市民向政府租借公用土地用以体验耕作种植的田园生活；美国在 19 世纪 40 年代开始建设农业观光园，农旅融合迅速发展。农旅融合焕发新的魅力是基于现代化农业的发展。在新的科学技术和新农村的融合下，农旅融合有了更多发展的空间，云技术正是促进农旅融合的新技术之一。

一、云技术背景下的农旅融合的新变化

（一）传统农旅融合的困境

农旅融合在国外发展跨越了两个世纪，在中国的发展历史并不短，但为什

---

① 余欣荣.大力促进农村一二三产业融合发展［EB/OL］. http://theory. people. com. cn/n1/2018/0416/c40531-29928607.html,2018-04-16.

么在之前没有对乡村振兴起到很大的促进作用呢？本书认为主要有几个方面的原因。

1. 旅游服务设施不完善

在 2007 年之前，中国还没有开始全面进行美丽乡村建设，农村地区设施设备都比较落后，传统农业在水电、交通、停车场、住宿、餐饮、娱乐、卫生条件等方面的一系列旅游配套设施都不太完善，有些地方还没有手机信号，没有互联网，这一状况得到根本改善是在中国全面开始社会主义新农村建设和美丽乡村建设之后。2013 年 7 月 22 日，习近平总书记来到鄂州市长港镇峒山村的城乡一体化试点时说，农村绝不能成为荒芜的农村、留守的农村、记忆中的故园，农业现代化和新农村建设也要发展，要推进城乡一体化发展。①

2. 发展旅游与保护乡村生态平衡之间的矛盾问题

乡村旅游发展和保护乡村生态环境是既有矛盾又互相促进的，两者之间的平衡关系处理不好，就会破坏当地生态环境，处理得好，乡村旅游越发达就越有实力保护当地的生态环境。早期的乡村旅游总因为破坏了当地的生态环境而备受诟病，发展旅游与保护乡村生态环境之间的矛盾主要集中在两个方面。

（1）环境污染问题

包括游客留下的各种各样的垃圾，以及这些垃圾清扫后处理的问题。在每年长假过后总会有媒体报道某处景区到处都是垃圾的景象，人的足迹踏入自然区域都会造成一定的影响，有可能会造成破坏性的污染。在 2017 年至 2019 年间，为了保护洱海的生态环境，直接拆除了洱海周边 1806 家民宿。而在 2018 年 4 月，青海的年保玉则神山为了保护环境关闭至今未曾再开放，关于珠峰垃圾清理问题也在这几年屡见于新闻头条。

（2）乡村环境承载力的问题

发展乡村旅游是好事，一个好的农旅融合策略对乡村振兴肯定是起到促进作用的，但在一定时间内乡村环境承载容量是有限的，人数过多，或者旅游项目过多，超出乡村环境的承载力，会爆发更大的矛盾。

3. 意识观念差异冲突

每一个乡村都有自己的乡风民俗，而农业旅游常态是外来的游客进入到

---

① 新华网. 习近平:农村绝不能成为荒芜有农村[EB/OL]. http://cpc. people. com. cn/n/2013/0723/c64094-22297499.html,2013-07-23.

乡村中旅游,游客的意识观念与当地乡民们的意识观念会互相接触、冲突。这种意识观念的差异冲突体现在各个方面,包括说话的方式不同,衣食住行习惯的不同,文化的不同,价值观的不同等。比如当地的村民不吃猪肉,但游客进入村里的餐馆却要求上红烧肉,可能会让村民们觉得不被尊重从而起冲突。

4. 服务人才不足

旅游服务人才对于乡村来说并不是自然形成的。在长期的农耕社会的"日出而作,日落而息"的生活方式下,务农的人才在农村占比高,服务产业和服务人才占比较低,但旅游业一旦发展起来,会需要大量的服务人才。部分村民们要从生产者转变成服务者,观念、行为等的转变需要一定的时间,有些人能很快完成转变,但有些人可能一直很难转变。引进外来的服务人才,则需要在当地的旅游产业已形成较大规模并且工资待遇对外来打工者有吸引力之后。

5. 农旅融合产品同质化

农旅融合产品同质化是近几年提到较多的问题。大量的农旅融合产品都是采摘观光游和农家乐吃喝玩休闲游。随着各地乡村产业的发展,越来越多的观光园出现,农家乐就更多了,游客们对大同小异的农家乐和观光采摘园可选择余地变大,他们没有一定要到某一个乡村旅游的必要,除非这个农旅融合产品具有独特的吸引力。与前几年相比,简单没有特色的农家乐和民宿关停的情况也在增加,同质化产品正在加剧乡村旅游项目之间的竞争。

(二)云技术模糊农旅产业边界,实现农旅融合

产业能融合的内在动因是不同产业之间存在着可共用的资源,包括科技、服务、人力、文化、受众等资源,而云技术正是农业和旅游业都可用的新科技资源。这几年云技术在农业领域和旅游业领域都得到了较大的发展,云技术可以模糊农业和旅游业的产业边界,培育出农旅融合的新产业,创新农旅融合的新模式。

1. 弥补传统农旅融合的不足

(1)解放了务农劳动力,为乡村旅游提供更多的本土服务人才

国家大力推进高科技在农业领域的应用。在本书的前两章也介绍了不少新的云技术在农业上的运用。传统农业中的农民是面朝黄土背朝天,但现在在现代高科技的加持下,种植业从选种、播种、种植、施肥、除虫到收获等全部都可以实现机器替代人力来完成。各个大农业领域都解放了一部分劳动力出

来发展农业的第二、三产业,这些人经过培训转变成农村旅游业的人才,开餐馆的开餐馆,开民宿的开民宿,从而解决农旅融合中人才缺乏的问题。

(2)引入高科技云垃圾处理系统和云污染警戒系统

针对游客遗留的垃圾处理问题,云技术有云垃圾处理系统,即通过机器人捡垃圾、处理垃圾,以保护生态环境。机器人捡垃圾比人工捡垃圾更有优势的地方是可以去各种人力所不能到达的地方清理垃圾,比如清理树枝上、悬崖下的垃圾等,并且机器人还能实现 24 小时清理垃圾,不留死角。同时还可以引入景区污染警戒系统,人工智能检测游客的异常行为及时发出警报,并有云分析景区水质污染、虫害等系统可以自动向控制中心实时报告景区各项信息,运用现代化的云计算能力建立乡村污染自动化处理系统,解决旅游发展对景区造成的污染问题。

(3)云传播缩小村民与游客理念差异

针对传统农旅融合中的观念差异引发的冲突问题,可以由游客和村民双方都认可的权威人物进行云宣传缩小两者的差异,由双方都认可的权威人物通过云平台传播各种信息,让信息透明,通过信息的传播尽可能避免误解、消除隔阂。一方面向乡民们宣传旅游对本区域经济发展的好处和可以给农民个人带来的利益,另一方面也向大众宣传本地的乡风民俗,前来旅游需要注意的各类事情等。这两年很多村干部、县长、局长都亲自在直播平台上开直播宣传乡村,不管在吸引人们前来旅游上还是在带货上都取得了显著的成效。

"马背县长"贺娇龙是一个典型的例子,2020 年 11 月,时任新疆昭苏县分管农业的副县长贺娇龙在疫情期间为了帮助农民们推销农产品在抖音开了直播,她因骑马在乡村驰骋的视频意外获得了 5.2 亿的点击量而一夜爆红,粉丝涨到了 280 多万,为昭苏这个边远小县带来了流量。很多人通过马背县长知道了原来昭苏盛产良马,知道了当地有多少个少数民族,知道了他们吃什么、喝什么、玩什么等。因为出色的直播宣传成绩,在 2021 年,贺县长被调往新疆伊犁州担任局长,她的抖音直播间也变成了"贺局长说伊犁",截至 2021 年底,其粉丝已涨到了 350 万左右。在她的直播间,一袭红衣骑骏马在雪海、花海中穿梭成为最好的当地旅游宣传广告,如图 7-3 和图 7-4 所示。

(4)精准的云计算缓解基础设施不足与承载力不足的矛盾

每一个地区都存在旅游承载容量,如果短时间内游客人数超过了乡村的承载能力,那肯定会对乡村环境造成破坏,游客们的旅游感受也会非常糟糕。比如 2021 年五一期间泰山景区因为游客暴增导致很多人只能睡厕所,许多游

来源：央视新闻　　　　　　　　　　　　　　　　　　　2021.04

图 7-3　"马背县长"贺娇龙直播现场

来源：抖音号"贺局长说伊犁"　　　　　　　　　　　　2021.03

图 7-4　贺局长说伊犁短视频

客在各个社交平台表达了对景区服务的强烈不满,这就是短时间内游客数量超过承载容量的典型例子。为了避免出现景区超载问题,目前采用的主流方法是进行景区限流,通过对进入人数的控制来解决超载问题,但云计算有更好的方法缓解这一矛盾,那就是用精准的云计算进行预判。

精准的云计算能预判很多东西,比如通往景区的各类交通工具客人数量、公路收费站进入的车子数量、游客们在各类网络平台上预约景区门票情况等,将所有的数据汇集在一起,发出景区容量提前预警,在游客们进入景区的前些天就可以实时查阅当地的游客可能数量,同时也能让乡村景区的主管部门提前一周或半个月就知道大致的游客数量以便做出应对。

2. 精细划分农旅融合市场

云计算的优势之一就是可以精准进行用户画像并追踪人们的行为,这一优势可以帮助精准细分农旅融合市场,细分农旅融合市场对于农旅融合的发展有以下的作用。

(1)云技术模糊农业与旅游市场界限,寻找农旅市场交叉点

产业融合的本质就是边界的模糊而不是强行糅合两个市场的消费者。选择旅行的消费者中有些人喜欢冒险旅行、极限运动旅行,有些人偏爱繁华城市风景,有些人就爱往太空遨游,喜欢乡村游的消费者仅仅是旅行消费者中的一部分群体。所以要找到农旅市场交叉点的消费者群体是农旅融合的基础,云计算可以帮助农旅融合设计者和经营者们准确找到这一交叉群体。

上海社会科学院创意产业研究中心王慧敏主任的《旅游产业的新发展观:5C模式》论文指出旅游产业是一个与时俱进的无边界产业,难以沿用传统产业的发展模式,无形要素驱动的旅游产业更容易与其他产业融合。[①] 云计算是一种无形要素,通过云计算能模糊旅游产业和农业产业的边界,在云平台上融合,让农旅产业的共同消费者们在同一个平台上登录、聚集、采取行动,想去乡村旅游的旅游爱好者通过云搜索更容易找到心仪的目的地,而乡村的经济发展者们也更容易在云平台上把信息发送给喜欢乡村旅游的人们。

(2)针对不同消费群体进行云画像,细分群体

从各大云服务商提供的关于用户数据分析服务项目中可以看到,目前云分析消费群体行为及用户画像能力已经是精细化运营的重要基础,比如乡村振兴服务中的获客分析、场景化运营等。云用户分析可以提供用户的地理位

---

① 王慧敏.旅游产业的新发展观:5C模式[J].中国工业经济,2007(6):13-14.

置,使用媒体的渠道、方式,还能对用户的行为进行多维度的分析,可以追踪到具体用户从哪个渠道来到乡村,又为什么放弃或者购买这些产品等。我们以百度的分析云为例,百度的分析云是全域用户行为分析平台,能智能化追踪每一个用户行为,全方位驱动用户增长,可以在它的六大用户分析板块中,进行用户行为分析、用户画像分析、转化渠道分析、针对不同的群体用户一键投放广告分析,还可以自定义 SQL 查询等。

　　从图 7-5 和图 7-6 可以看到,通过云分析服务,农旅融合的经营者们可以找到用户的行为规律数据,看到用户画像,智能洞察用户的潜在行为以获得潜在客户,提高自己的农旅融合产品的留存最佳机会点,提升产品的市场占有率。

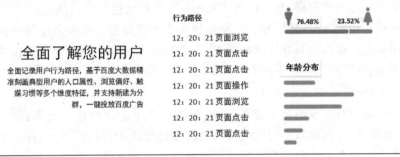

来源:百度云　　　　　　　　　　　　　　　　　　　　　　　2021.12

图 7-5　百度分析云用户分析图 1

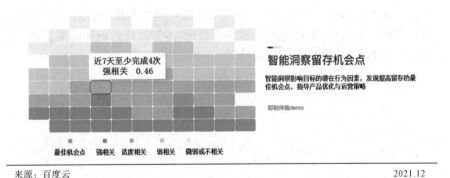

来源:百度云　　　　　　　　　　　　　　　　　　　　　　　2021.12

图 7-6　百度分析云用户分析图 2

(3)根据细分市场制定不同农旅产品,产品推陈出新

　　现有的农旅融合问题之一是产品同质化严重,大家一窝蜂推出差不多类

型的农业旅游产品,比如简单的采摘观光住宿休闲游产品等。同质化的产品对于留客和获客都是有负面影响的,一方面客户留存难度增加,另一方面对于新客户吸引力也不大,获客困难。在国家乡村振兴战略实施越来越有成效的这些年,农业旅游的产品日益增多,农旅融合市场竞争加大,对于产品创新的要求也越来越迫切,推出针对不同细分市场的差异化产品也提上了日程。云计算能帮助农旅融合经营者们细分市场,掌握用户的画像和行为规律,推出不同定位、不同品质、不同产品内容的新产品。比如针对对价格不敏感但对服务品质要求高的客户群,推出五星级的定制乡村旅游,私家农业观光园+高端民宿住宿+私人管家服务+高品质农产品采摘等组合游。而针对对价格比较敏感追求实惠的客户群,推出经济实惠的几类乡村旅游套餐,价格相差不多的农旅套餐互相之间有些微的差别,能给顾客多种选择等。在未来还能依据小众的团体客户推出更具有针对性的 10 人以下团队乡村游产品,从大众市场到小众市场,分门别类定制不同农旅产品,推陈出新。

3. 协调农旅融合各方关系

农旅融合涉及的关系比较复杂,包括了两个产业的各方关系:旅游经营者、旅游者、乡村政府、乡村商业经营者、乡村服务者、村民、媒介、各类相关企业等。对这些复杂的关系要规整并梳理协调本身就是一个大工程,云服务可以通过人工智能中心,综合运用各类沟通工具,智能化呈现农旅融合涉及的关系,形成智能的云公共关系处理系统。这一系统能根据不同对象使用沟通工具的特点使用对应的工具与对方沟通,并且还可以由系统计算各个关系之间沟通处理问题的进度,定时定点发起沟通提醒,不错过任何一个需要沟通各方关系的节点和关键点,保证农旅融合项目正常进行。

(三)基于云计算的农旅融合新发展

科技与每个人息息相关,云技术正在渗透进各个行业,改变我们的生活方式和工作方式,在云技术加持下,农旅融合呈现了云融合的新发展,主要体现在以下 3 个方面。

1. 云技术改变乡村旅游方式

技术是改变农旅融合的主要手段。云技术在生物科技、生产资料改进、农业自动化等各个方面产生了深远的影响,云技术也是改变乡村旅游方式的重要手段,从农业旅游的出行方式、农业旅游的观看方式、农业旅游的交流方式等各个方面都在改变乡村旅游的方式。人们可以坐云技术加持的交通工具,可以在家就订好所有车票、旅游景点门票,预订餐饮服务和住宿,云技术还能帮助游客提前进行排队，在家就可以观看热门景点实时排队人数和预估进入时间，真正可以做到出门即旅游，免去排队、等候的各种麻烦。

2. 云传播赋能网红村，改造乡村空间

云技术让以前藏在深山人未识的特色古村落"一朝成名天下知"，云飞行机器人可以代替人力前往深山无人区的原始村落察看情况，寻找可开发的旅游路线，通过云传播技术将这些村落的美丽独特之处传播开来，打造网红村。云飞行机器人还可以运载偏远山区的特产出来售卖，从深山到城市餐桌，24小时即有可能到达，人们在品尝过这些美味后，在网络上以口碑传播、社区传播等传播方式形成裂变的效果，让乡村特产也成为人们想要"打卡"的网红食品。

乡村改造是国家实施美丽乡村战略的重要一步，可借助社会力量，挖掘每一个乡村的特色，改造乡村的各种景观、民居、商业街等地方，在保留乡土建筑原始风貌的基础上，创造趣味性的空间，提升乡村庭院空间、景观空间等的创意度，让乡村旅游更有吸引力。云技术可以辅助设计者们进行乡村改造，从空间改造设计云图到云平台上虚拟乡村空间的搭建，都可以看到云技术的影子，而且云传播对改造后的乡村旅游起到了非常重要的作用。

案例：网红教授打造网红乡村

2019年，中国人民大学艺术学院丛志强副教授带着"设计推动乡村内生发展"这一课题走进宁海大佳何镇葛家村，数月之后，葛家村从原先默默无闻的小山村变成为全国闻名的"网红村"。紧接着丛教授又改造了东钱湖城杨村、东钱湖洋山村等地，一路走过去，留下一个又一个网红村的传奇。因为打造出了网红葛家村而成就了网红丛教授，又因为网红丛教授给后续的城杨村和洋山村带来了未改先红的效应。在这一过程中，网络传播与云计算技术起到了重要的作用，比如2021年五一期间丛志强教授团队改造的城杨村亮相，百度搜索、传统媒体相关新闻报道都非常少，但在抖音平台传播非常广，而且是精准推送给对乡村旅游感兴趣的人群。在图7-7中可以看到仅这一个账号的这一视频在抖音平台的播放量就超千万，点赞量近2万，传播效果非常好，图7-7就是2021年五一期间抖音平台报道城杨村的新闻画面。

来源：抖音号"美丽浙江"

2021.05

图 7-7 抖音平台城杨村短视频画面

云传播能做到的精准推送甚至可以是免费的，只要将信息制作成可传播的内容登录各大平台，平台就会根据信息的内容给予一定的推送曝光机会，如果信息本身被观看的时长、点赞高还会被平台免费送上热门，比花钱营销的传播效果还要好。云传播还有更多的营销功能，比如哪一个季节乡村旅游感兴趣的人会多，云计算都可以精准计算出来，如图 7-8 所示。

通过图 7-8 和图 7-9 这两个指数可以找到"乡村旅游"与"宁波"两个关键词的交叉点，能找到宁波乡村旅游人们最感兴趣的点是什么，由此可以设计规划农旅融合的产品。

而对"宁波"和"乡村旅游"感兴趣的用户画像也可以精确地计算出来，包括想来宁波乡村旅游的人来自哪个省份，分别是什么性别

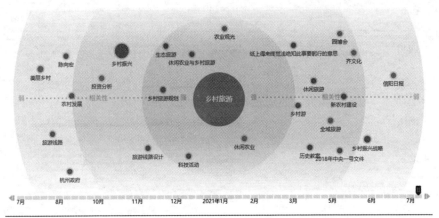

来源：百度指数 2021.07

图 7-8 近一年"乡村旅游"相关的关键词搜索指数

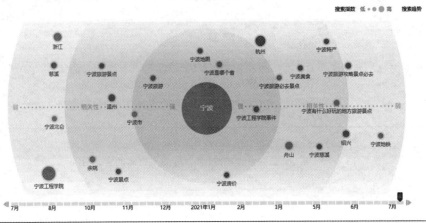

来源：百度指数 2021.07

图 7-9 近一年"宁波"相关的关键词搜索指数

的，又是哪一个年龄段的，如图 7-10 和图 7-11 所示。

图 7-10 和图 7-11 是百度指数免费提供的用户画像，而在专业的云服务公司中，可以提供的数据更为精准，他们能提供更为庞大、更为专业的精准营销用户画像。

217

省市

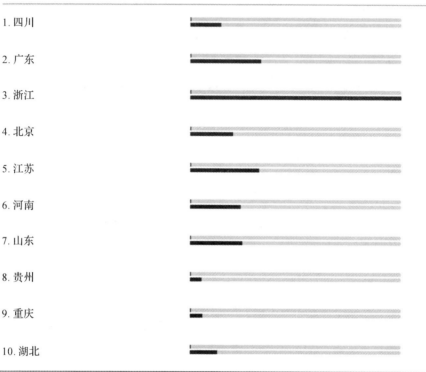

1. 四川

2. 广东

3. 浙江

4. 北京

5. 江苏

6. 河南

7. 山东

8. 贵州

9. 重庆

10. 湖北

来源：百度指数　　　　　　　　　　　　　　　　　　　2021.07

图 7-10　对"宁波""乡村旅游"感兴趣的人所属的省市分布

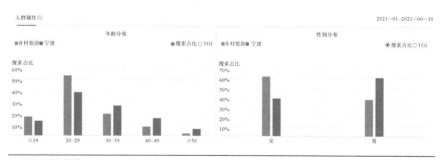

来源：百度指数　　　　　　　　　　　　　　　　　　　2021.07

图 7-11　对"宁波""乡村旅游"感兴趣的人的年龄与性别分布

3. 农业科技成果成为旅游亮点

云技术下的农业科技成果本身就成了农旅融合的亮点，将农业科技作为农旅融合的新产品是现在乡村旅游的新趋势，智能种植、智能养殖已经在中国的农村逐渐推广开来，传统观念下在田间劳作的农民正在慢慢地走出田间进入高科技的操控间。比如无人驾驶拖拉机，它有着炫酷的外观，高超的科技，在北斗导航系统和一系列传感器的指导下，自动开垦农田，自动收割稻子和麦子，而农民们端个茶杯点点手指就能完成这些工作。还有无人机自动喷洒农药、监测病虫害状况。还有自动搂草机，可以处理收割后留下的秸秆等问题。去农村看智能机器进行农林牧副渔的全自动农业劳作，成为大家乡村游的新亮点，一方面能看到更干净的农村，另一方面还可以让游客体验高科技农业操作。随着农业科技进一步发展，可开发的农业科技农旅融合游会越来越多。

二、创新农旅整合云模式

关于产业融合的方法有产业方法、产品方法和技术方法等，两种产业之间具有互相渗透融合、延伸融合、交叉融合和重组融合模式，还有完全融合、部分融合和虚假融合模式，业内常见的融合模式是横向融合、纵向融合和混合融合、应用融合等模式。而技术融合的方法有技术替代融合、互补融合、整合融合。云技术下的农旅融合新模式包括了技术融合方法和产业融合方法，主要有以下几种。

（一）农旅教育科普云融合

农业教育本身就是农旅融合的一类重要产品，尤其是这些年乡村振兴实施卓有成效之后，农村环境越来越好，农业科技愈加发达，对在城市长大的人们的吸引力日益增加。另外在中小学教育中也有不少学校加入了自然教育与农事课堂，带孩子到农村去亲近自然、观看农事活动等也是农旅教育科普的一类产品。云技术在其中的作用体现在 3 个方面：第一是虚拟技术实现农旅云科普教育。第二是云技术加持下的农业教育科技发展。第三是云技术辅助农旅教育科普游。

1. 云技术下的农业研学游

研学旅行是由教育机构（以学校为主）根据教育目标、学生年龄特点和各学科内容需要，组织学生通过集体旅行、集中食宿的方式走出校园，前往特定的目的地进行学习研究的旅行。研学承继了我国古代的游学传统，是新时代素质教育的重要一部分，为了开阔中小学生的眼界，提升他们的实践能力和创新能力。

(1)学生研学市场是农旅融合必争市场

关于研学游,教育部发布了几个重要文件:第一个是 2013 年 2 月发布的《国民旅游休闲纲要(2013—2020 年)》,在这个纲要中提出了要逐步推行中小学生的研学旅行。第二个是 2014 年 7 月发布的《中小学生赴境外研学旅行活动指南(试行)》文件,该指南规范了研学操作性方面的内容。第三个是 2014 年 8 月发布的《国务院关于促进旅游业改革发展的若干意见》,首次明确了研学旅行要纳入中小学生日常教育范畴。第四个是 2016 年 12 月发布的《教育部等 11 部门关于推进中小学生研学旅行的意见》,明确了中小学生研学旅行是教育部门和学校有计划地组织安排、通过集体旅行、集中食宿方式开展的研究性学习和旅行体验相结合的校外教育活动,是学校教育和校外教育衔接的创新形式,是教育教学的重要内容,是综合实践育人的有效途径。在这一系列政策的推动下,从小学到中学到大学,研学游在全国轰轰烈烈开展了,几乎每一个有条件组织研学的学校都开展了研学游,对于农旅融合来说,研学市场是必争市场。

(2)云技术下农旅研学设计

农旅研学游是针对学生市场,主要是中小学生的市场,整个产品的设计需要考虑几个方面的内容:第一方面是农旅研学游的路线设计,包括研学内容设计,与普通的农业旅游是完全不同的,学生的研学游主要是以农业的生产、农业生态和农村生活三方面的研究性学习为主,而不是旅游休闲采摘住宿游,研学路线设计需要具有针对性。第二方面是距离问题,以本区域为中心,多少范围内的研学游是本乡村农旅研学游的目标。学生出游,尤其是中小学生的研学游,进行远程游学的可能性不高,学校会考虑出行的风险控制、研学游的成本控制等因素,将研学游的距离限制在一定范围内,那多少距离合适,也是农旅研学设计要考虑的问题。

以上两方面都可以在云技术下得到妥善的解决,第一个是云技术可以收集历年的研学案例,寻找老师和学生们最感兴趣的研学设计和研学内容,结合本区域农业特征,自动形成可行的有特色的乡村研学游路线方案。通过云运算,计算出每一个研学路线节点的研学内容与节目,并算出单日本区域可容纳的研学人数等。第二个是距离计算,这正是云计算的优势,每一个乡村所在地都有自己独特的地理区域特色和交通特色,不能简单地将多少公里范围内的学校都划分为本区域研学游目标学校,有些山村交通不便,那可来研学的学校就相对较少,有些山村交通非常便利,可来研学的学校数量就大大增加,云计算可以统筹计算出在一定区域内不同学校来到本地完成一天研学游、两天研学游、三天四天研学游的可行性方案,而不需要人力统计。

2. 农旅教育云游

云游是云技术的独特优势,在农旅教育领域同样可以发挥重要的作用,农旅教育云游可以呈现多种形式,从简单的网页信息展示到复杂的虚拟空间的搭建都可能实现。

(1)多种手段促进农旅融合远程教育

对于远距离的学校,可以推出多种手段结合的研学游。比如专门的农事教育类网页,可以在网页上放入农事教育信息、农业科普资料等,还可以进行农事专家的远程直播连线,学生们能通过直播镜头观看农业生活、生产和生态情况,还可以由不同的农事专家进行农事科普。远程研学游成本低,没有出游的风险,不受距离限制,可应用的范围更广,但纯远程教育难以有真实的农事活动体验感,和观看文字信息和视频信息的效果相差不大。

(2)虚拟空间农旅研学云游

通过云平台搭建虚拟的农旅研学游路线,这是研学游的升级版,成本相对较高,但搭建成功以后总成本却是低的。搭建好的虚拟农旅研学空间可以反复利用,而且不受季节、天气、交通等时空气候的影响,能够 365 天 24 小时随时接待任何可登录云平台的研学游客,后期的更新和维护成本也并不高,可以随时更换场景和布置,也可以更换 NPC 和内容,与线下场景改变相比,成本要低得多,但这种虚拟研学空间也缺少切实的农事活动参与感与体验感。

(3)农业教育虚拟综合体验馆

云平台还有更为强大的虚拟仿真体验功能,人们只要穿戴上专业的设备就能进入虚拟体验空间,这种技术并不罕见,电影院的 3D 及其以上的影厅都可以提供给观众相当真实的身临其境感。而先进的 VR 设备,可以让虚拟空间中的触摸就类似于现实中的触摸,学生们能真切地有种田的感受,包括日晒的感觉、脚在水里浸泡的感觉、弯腰的劳累等,这能让学生完成研学的体验部分,达到和线下研学游差不多的效果。但要建立一个农业教育虚拟综合体验馆成本很高,还需要学生所在的学校有对应的可穿戴设备,目前能拥有可穿戴设备进行虚拟仿真体验的中小学太少,这一研学游方法只能留待未来才可能大规模普及。

（二）云技术搭建综合性农旅融合模式

打破传统的横向融合、纵向融合、替补融合等各种模式的诸多限制，以强大的云技术为基础，搭建新的综合性农旅融合模式，从农旅经营的主体乡村政府、农民专业合作社、龙头企业、农户融合，到各类农业与旅游业资源整合，开发出综合性的产业融合模式，提升整个农旅产业链的价值。

1. 政府搭建农旅云，合作社、龙头企业与农户等在云上"唱戏"

综合性农旅融合模式的难点之一在于如何整合农业、旅游业相关的各个主体。农业相关的主体有很多，有各级乡村政府，有各种农业合作社、供销社，有农业行业协会，有农场主、农户等。旅游业相关的主体就更多了，各类具有旅行相关业务的机构都可以作为旅行业合作主体。如何将这些关系整合在同一个平台上？由谁来搭建这个农旅融合平台？又怎么维系这么多合作主体顺畅沟通并展开合作？在云平台出现以后，这3个问题就可以集中在云平台上解决。

现在已经有越来越多的政府搭建了乡村振兴相关的云平台，以政府的权威给云平台的可信任性背书，让各方合作者在这一平台上合作、沟通、制订计划、监控项目执行过程、及时解决各类异常、保障资金安全等。综合性的农旅融合模式也是以政府搭建的农旅云平台为基础和前提的，村委是群众性的自治组织，农旅云平台一般由乡一级的政府机构搭建，整片区域内的农旅融合都通过这一云平台进行，农旅融合既可以是整个乡村区域的农旅融合项目，也可以是单个村与某个企业的合作项目，从大项目到小项目，都在这一平台上进行。

农旅云能实现多种功能合为一体，一个是政府主导的农旅融合产品申请、执行、完成平台，是政府相关的农旅融合项目。一个是以龙头企业、村委组织、农民合作社、农业行业协会等相对官方的组织发布的农旅融合项目平台一般以村为单位进行农旅合作，类似于农旅云招商这样的平台。一个是类似于威客系统的自由合作平台，由具备承担农旅融合项目资质的组织机构自由发布项目寻找合作方，政府只做宏观监管，组织机构之间通过项目合作完成，没有官方背景作为主办者介入项目。成型的农旅云还可以将虚拟乡村云旅游的空间搭建在上面，将所有的乡村虚拟云旅游产品置入其中。人们在农旅云上寻找合作项目的时候，可以同时看到虚拟仿真的乡村风景，可以真切体验到农村的生产、生活和生态，这对农旅融合项目的开展和合作将会更为有利。另外，农旅云平台还能实现虚拟办公、虚拟会议、合同云签订、人工智能和大数据自动监控项目实施与异常等功能,所有参与农旅云合作的项目方都可以租用虚拟的会议室,每一参会者都能以虚拟人物的形式坐在会议室里开会,线上会议形式,交谈、动作、资料的展示等都可以类比线下,这也是农旅云强大的功能之一。在专业的云服务平台,还能提供更多丰富的云功能,包括农旅获客系统与农旅项目营销系统,这些都可供农旅云搭建者选择。

2. 农业资源与旅游业资源整合互补

产业融合的优势之一就是能进行产业之间资源的整合和互补。有很多农村地区坐拥资源宝藏却无法变现,这里的农业资源不仅是可运出乡村销往各地的产品,还包括了不可移动的大山、山间的微风、明月与云,这些资源想要变现就需要与旅游资源结合,将外面的人引进来,让人们欣赏风景、呼吸空气,与大自然亲近,乡村通过收取门票、游客消费等手段变现。现代化的农旅融合资源的整合与互补是通过先进的云计算进行的。

(1)农村自然资源与旅游业资源的互补

农村的自然资源分成三类:一是不可更新资源,比如山川湖海、矿产资源等。二是可更新资源,比如水、土地与生物资源;三是取之不尽的资源,比如空气、风力、太阳、月亮等。旅游业资源是指旅游产业拥有的资源,这里主要指旅游产业链,包括对游憩产业链、接待产业链、交通产业链、商业产业链、建筑行业产业链、生产制造业产业链、营销产业链、旅游智业产业链等。

农村的自然资源是农旅融合中农村的优势,而旅游业成熟的旅游产业链体系正是农村旅游的弱势所在,积极引进有成熟运作经验的旅游专业公司一起合作开发农村的各种自然资源,从最初的农旅融合产品的策划到规划、设计、建设,再投入市场运营,光靠单打独斗或者几个人的合作是很难完成的,农旅融合的好产品需要跨多个行业,一、二、三产业联动才能成型。

云计算在农业与旅游业资源互补的每一个过程中都会起到作用,合作双方互相寻找的过程可以通过云计算进行,农村哪一些自然资源更值得开发也可以通过云计算知道,还有各个合作者的联络、沟通与协调也可以运用云计算这一工具,营销体系就更是云计算的特长了。

(2)优势资源的整合

上一点是农业资源与旅游业资源互补,但农业优势资源与旅游业优势资源的强强联合可以产生更具吸引力的农旅融合产品。每一个乡村都有自己的特点与独特优势,每一个旅游公司也都有他们擅长的领域,他们合作推出的农旅融合产品应该是各不相同的,而不是同质的产品。有些乡村适合推出教育类农旅融合产品,有些乡村就适合针对高知人群做文化创意农旅之行,而有些乡村适合做手工作坊体验之旅,有些乡村更适合走美食旅游路线,还有些乡村适合做康养类的农旅产品,千村千面,根据优势资源寻找特定专长的旅游公司做特色农旅融合产品,这是打造千村千个农旅产品的关键。

云平台可以帮助农民找到具有某方面专长的旅游公司一起强强联合推出强势农旅融合产品,在竞争越来越激烈的农村旅游市场,优势资源的整合变得越来越重要。针对老年市场、中年市场、年青市场与儿童市场,农旅产品肯定是不同的。有些乡村的特色资源是富含氧气的森林氧吧,土地是富硒土地,这样的乡村可以针对老年市场推出旅游时间较长的康复疗养类农旅产品,配备老年人可能需要的医务室、公共食堂、广场舞场地等,当康养产品有了一定的名气和规模,这一农旅产业可以做大做强,成为本乡村的支柱型产业。

3. 推进共享农旅融合新产业链

共享经济是指利用互联网等现代技术,整合、分享海量的分散化闲置资源,满足多样化需要的经济活动的总和。[①] 云计算是推动共享经济爆发的重要因素,基于云平台搭建的共享平台催生了全新的共享商业模式,用户可以在共享平台享受到各种各样的服务,从交通工具的共享,到生活空间的共享,再到各类生活服务的共享等。共享生活影响了相当部分中国人,截至 2020 年底,根据国家信息中心分享经济研究中心的统计,2020 年共享经济的参与者人数约为 8.3 亿人[②],相比 2019 年参与者人数的不足 8 亿人,增长了 3000 多万人,如表 7-1 所示。

表 7-1　2017—2020 年我国共享经济发展概况[③]

领域	共享经济市场交易额(亿元)			
	2017 年	2018 年	2019 年	2020 年	2020 年同比增速
交通出行	2010	2478	2700	2276	−15.7%
共享住宿	120	165	225	158	−29.8%

---

① 郭园媛.共享经济 3.0 时代 引领商业模式新革命[J].中国集体经济,2021(21):11.

② 国家信息中心分享经济研究中心.中国共享经济发展报告 2021[EB/OL].http://www.sic.gov.cn/News/557/10779.htm,2021-02-19.

③ 国家信息中心分享经济研究中心.中国共享经济发展报告 2021[EB/OL].http://www.sic.gov.cn/News/557/10779.htm,2021-02-19.

领域	共享经济市场交易额（亿元）				
	2017 年	2018 年	2019 年	2020 年	2020 年同比增速
知识技能	1382	2353	3063	4010	30.9%
生活服务	12924	15894	17300	16175	−6.5%
共享医疗	56	88	108	138	27.8%
共享办公	110	206	227	168	−26.0%
生产能力	4170	8236	9205	10848	17.8%
总计	20772	29420	32828	33773	2.9%

数据来源：国家信息中心分享经济研究中心。

（1）共享经济、云计算与农旅融合

共享经济的爆发离不开云计算的发展，共享平台依赖互联网技术、大数据技术、人工智能技术以及能综合以上这些能力的云计算技术，所有的共享数据都基于精准的云计算，哪些资源有空闲，又有哪些人需要这些闲置的资源，都不是靠人工计算出来的，全部需要智能大脑云计算能力。

农旅融合需要共享经济，也离不开共享经济，共享经济可以促进农旅整合更好地发展。首先共享经济可以降低农旅融合的成本，共享医疗、共享办公等公共事业的共享经济可以让农旅融合中的公共事业建设成本大大降低。其次共享住宿、共享出行、共享服务能让农旅融合衣食住行更加便利，同时还能降低旅游者的出游成本。最后共享经济的融资能力可以为农旅融合发展带来大量的资金流动，共享经济日益受到资本青睐，农旅融合＋共享经济可以更容易获得融资，仅在 2020 年共享经济直接融资规模为 1185 亿元，同比大幅增长66%。[①] 传统型的旅游业受到新冠疫情冲击非常大，但共享型的农业旅游却被投资者看好。

（2）共享农旅融合新模式

农旅融合与共享经济本身就存在诸多交叉面，在 2020 年的我国共享经济市场交易的 33773 亿元里就有一部分是农旅融合经济贡献的，主要交叉面在3 个方面：农旅生活服务共享、农旅生产能力共享和农旅知识技能领域共享，

① 国家信息中心分享经济研究中心.中国共享经济发展报告 2021［EB/OL］. http://www. sic. gov. cn/News/557/10779. htm，2021-02-19.

最终形成农旅共享生态圈。

首先,农旅共享＋生态圈能将不同的农业产品、旅游业产品以及所有的各类相关资源整合在一起,以共享经济和云计算大数据为基础,实现所有农旅资源的互通和共享。共享农旅平台企业生态化扩张,在农旅产业链的上下游拓展,或横向拓展至更多的领域,持续打造和完善共享农旅融合平台生态,形成农旅共享＋生态圈。这一生态圈可以将众多的农旅资源联合起来,游客在这个乡村旅游办理的会员可以共享到下一个乡村旅游中,在这个乡村购买的产品能直接送到家,也可以直接送往游客的下一个旅游目的地,网约车的预约能覆盖农旅全程等,所有游客在乡村中的衣食住行都在这个大生态圈中共通共享。

其次,B端农旅共享生态圈与C端农旅共享生态圈同时存在,互通互融。C端是指消费者业务市场,B端是企业服务市场,在2020年,共享平台由过去以C端消费者业务为主向B端企业服务市场拓展。B端的农旅融合圈和C端的农旅融合圈是不同的,目前面向消费者服务的C端共享农旅融合生态圈,以共享生活的便利、一对一的服务、农旅产品优质低价、共享资源丰富等为主;B端的共享农旅融合生态圈则是面向企业服务的,比如学校的农事教育游与研学游、企业的员工农旅休闲游和年会、其他大型组织的特色农业游等,能承接B端农旅产品的农旅企业需要更强的实力,有足够多的人力、物力资源来保证大型团队的旅游。

最后,农旅＋共享＋网络直播营销模式撬动上亿元销售额。以乡村民宿为例,其在直播平台上一边直播乡村的风土人情,一边推销民宿及周边产品,比如途家平台与酷狗直播合作,优选热门城市周边的民宿,通过在线打卡、分享风俗趣闻、周边风光和娱乐项目等手段推广民宿及旅游目的地,吸引10万余名观众在线收看。小猪平台与淘宝、飞猪和有赞等平台合作,开启民宿房东直播,帮助浙江、云南、四川、贵州等地的乡村民宿经营者售卖民宿周边特色产品等,仅两个小时内就吸引了50万人在线观看,交易额突破200万元。[①]

---

① 国家信息中心分享经济研究中心.中国共享经济发展报告2021[EB/OL]. http://www. sic. gov. cn/News/557/10779. htm,2021-02-19.

参考文献

1. 艾瑞咨询. 中国生鲜电商行业研究报告［EB/OL］. https://report. iresearch. cn/report_pdf. aspx? id＝3620,2020-07-15.

2. 阿里云官网. https://market. aliyun. com/products/205811301/ cmgj00036756. html? Spm＝5176. 19720258. J_8058803260. 111. c9a82c4af FZzgw♯sku＋yuncode3075600001,2021-12-15.

3. AWS 云. 全球基础设施［EB/OL］. https://aws. amazon. com/cn/ about-aws/global-infrastructure/,2021-12-15.

4. 陈世清. 对称经济学术语表［EB/OL］. http://finance. takungpao. com/mjzl/mjhz/2016-06/3339452. html,2016-06-29.

5. 程盟超. "我见证了推动社会进步的驱动力"——《这块屏幕可能改变命运》采写手记［J］. 新闻与写作. 2019(2).

6. 陈荟,鲁奕利. 摩梭人传统婚姻家庭文化的当代境遇及未来抉择——基于木里和泸沽湖地区的实地考察［J］. 青海民族研究,2019(4).

7. 陈信,柯平,邵博云. 基层公共文化服务可持续发展模式研究——以浙江农村文化大礼堂为例［J］. 山东图书馆学刊,2021(1).

8. 东北师范大学中国农村教育发展研究院. 中国农村教育发展报告 2019 ［EB/OL］. http://www. 360doc. com/content/19/0113/12/61492514_80855 4255. shtml,2019-01-13.

9. 戴维·阿克. 管理品牌资产［M］. 吴卫华,董春海,译. 北京:机械工业出版社,2006.

10. 戴维·阿克. 创建强势品牌［M］. 吕一林,译. 北京:中国劳动社会保障出版社,2004.

11. 埃尔,等. 云计算概念、技术与架构［M］. 龚奕利,贺链,胡创,译. 北京:机械工业出版社,2014.

12. 菲利普·科特勒,凯文·莱恩·凯勒. 营销管理［M］. 何佳讯,于洪彦,牛永革,等译. 上海:格致出版社,2016.

13. 凤凰网视频. 雷军讲小米 DNA［EB/OL］. https：//v. ifeng. com/c/7lEOcEQBEx3，2019-03-21.

14. 封面新闻. 悬崖村网红：在去与留之间，拥抱变化的主播们［EB/OL］. https：//baijiahao. baidu. com/s? id＝1687468811519002403&wfr＝spider&for＝pc，2020-12-30.

15. 郭园媛. 共享经济 3.0 时代 引领商业模式新革命［J］. 中国集体经济，2021(21).

16. 高寒，邓洋阳，朱学义. 论云旅游方式的创新［J］. 旅游纵览，2021(1).

17. 国家信息中心分享经济研究中心. 中国共享经济发展报告 2021［EB/OL］. http：//www. sic. gov. cn/News/557/10779. htm，2021-02-19.

18. 国务院发展研究中心国际技术经济研究所.《中国云计算产业发展白皮书》正式发布［EB/OL］. http：//www. drciite. org/Home/Detail/4? type＝10&nid＝4831，2019-10-13.

19. 国家邮政局. 2019 年度邮政普遍服务监管报告［EB/OL］. http：//www. gov. cn/xinwen/2020-09/22/content_5545503. htm，2020-09-22.

20. 农业农村部网站. http：//zdscxx. moa. gov. cn：8080/nyb/pc/index. jsp，2021-10-11.

21. 国家统计局. 中华人民共和国 2019 年国民经济和社会发展统计公报［EB/OL］. http：//www. stats. gov. cn/tjsj/zxfb/202002/t20200228_1728913. html，2020-02-28.

22. 工业和信息化部网站. 工业和信息化部办公厅关于深入推动移动物联网全面发展的通知［EB/OL］. http：//www. cac. gov. cn/2020-05/07/c_1590412176810836. htm? from＝groupmessage，2020-05-07.

23. Gartner. 2020 年全球云产品评估报告 亚马逊综合能力排名第一［EB/OL］. http：//www. 199it. com/archives/1102456. html，2020-8-17.

24. 广州玖的官网. http：//ninedvr. com/sciemce. html，2021-12-15.

25. 广邑传媒. 全方位展示乡村文化振兴的成果，乡村振兴乡土文化成果展在东仓里［EB/OL］. https：//www. sohu. com/a/348357635_120143602，2019-10-21.

26. 胡晓云，余耀锋，许雪斌，程杨阳. 以构建强势农产品区域公用品牌为主体目标的中国农事节庆影响力评价模型研究［J］. 广告大观(理论版). 2011(4).

27. 胡晓云.农业品牌及其类型[J].中国农垦,2018(5)

28. 胡晓云.中国农业品牌论[M].杭州:浙江大学出版社,2021.

29. 黄春萍,王芷若,马苓,曾珍香.跨界营销:源起、理论前沿与研究展望[J].市场营销,2021(4).

30. 杭州发布.杭州云城概念规划正式发布[Z/OL].https://mp.weixin.qq.com/s/nfmKXpHgAduU6fKraRJtYA,2020-10-15.

31. IDC.中国第三方云管理服务市场份额报告2019[EB/OL].https://new.qq.com/rain/a/20200731A0WH1U00,2020-7-31.

32. IDC.中国公有云服务市场同比增长49.7%,领跑全球[EB/OL].http://www.eepw.com.cn/article/202104/424756.htm,2021-04-22.

33. 蒋一洁.5G网络技术下的云传播变革研究[J].城市党报研究,2020(8).

34. 跨越彩虹.2021边缘计算企业TOP50[J].互联网周刊,2021(14).

35. 金台资讯.单学刚:县级融媒体如何助力乡村振兴[Z/OL].https://baijiahao.baidu.com/s?id=1686831081807340922&wfr=spider&for=pc,2020-12-23.

36. 砍柴网.XR:5G扩展了现实的界限[EB/OL].https://baijiahao.baidu.com/s?id=1671750148564962295&wfr=spider&for=pc,2020-07-09.

37. longqizhanshen.2021最新阿里云PostgreSQL精选案例[EB/OL].https://blog.csdn.net/longqizhanshen/article/details/107735125,2020-08-01.

38. 李志明.构建面向超高清制播的异构天池云媒体云平台[J].现代电视技术,2020(10).

39. 刘金祥.乡村文化是乡村振兴的精神引擎[EB/OL].https://www.zgxcfx.com/sannonglunjian/112399.html,2018-08-15.

40. 刘金祥.乡村文化式微因由[N].北京日报,2018-08-13.

41. 良渚古城.专属定制:"数智游良渚古城"新体验来了![Z/OL].https://mp.weixin.qq.com/s/9pyJSEM3nRj0oEZzVVfKDw,2021-11-17.

42. 梁竞阁.新疆文化产业集聚研究[D].北京:北京交通大学,2020.

43. 柳振雷.南阳市农业信息化发展现状及其对策分析[D].华中师范大学,2018.

44. 鸣远.阿里：八成知名企业已合作阿里云转型新零售［EB/OL］. https：//www.dsb.cn/111520.html,2019-12-18.

45. 马健.文化产业生态圈：一种新的区域文化产业发展观与布局观［J］. 商业经济研究.2019（2）.

46. 梅雅鑫.Gartner：云将主导数据库市场的未来［EB/OL］. http：// www.cww.net.cn/article? id=455477,2019-07-24.

47. 农业农村部市场与信息化司.《中国数字乡村发展报告》（2019）发布 ［EB/OL］. http：//www.moa.gov.cn/xw/bmdt/201911/t20191119_6332027.htm,2019-11-19.

48. 农业农村部.数字农业农村发展规划（2019—2025年）［EB/OL］. http：//www.moa.gov.cn/govpublic/FZJHS/202001/t20200120_6336316. htm,2020-01-25.

49. 农业农村部.全国乡村产业发展规划（2020—2025年）［EB/OL］. http：//www.moa.gov.cn/govpublic/XZQYJ/202007/t20200716_6348795. htm,2020-07-16.

50. 农业农村部.社会资本投资农业农村指引［EB/OL］. http：//www. moa.cn/gk/tzgg_1/tfw/202004/t20200415_6341646.htm,2020-04-15.

51. 农业科技报.农产品跨界营销 如何实现"1+1＞2"［J］.农村新技术, 2021（4）.

52. Pinko.什么是用户画像和标签［EB/OL］. http：//www.woshipm. com/user-research/1083807.html,2018-07-06.

53. 潘岷,邹娟.匠心精铸 匠技嘉州——乐山市大力实施"千百乡村匠 人"培育计划［J］.中国就业,2019（11）.

54. PPP支持乡村振兴联合调研组.规范运用PPP模式高质量支持乡村 振兴战略实施［J］.中国农业会计,2021（5）.

55. 全国学生资助管理中心网."两免一补"政策相关知识问答［EB/OL］. http：//www.gov.cn/banshi/2006-09/04/content_376956.htm,2006-09-04.

56. 秦富,钟钰,张敏,王茜.我国"一村一品"发展的若干思考［J］.农业经 济问题（月刊）,2009（8）.

57. 前瞻产业研究院.2021—2026年中国冷链物流行业市场前瞻与投资 战略规划分析报告［EB/OL］. https：//bg.qianzhan.com/report/detail/ 98316559a6fe4430.html,2021-12-15.

58. 七叔.这可能是最全的一篇关于私域流量的解读了,你想知道的都在这![EB/OL]. https://www. meihua. info/article/3324635196687360,2019-07-26.

59. 人民日报.这块屏幕可能改变命运[EB/OL]. https://baijiahao. baidu. com/s? id＝1619722734970570768&wfr＝spider&for＝pc,2018-12-13.

60. 人民资讯.宾县创新融媒服务百姓方式 聚文明力量促乡村振兴[Z/OL]. https://baijiahao. baidu. com/s? id＝1675150626243291260&wfr＝spider&for＝pc,2020-08-16.

61. mmTrix 官网. http://www. mmtrix. com/imonitor,2021-12-15.

62. 陕西共青团.擘画乡村振兴"村官榜样"习近平对大学生村官如是说[Z/OL]. https://www. sxgqt. org. cn/home/News/info? id＝327839,2018-06-19.

63. 孙豹,田儒雅.中国数字农业发展现状与前景初探[J].农业展望,2021(4).

64. 孙明俊.中国云计算产业发展现状[EB/OL]. https://cloud. tencent. com/developer/article/1065360,2018-03-19.

65. 上海艾瑞市场咨询有限公司.2019 年中国云计算人才需求洞察白皮书[EB/OL]. https://baijiahao. baidu. com/s? id＝1652115392606260217&wfr＝spider&for＝pc,2019-12-06.

66. 山东卫视.中国首档乡村振兴融媒推介节目《田园中国》9 月 27 山东卫视开播［Z/OL］. https://baijiahao. baidu. com/s? id＝1678777822956565837 &wfr＝spider&for＝pc,2020-09-25.

67. 四九.2020 教育云创新排行榜[J].互联网周刊,2020(20).

68. 隧人影像.邀亲乘七朵云而来,同饮一杯好茶,共愿万事新昌[Z/OL]. https://mp. weixin. qq. com/s/Ev65GsgMKJSEgkPPqwy2Zw,2020-04-12.

69. 坦然 LJ 淡定.食用农产品与初级农产品初加工的类别范围及区别[EB/OL]. https://baijiahao. baidu. com/s? id＝1665937332111027844&wfr＝spider&for＝pc,2020-05-06.

70. 陶力,包雨朦,易佳颖.《2020 年直播带货趋势报告——主播影响力排行榜 TOP100》发布[EB/OL]. http://tech. china. com. cn/zby/20210208/

374408. shtml,2021-02-08.

71. 王海鸿.论超额利润的界定标准、类型与本质[J].当代经济研究. 2017(6).

72. 王俊健,等.云台场景下高速公路异常事件自动检测系统[J].中国交通信息化,2018(10).

73. 王慧敏.旅游产业的新发展观:5C 模式[J].中国工业经济,2007(6).

74. 王宝龙.数字化农业的发展现状与数字化蜂业未来[J].中国蜂业, 2019,70(11).

75. 邬志辉.中国农村教育发展报告 2017[EB/OL].http://www.jyb. cn/zgjsb/201712/t20171228_915238.html,2017-12-28.

76. 吴砥等.国外教育云发展趋势及其启示[J].中国教育信息化.2018 (6).

77. 熙晟资产运营.农业的未来? 支持 AI 的收割机器人又有了新技能 [EB/OL].https://www.sohu.com/a/415722933_120681458,2020-09-01.

78. 许振霞.云数据库研究[J].计算机光盘软件与应用,2014(4).

79. 新华网.习近平:在全国脱贫攻坚总结表彰大会上的讲话[EB/OL]. https://baijiahao. baidu. com/s? id = 1692670742063214981&wfr = spider&for=pc,2021-02-25.

80. 新华网.习近平:农村绝不能成为荒芜有农村[EB/OL].http://cpc. people. com. cn/n/2013/0723/c64094-22297499.html,2013-07-23.

81. 新华社.中共中央办公厅 国务院办公厅印发《关于加快推进媒体深度融合发展的意见》[EB/OL].http://www. gov. cn/zhengce/2020-09/26/content_5547310. htm,2020-09-26.

82. 新华社.中共中央 国务院关于全面推进乡村振兴加快农业农村现代化的意见[Z/OL]. http://www. moa. gov. cn/ztzl/jj2021zyyhwj/zxgz_26476/202102/t20210221_6361865. htm,2021-01-04.

83. 新华社.我国设立"中国农民丰收节"[EB/OL].https://baijiahao. baidu. com/s? id = 1603865882538310632&wfr = spider&for = pc,2018-06-21.

84. 新京报.五千年前良渚文化在互联网之光博览会"复活"[Z/OL]. https://baijiahao. baidu. com/s? id = 1647705098770410554&wfr = spider&for=pc,2019-10-18.

85. 熙晟资产运营. 农业的未来？支持 AI 的收割机器人又有了新技能 [EB/OL]. https://www.sohu.com/a/415722933_120681458,2020-09-01.

86. 杨飞. 如何建立流量池？流量池思维导图分析[Z/OL]. https://mp. weixin.qq.com/s/yOmMQTad2U7n-35Y1D_Yfw,2019-06-29.

87. 有孚网络官网. https://www.yovole.com/news/news_last-959. html,2020-03-11.

88. 余欣荣. 大力促进农村一二三产业融合发展[EB/OL]. http:// theory.people.com.cn/n1/2018/0416/c40531-29928607.html,2018-04-16.

89. 张丽霞. 基于 SIVA 模型的公共图书馆文创产品营销策略研究[J]. 图书馆工作与研究,2021(04).

90. 张静. 中国云计算市场现状及展望[J]. 中国公共安全(综合版),2012 (17).

91. 珍岛集团官网 AI 技术. https://www.marketingforce.com/ai/ emotionanalysis.html,2021-10-15.

92. 中央网信办. 第 45 次《中国互联网络发展统计报告》[EB/OL]. http://www.cac.gov.cn/2020-04/27/c_1589535470378587.htm,2020-04-27.

93. 中央网信办. 第 47 次《中国互联网络发展状态统计报告》[EB/OL]. http://www.cac.gov.cn/2021-02/03/c_1613923423079314.htm,2021-02-03.

94. 中央网信办. 第 49 次《中国互联网络发展状态统计报告》[EB/OL]. http://www.cnnic.net.cn/n4/2022/0401/c88-1131.html,2022-02-05.

95. 中国物流与采购联合会冷链物流专业委员会内容与研究中心. 2019 农产品产地冷链研究报告[EB/OL]. http://www.199it.com/archives/ 941141.html,2019-09-24.

96. 中国青年报. 全国农村小学数量 12 年减一半[EB/OL]. https:// teacher.ruiwen.com/news/59257.htm,2020-12-05.

97. 叶雨婷,程盟超. 学农的大学生 为啥农村留不住[EB/OL]. https:// baijiahao.baidu.com/s?id=1629572917995270673&wfr=spider&for=pc, 2019-04-01.

98. 中华人民共和国工作和信息化部. 2021 年 6 月电话用户分省情况 [EB/OL]. https://www.miit.gov.cn/gxsj/tjfx/txy/art/2021/art_

a6c188bdb45a4d1e8b17ea3f96b361f5. html,2021-07-20.

99. 中华人民共和国教育部. http://www. moe. gov. cn/s78/A08/tongzhi/202107/t20210720_545684. html,2021-07-20.

100. 赵静娟,郑怀国,董瑜,杨艳萍. 全球农业机器人研发趋势预测及对我国的启示[J]. 中国农机化学报,2021(04).

101. 赵向阳,杨宏,雷根. 多屏互动技术应用分析及标准化[J]. 中国标准化,2021(8).

102. 赵红等. 数字农业与高等农业教育[J]. 河北农业大学学报(农业教育版),2004,6(1).

103. 赵德利. 民俗:民众生活方式的模式化[J]. 宝鸡文理学院学报(社会科学版),2003(2).

104. 浙江在线. 杭州科技特派员 15 年成就[EB/OL]. http://hzkj. hkx. org. cn/M/industry_news/show/id/9430. html,2019-12-12.

105. 浙江在线. 浙江文化礼堂有大数据了 六年总建筑面积相当于一个西湖[EB/OL]. https://baijiahao. baidu. com/s? id=1595530468506232115 &wfr=spider&for=pc,2018-03-21.

106. 朱启臻. 乡土文化建设是乡村振兴的灵魂[N]. 光明日报,2021-02-25.

107. 朱永新. 农家书屋,建好更要用好[N]. 人民日报,2019-08-13.

108. 周正. 文化作为一个整体具有意识形态作用[J]. 陕西师大学报(哲学社会科学版),1992(21).

109. 钟秋波. 数字乡村战略下农业信息化与家庭经营融合发展的路径研究[J]. 四川师范大学学报(社会科学版),2021(4).